U0509721

权威·前沿·原创

皮书系列为
"十二五"国家重点图书出版规划项目

南京蓝皮书

BLUE BOOK OF
NANJING

南京文化发展报告
(2014)

ANNUAL REPORT ON CULTURAL DEVELOPMENT OF NANJING
(2014)

中共南京市委宣传部／编

主 编／徐 宁

社会科学文献出版社
SOCIAL SCIENCES ACADEMIC PRESS（CHINA）

图书在版编目（CIP）数据

南京文化发展报告.2014/中共南京市委宣传部编.—北京：社会科学
文献出版社，2014.12
（南京蓝皮书）
ISBN 978 - 7 - 5097 - 6856 - 3

Ⅰ.①南… Ⅱ.①中… Ⅲ.①文化事业 - 发展 - 研究报告 - 南京市 - 2014
Ⅳ.①G127.531

中国版本图书馆 CIP 数据核字（2014）第 279892 号

南京蓝皮书

南京文化发展报告（2014）

编　　者／中共南京市委宣传部
主　　编／徐　宁

出 版 人／谢寿光
项目统筹／郑庆寰
责任编辑／郑庆寰　陈　颖

出　　版／社会科学文献出版社·皮书出版分社（010）59367127
　　　　　　地址：北京市北三环中路甲 29 号院华龙大厦　邮编：100029
　　　　　　网址：www.ssap.com.cn
发　　行／市场营销中心（010）59367081　59367090
　　　　　　读者服务中心（010）59367028
印　　装／北京季蜂印刷有限公司

规　　格／开本：787mm×1092mm　1/16
　　　　　　印张：22　字数：357 千字
版　　次／2014 年 12 月第 1 版　2014 年 12 月第 1 次印刷
书　　号／ISBN 978 - 7 - 5097 - 6856 - 3
定　　价／79.00 元

皮书序列号／B - 2014 - 411

摘　要

自 2004 年起，中共南京市委宣传部每年出版一册《南京文化发展蓝皮书》。2014 年，在社会文献出版社皮书出版分社的大力支持下，蓝皮书现更名为《南京文化发展报告》，并被列入社会文献出版社的"皮书系列"。这对于展示南京文化发展成就，总结南京文化发展经验，指导南京文化建设，进一步扩大南京文化的影响力将发挥十分重要的作用。

《南京文化发展报告（2014）》主要由总报告、行业篇、文资监管篇、区域篇、调研篇、案例篇和附录组成。

总报告全面回顾了 2013 年南京文化发展所取得的成绩，并分析了取得如此成绩的新经验，在此基础上提出了 2014 年文化改革发展的新思路新举措。

分报告分为五个方面的内容："行业篇"围绕南京文化建设不同领域、不同行业的重大问题和重要工作形成年度发展报告；"文资监管篇"针对南京市国有文化资产的监督管理，以及四大国有文化集团形成研究性报告；"区域篇"包括南京鼓楼、玄武、秦淮等 11 个区的文化发展研究报告；"调研篇"围绕南京文化建设中的重点和难点问题，如苏南现代化建设示范区中的文化创新等问题进行了深入的调研，提出了切实可行的对策建议；"案例篇"针对的是 2013 年南京文化发展中具有代表性，且在全省全国有一定影响的创新案例，如对"@南京发布"走群众路线谈"政事"、南京"520 模式"激活文化消费市场的分析研究，这些案例为文化创新发展提供了很多有益的启示。

附录部分主要包括 2013 年南京市文化发展重点政策文件、2013 年文化产业统计概览、首届"金梧桐奖"获奖企业和项目介绍，以及 2013 年南京文化发展大事记等内容。

Abstract

The Blue Book of Nanjing's Cultural Development has been published year after year by the Publicity Department of the CPC Nanjing Municipal Committee since 2004. With strong support of the Blue Book Publishing Center of Social Sciences Academic Press, it has been renamed to *The Annual Report on Culture Development of Nanjing*, and has been listed in the Blue Book Series of Social Sciences Academic Press for the first time. It will play a very important role in showing the cultural development achievements of Nanjing, summing up the experience of cultural development in Nanjing, guiding the cultural construction of Nanjing and also expanding the cultural influence of Nanjing.

The Annual Report on Culture Development of Nanjing (2014) contains 7 parts: General Report, Industry Reports, Culture Assets Reports, Regional Reports, Investigation Reports, Case Reports and the Appendix.

In the General Report, there is a comprehensive review of the achievements on cultural development of Nanjing in 2013. An analysis of new experience explains how to gain such achievements. Based on the above, some new thoughts and measures on the cultural reform and development for 2014 are also put forward .

The Classified Reports contains 5 parts. *Industry Reports* offer the annual development reports on the significant problems and important tasks in different cultural fields and different cultural industries in Nanjing. *Culture Assets Reports* offer investigation reports on Nanjing State-owned cultural assets management and 4 big state-owned cultural groups. *Regional Reports* collect reports on cultural development of all the 11 districts of Nanjing. *Investigation Reports* Put forward the countermeasure and suggestion about the key and difficult problems in Cultural construction of Nanjing, such as Cultural Innovation in Modernization Demonstration Zones in South Jiangsu Province. *Case Reports* present various researches on representative and creative cases, such as @ *Nanjing Press Release*, *Nanjing* 520 *model*, which have provincial or even national influence in China. All these cases have provided many helpful revelations for cultural innovation and development.

The appendix mainly includes the important documents and policies on Nanjing cultural development in 2013, Statistical Summary of Cultural Industry in Nanjing, the Cultural Enterprises and Projects Awarded Jinwutong Prizes in 2013, and the chronicle of Nanjing's important cultural events in 2013.

目 录

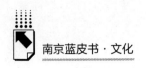
BⅢ 文资监管篇

BⅣ 区域篇

B V　调研篇

B VI　案例篇

B VII　附　录

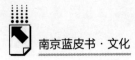

CONTENTS

B I General Report

B II Industry Reports

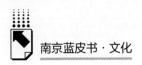
B Ⅲ   Culture Assets Reports

B Ⅳ   Regional Reports

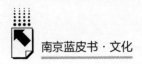
B V   Investigation Reports

B VI   Case Reports

B VII Appendix

总 报 告

General Report

B.1

2013 年南京市文化改革发展报告

中共南京市委宣传部 *

摘　要：

2013 年，南京市以推动文化和科技、创意、金融融合为重点，成立了南京市文化产业发展智库，制定全国首份"文化与科技融合发展规划纲要"；深化改革，进一步激发了文化市场发展活力；梳理"七个一批"重点项目，进一步做优做强市级重点园区；建成文化产业统计名录库，启动重点公共技术服务平台建设，进一步健全国有文化资产管理体制，全国首家文化金融服务中心正式建成运营，全市文化改革发展迈上新台阶。2014 年，南京市将通过抓智库引领、格局统筹、深化改革、新兴产业、园区项目、文化金融、文资监管等务实举措，进一步推动文化改革发展，提升文化产业发展水平。

关键词：

深化改革　文化金融　文资监管

---

* 执笔人：潘谷平、诸敏、施扬、陶甜甜。

2013 年，在市委、市政府的正确领导下，在各区、各部门、各单位的共同努力下，以推动文化和科技、创意融合为重点，以改革为动力，以项目为抓手，以园区为载体，成立南京市文化产业发展智库，制定全国首份《文化与科技融合发展规划纲要》，梳理"七个一批"重点项目，做优做强市级重点园区，建成文化产业统计名录库，启动重点公共技术服务平台建设，健全国有文化资产管理体制，全国首家文化金融服务中心正式建成运营，全市文化改革发展迈上新台阶。2013 年文化产业增加值预计达 440 亿元，占 GDP 比重预计达 5.4%，文化产业成为全市国民经济支柱性产业，连续三年在全省文化绩效考核中排名第一，在亚太文创产业协会公布的 2013 年度两岸城市文化竞争力排行榜上，南京名列第五，并获评"国家级文化和科技融合示范基地"。

一 2013 年南京市文化改革发展主要工作

（一）规划引领，编制文化科技融合发展规划

认真贯彻市委要求，研究和把握文化与科技融合发展的重要趋势，市委宣传部、市科委、规划局、文广新局等部门经过广泛调研，合作编制了《南京市文化与科技融合发展规划纲要》，提出了南京在未来一段时期内重点发展数字影音娱乐、现代创意设计、新兴网络传媒、智慧旅游休闲四大产业领域和十二个产业方向。经市文化产业专家委员会评审，认为这是目前国内在文化与科技融合领域的第一份专项规划，具有鲜明的前瞻性、引领性和指导性。南京文化与科技融合成效显著，成立了南京市文化科技融合基地建设领导小组，编制了《南京市建设国家级文化和科技融合示范基地规划》，以排名第一的成绩获评第二批"国家级文化和科技融合示范基地"，发挥了产业基地的示范、辐射和带动作用。

（二）组建智库，成立专家指导委员会

市委宣传部、市文广新局牵头举办了全市第二届文化产业发展高层论坛，邀请第十一届全国政协副主席厉无畏、国家文化科技创新工程专家组组长张树

武等 12 位全国知名专家，组建了全市文化产业专家指导委员会。这批国内文化产业理论和实践界的顶尖专家以论坛为平台，围绕南京文化如何挖掘资源、激活市场、打响品牌各抒高见，同时也表达了利用自身丰富的资源，为南京文化产业发展服务的良好愿望。论坛期间有关部门组织专家结合研究领域，分赴有关区和重点园区实地考察，把脉问诊，给予指导。目前所有专家已经与市、区和园区建立了比较紧密的联系。聘请的专家在 2013 年的产业重大活动、对外争取资源、引进优质项目、提供决策咨询等方面都发挥了重要的作用。

（三）深化改革，激发文化市场发展活力

首批非时政类报刊改制单位完成改制任务后，继续协调解决已完成改制的首批单位的人员安置及后续发展问题。经与市编办、市人社局协商，解决了出版传媒集团 3 名改制人员进入托管中心事宜。推动市属文化集团实施新一轮综合改革工作，并取得初步成效。督促报业集团落实 2013 年 7 月 3 日市文化改革发展领导小组会议精神，于 7 月底前将党报《南京日报》、党刊《金陵瞭望》的所有经营性资源、资产和人员，从事业体制剥离，纳入有限公司统一运营，实现了彻底的事企分开和管办分离。推动广电集团整合经营性资产建立电视传媒、广播传媒、新媒体、文化地产和文化投资五大运作平台，推进演艺主题园区等重大项目。引导文化集团进一步整合六大剧团资源，加快演艺集团走市场化发展道路。帮助出版传媒集团理清资产、扩充资源，核心企业南京出版社跨入亿元出版社行列，《南京广播电视报》转型发展成效初显。落实市文化改革发展领导小组会议精神，牵头推动南京文物公司体制改革，7 月 29 日完成南京文物公司主管单位由市文广新局转为市文化集团的工商变更工作。根据省委、省政府进一步整合全省广电网络工作的部署，11 月 25 日完成了南京 8 个区的广电网络整合签约工作。

（四）梳理项目，助推产业发展增速提效

根据市委提出的"引进工程化、项目化方法，按照策划一批、开工一批、竣工一批的思路分类推进项目"的要求，市委宣传部、市发改委、投促委、旅游园林局、文广新局等部门配合，以 2013 年为时间节点，排出"策

划、签约、开工、竣工、落地、产出、做优"等"七个一批"95 个重点项目，明确了责任主体和时序节点，定期督查落实推进，建立了定期上报项目推进情况的长效机制。先后组织赴北京、上海、深圳等地考察招商，2 月在澳门、香港、台湾三地举办了文创产业专场交流会和文化创意精品展，推动了 9 个重点文化产业项目合作签约；4 月南京创洽会期间，举办了"2013 中国·南京创洽会文化科技融合专场"，推动 13 个文化科技合作项目签约，8 个重点文化产业项目进行了现场推介。10 月在杭州文博会上，12 家文化企业进行了项目推介。

（五）做强园区，扩大与提升产业集聚规模和质量

2013 年，秦淮晨光 1865 创意园、雨花国家数字出版基地、浦口南京软件园国家动画基地、溧水国家影视基地 4 家园区获批江苏省首批重点文化园区，建邺新城科技园、栖霞紫东国际创意园、浦口南京软件园国家动画基地、雨花国家数字出版基地 4 家园区被评为江苏省首批重点文化科技基地，秦淮晨光 1865 创意园、江宁 J6 文化产业园荣获省级重点文化示范基地称号，17 家企业获评第四批省级重点文化科技企业，数量在全省名列前茅。南京市重点扶持首批 8 家市级文化产业园区，推动扶持政策向园区倾斜、优质资源向园区引导、重点企业向园区集聚。各园区也积极修订发展规划，明晰目标定位，产业集聚效应初步显现。如晨光 1865 创意园清理非文化类企业 30 余家，置换面积近 3 万平方米，重点引进凡德文化等特色企业，园区内文化企业比例达 85%，企业质量显著提升。园区结合产业定位举办了一批高层次活动。如建邺中国游戏谷举办了"中国第一届应用游戏大赛"，秦淮晨光 1865 创意产业园举办了"先生回来——全媒体致敬展"、网络模特大赛，玄武创意中央文化园举办了"2013 法蓝瓷陶瓷设计大赛"、"中国画青年名家联展"等活动，园区的影响力、知名度不断提升。

（六）培育企业，壮大文化产业发展主体

企业是文化产业发展的主体，2013 年，南京市建立了全市文创企业资源库，作为全市文化产业相关协会行业会员库、文化产业服务中心会员企业库、

文化金融需求企业库和征信体系库，目前已有 400 多家企业入库，将有针对性地给予支持和服务。11 月，组织 12 家南京特色文化创意企业赴台湾参加海峡两岸文化创意产业展，展示了南京文化改革发展成果以及文化企业的优秀创意产品。开展第一届南京文化产业"金梧桐"奖评选活动，组织专家、发动网民共同评选南京民营文化企业 10 强、文化创意企业 10 佳和文化产业创新奖，挖掘出具有示范性、影响力的文化企业和企业家，树立南京文化产业的标杆，营造南京文化产业创业创新氛围。

（七）搭建平台，聚合产业发展有效资源

2013 年以来，南京集中打造了一批文化产业公共服务平台，集聚各方资源，推动产业发展。启动重点公共技术服务平台建设。在建的南京（建邺）数字文化产业公共技术服务平台总投资 1.5 亿元，使用面积 8000 平方米，依托中国（南京）游戏谷产业资源，涵盖影视动漫制作、广告及新媒体、现代创意设计、数字移动娱乐和文化资源数字化等五大数字文化产业重点领域，致力打造定位高端、技术先进、模式创新、功能完备、持续成长、国际一流的数字文化产业公共技术服务平台，解决中小文化企业在设备、软件、项目管理、信息安全等方面的需求瓶颈。构建南京创意设计中心。依托南京国家领军人才创业园，占地 5000 平方米，从市场需求出发，打通创意、研发、产品、生产市场、销售的产业链条，打造展示窗口、公共服务、品牌运作、企业孵化、人才培训等五大专业平台，成为全市文创产业的发动机和孵化器。成立南京未来网络与文化融合创新产业联盟。12 月 19 日成立了南京未来网络与文化融合创新产业联盟，全市 60 多家文化科技型企业首批入盟。该联盟将依托南京未来网络谷在网络技术研发领域的核心优势，打通文化和科技资源的要素通道，依托南京未来网络产业在网络技术研发领域的核心优势，推动网络文化产业领域的产学研合作，促进文化创新要素向企业集聚，建设网络文化产业研究园和网络文化产业园，抢占文化产业未来发展制高点。

（八）借助活动，扩大文化产业品牌影响力

举办 2013 两岸企业家紫金山峰会文化创意产业合作专题论坛，利用紫金

山峰会首次设立文化创意产业界别的机遇，邀请两岸著名企业家参会，汇聚海内外华人高端文创资源，提升了南京文化的影响力和城市地位。加强文化产业协会建设，成立全省第一家数字出版行业协会，组织参加深圳文博会、杭州动漫节和海峡两岸文化创意产业高校研究联盟论坛等重要会展和活动。全年举办了9期南京文化科技融合创业家沙龙，邀请了洛可可集团董事长贾伟等一批专家、学者和企业家与南京文化科技企业进行交流互动，打造文化科技沙龙精品品牌，促进了文化科技企业合作交流。

（九）金融助力，打通文化金融服务实践路径

构建文化金融政策新框架，市委宣传部、金融办、财政局等六部门联合下发了《南京市文化产业投融资体系建设计划》，构建具有南京特色的文化产业投融资机制，在主体端利用文创企业资源库，建立文化企业数据信息库和征信体系，收集上报融资需求信息。在平台端建立全国首家综合性文化金融服务中心，为文化企业和商业银行、保险、担保、信托等金融机构牵线搭桥，并提供全方位一站式的金融服务。打造文化产业金融服务链，遴选南京市首批4家文化银行，目前已向十家文化企业授信1.57亿元；安排3000万元财政资金用于文化企业贷款风险补偿和文化银行利息补贴；组建1亿元文创投资基金和1亿元的文创科技投资基金；组建全省第一家文化类小贷公司——金陵文化科技小额贷款公司，目前，已累计发放贷款1.32亿元。落实专项资金使用要求，推出专项资金重点扶持指南，建立资金网络申报平台，组织重点项目面试答辩，共有58家企业获得资助资金3340万元，集中资源扶持重点，实行资金分期下拨，提高资金使用效率。积极推进文化企业上市，江苏和南京两家文化产权交易所通过证监会验收，可一集团于2013年顺利完成上市辅导，向证监会报送申请。

（十）强化监管，推进国有文化集团发展

完成重点改革任务，按照中央文化体制改革政策和市领导小组要求，相关部门密切配合，整合资源组建南京出版传媒集团，得到国家新闻出版总署、省新闻出版局高度肯定，重要子企业南京出版社提前跨入"亿元出版

社"行列。出台系列管理制度，制定出台《南京市市属文化企业国有资产监督管理暂行办法》、《重大事项管理暂行办法》和《市文资办工作规程（试行）》等文件，对一批重大事项进行备案和审批管理。在文资办、市财政局和国资委共同努力下，完成相关集团（公司）出资人变更、资本金划转补充工作，进一步理顺资产关系。设计绩效考核体系，结合现代企业要求和文化企业特点，四大国有文化集团建立了包括约束性、发展性、规范性、激励性等 4 大类 15 项指标的 2013 年绩效考核体系，强化考评"指挥棒"的导向激励功能。

（十一）狠抓统计，建立文化产业统计体系

对照国家统计局《文化及相关产业分类（2012）》，会同市统计局、文广新局、工商局、地税局等部门，举办统计名录库业务培训和任务布置会，对全市文化企业进行细致梳理，建立了文化产业名录库，企业数量由 8000 余家增加到 14700 余家。10 月，对文化产业名录库进行采集维护更新，分区域对企业名录进行核查，名录库中龙头骨干企业数量优势初步显现，其中营业收入5000 万元以上的企业共 326 家，营业收入 1 亿元以上的企业共 179 家。11 月，市委宣传部与市统计局、市文广新局联合举办了全市文化产业园区统计工作培训班，按照共同维护、共同使用数据的建设原则和市－区－园区－企业分级管理的组织架构，开展文化产业园区统计工作，为市级文化产业园区评选和园区项目专项资金扶持提供统计数据支撑。

（十二）建设队伍，培养文化产业发展人才

举办全市文化企业家第一期高级研修班，组织 30 多名重点文化企业家赴北京学习考察；参加"2013 中国文化产业 30 人高端峰会"，了解前沿动态、调研企业园区，开阔了南京文化企业家的视野；建设文化创业人才队伍，对前三批"321"领军型文化创业人才进行了梳理，根据产业发展方向，选出重点人才和项目，推动各区进行对接，并根据业务发展需求，做好各种资源对接和跟踪服务工作，为"321"文化创业人才营造更好的发展环境。

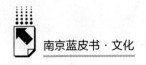

二 2014年南京市文化改革发展工作思路

（一）抓智库引领

召开市文化产业专家指导委员会第二次年会，再增聘一批专家，用好用活专家资源，更加充分地发挥高层次指导和参谋作用。成立南京市文化产业研究中心，在市专家委员会指导下，依托和整合在宁文化产业研究资源，采取课题招标等形式，围绕重点难点问题开展理论和应用研究，定期编撰发展年鉴、产业蓝皮书等，发挥好智囊团作用。

（二）抓格局统筹

及时向中宣部、文化部、财政部（文资办）、科技部、工信部、中国人民银行总行等国家部委和省相关部门汇报工作，争取支持。定期召开市领导小组会，文化科技、文化金融工作联席会，平台理事会和各区工作例会，加强与相关部门和各区密切协作。开展2013年度各区文化发展绩效考核工作，出台2014年度绩效考核体系，充分发挥考核导向作用。加强与社会各界的广泛互动，搭设与省市非文化类企业家的沟通对接平台，积极引导社会资本进入文化产业。

（三）抓深化改革

根据中央部署，有序推进文化体制改革各项任务，落实好后续政策，协调解决遗留问题。按照省委、省政府部署，积极稳妥推进全市广电网络整合。推动完成南京文物公司转企改制工作。开展全市国有文化经营性资产摸底调研，推进市属国有文化资产的资源整合和跨行业重组。建立市属文化集团例会制度，举办产业发展培训班，定期交流学习深化改革和产业发展工作。支持市属集团盘活现有资源，以资本为纽带，通过并购、重组等手段，做大资产规模，增强发展活力。

（四）抓新兴产业

落实《南京市文化与科技融合发展规划纲要》，制定国家示范基地建设方案，排出重点建设项目，挂牌分基地。引导资源向数字影音娱乐、现代创意设计、新兴网络传媒、智慧旅游休闲等重点领域和十二个重点方向集聚，全面推进八大融合工程。依托中国（南京）未来网络谷，成立未来网络与文化融合创新产业联盟，适时成立产业研究院，推动以移动互联为重点的网络文化产业发展。积极培育文化电商、艺术品交易等新兴业态。完成南京数字文化产业公共技术服务平台一期建设，引入市场机制运营平台，发挥"培大树"和"育小苗"功能。完成南京创意设计中心一期建设，打造服务、体验、培育、设计四大模块，将其打造成全市创意研发的引擎。

（五）抓园区项目

对第一批市级文化产业园发展情况"回头看"，评选第二批市级文化产业园。实施重点园区转型升级计划。督察 2013 年"七个一批"重点项目建设情况，梳理确定 2014 年"七个一批"重点项目，进一步落实项目推进责任制。加强与省属集团的产业合作和资源互通。赴北京等地举办招商对接活动，吸引龙头企业来宁投资项目。做好牛首山文化旅游区、大报恩寺遗址公园、栖霞山文创集聚区等重点项目服务工作。评选全市文化科技融合重点企业。重视培育龙头企业，支持文化企业上市，采取多种方式扶持小微企业发展。建立全市文创企业资源库，健全各级领导联系服务文化企业制度。继续探索创新产业引导资金评审机制，进一步发挥引导和杠杆作用。开展第二届全市文化产业"金梧桐"奖评选活动。

（六）抓文化金融

落实《全市文化产业投融资体系建设计划》，抓实一批文化金融创新项目，争创"国家文化金融试验区"。定期召开全市文化金融联席会议，建立和巩固全市和各区文化金融推进工作机制，健全文化金融数据报送机制。考核第一批文化银行绩效，遴选第二批文化银行。完善全市文化金融服务中心综合功能，建立金融服务超市，推出一批文化金融创新产品。每月至少举办一场投融资说明会和金企对接会，组建总规模 10 亿元的南京新兴文创产业基金。举办高层次文化金融研讨会。梳理国家和省各条口资金扶持渠道，整合力量落实申报时间、主体和项目，最大限度争取扶持。

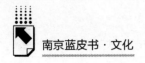

（七）抓有效服务

加强政策服务。落实《南京市文化与科技融合发展规划纲要》等文件，围绕发展重点领域和方向，再制定一批精准管用的产业政策。加强行业服务。支持市文化产业协会等发挥作用，建立文化企业家微信平台，创办《创意南京》会刊，办好南京文化产业网。依托平台和重点新兴行业成立2~3家协会组织。加强活动服务。成功举办第七届中国南京文交会，排出新一批"不落幕的文交会"活动。建设"最南京文创产品连锁专卖店"，举办"南京设计周"，与国内外高等院校、专业协会和中国创意产业网等活跃网站互通信息，共享资源。加强港澳台交流。创建两岸文创产业合作实验区，发挥两岸文创协会联盟作用，配合办好"2014年紫金山峰会文创论坛"，积极参加两岸文创产业交易会。

（八）抓文资监管

按照现代企业制度要求，规范法人治理结构，完善董事会、监事会。完成2013年度市属文化企业经济绩效考核，科学确定2014年度考核目标，制定出台《市属国有文化企业负责人经营业绩考核与薪酬管理办法》及加强产权管理的制度文件。排出市属文化企业重大产业项目，全程跟踪，服务推进。聘请会计师事务所、审计事务所、评估公司等专业机构，对市属文化集团运营情况、财务数据进行摸底分析，提出针对性的完善建议。组织财务管理骨干到国家会计学院开展财务专业培训。全市国有文化企业监管信息化系统投入使用。

（九）抓产出统计

研究推出南京文化产业发展指数，科学评价全市文化产业绩效。结合第三次经济普查工作，再次对全市文化产业存量和增量资源进行排查梳理，完成全市文化产业统计名录库更新维护工作。完善文化产业园区统计信息化平台和统计指标体系，按季度分类采集有关数据，对全市文化产业园区发展进行动态监测和综合分析。根据各区产业发展实际和发展潜力，科学制定各区发展数据指标。做好省文化产业统计数据采集上报工作，确保综合发展指数继续位居全省前列。

（十）抓人才队伍

科学制订年度文化企业家培训计划。评选首批"全市文化产业人才贡献奖"。排出 2014 年国内外文化产业领域重要交易会、博览会、论坛等活动，组织本地文化企业家外出考察，开阔眼界。加强对前四批"321"文化创业人才跟踪服务工作，有针对性做好第五批创业人才申报服务工作。依托有关高校，探索建立"文创人才校外孵化园"和"校内孵化服务站"，为高校师生文化创新创业提供全方位支持。继续办好文化科技融合企业家沙龙等品牌活动。建立"文创五人谈"平台，定期围绕专题开展"头脑风暴式"研讨。深入基层加强调研，认真听取企业家意见建议。制订各区和重点园区产业管理人才培训计划，定期组织交流研讨，不断提升推动产业发展的能力。

行业篇

Industry Reports

B.2
南京市公共文化服务发展报告

南京市文化广电新闻出版局*

摘　要：

2013年，南京市公共文化建设工作取得明显进步。公共文化服务体系示范区（项目）创建工作进展顺利；公共文化设施建设成就喜人；公共文化数字化建设不断推进；公共文化服务品质不断提升；文化惠民活动开展得有声有色；群众文艺创作与表演硕果累累；非物质文化遗产保护和传承工作成绩显著。

关键词：

南京　公共文化服务　成就

2013年，南京市公共文化建设工作坚持以党的十八大和十八届三中全会精神为指导，紧紧围绕市委市政府中心工作和上级有关部门的工作要求，切实

---

* 执笔人：琚忠友。

履行工作职责，不断增强文化自信，主动作为，开拓奋进，以创建公共文化服务体系示范区（项目）为抓手，突出重点，全力推进，公共文化各项工作取得明显进步。

一 公共文化服务体系示范区（项目）创建工作进展顺利

2013 年 3 月，市政府组织召开全市文化广电新闻出版工作会议，对创建工作进行详细部署，省示范区创建工作专家督导组先后两次从设施建设、措施保障、组织支撑、协同推进以及制度设计等方面对南京市的创建工作进行现场督查。各创建单位严格落实专家督导组的意见和建议，对照创建标准，逐一开展整改工作，公共文化服务品质得到进一步提升。10 月，南京市"文化惠民百千万行动计划"顺利入选第二批国家公共文化服务体系示范项目创建名单。南京市建邺区、高淳区以及红山街道等 14 个街镇被正式列为第二批江苏省公共文化服务体系示范区创建单位。

二 公共文化设施建设成就喜人

2013 年新建和扩建一批区级公共文化设施。建邺区文化馆、图书馆，栖霞区图书馆、文化馆先后封顶，预计 2014 年可以投入使用。鼓楼区白云亭文化艺术中心、浦口区桥北文化中心、六合区青奥文化城"一城五馆"等区级文化设施建设顺利推进。继续开展"示范文化站"和"文化活动室示范点"创建活动，全市共成功创建 13 个"示范文化站"和 132 个"文化活动室示范点"。全市每万人拥有公共文化设施面积 1580 平方米。市文广新局组织全市公共图书馆参加第五次全国公共图书馆评估定级工作，有 15 个图书馆被文化部评定为国家一级图书馆；组织街镇文化站参加全国第一次乡镇文化站评估定级工作，有 80 个街镇文化站被文化部评为等级文化站。

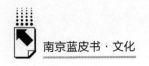
三 公共文化数字化建设不断推进

积极推进图书馆通借通还一卡通、数字图书馆、共享工程基层服务点和公共电子阅览室建设。以金陵图书馆为中心馆，各区图书馆为骨干馆，利用现有的资源、设备，通过更新管理系统和网络连通方式，已实现市、区两级图书馆的通借通还。下一步，将街镇、社区分馆建设作为重点，使图书服务触角延伸到每个社区（村）。金陵图书馆和各区图书馆还充分利用数字通信技术，开展流动图书车、24 小时图书自助借还机等馆外流通服务，提高了公共文化服务能力。完成 90 个街镇共享工程基层服务点提档升级，新建 277 个社区（村）共享工程基层服务点，实现共享工程社区（村）基层服务点全覆盖。

四 公共文化服务品质不断提升

继续推进全市公共图书馆、文化馆（站）免费开放，完善免费开放服务项目和服务内容，制定出台《南京市公共图书馆服务规范》、《南京市文化馆服务规范》，提高服务水平和服务质量，逐步扩大、提升免费开放服务的外延和内涵。组织开展对六合、溧水、高淳区贯彻执行《江苏省农村公共文化服务管理办法》的情况检查，推进南京市农村公共文化服务管理体系的规范化、标准化建设。在全市的文化馆（群艺馆）、图书馆以及街镇文化站组织开展"城市综合管理标准化建设"和"优质服务提升月"活动，进一步提升公共文化服务品质。文化志愿服务活动有效开展，有 8 个单位（个人）在江苏省文化志愿服务活动中受到表彰。

五 文化惠民活动开展得有声有色

实施文化惠民"百千万行动计划"，市文广新局与市委宣传部、《金陵瞭望》杂志联合出版 2013 文化惠民专刊。编制印发了《南京市文化惠民 2013》，将全年文化惠民活动安排汇集成册，在社区广场进行发放，让广大市民及时了解政府提供的文化惠民活动和文化惠民政策。市文广新局组织开展南京市文化惠民"百千万行动计划"——2013年"点燃梦想"百场公益演出广场行活动。年内，完成了"百场公益演出广场行"演出101场、"公益交响音乐会"12场、"公益合唱音乐会"10场、"金陵群文大课堂"10场、"金图讲坛"60场、"少儿暑期嘉年华——我与艺术有约"演出20场、南京美术广场展览20期，全市各类群众文化活动总数达22000多场。组织开展文化科技卫生"三下乡"活动，为广大基层地区送书73000余册，送电影7932场，送演出616场。在南京文化艺术中心音乐厅打造全新公益音乐平台——"南京520音乐厅"，"0"场租吸引音乐团队，全年52周，周周有演出，以低票价为广大市民奉献精彩演出。各区品牌及特色群众文化活动精彩纷呈，高淳区桠溪镇获评第五批江苏省特色文化之乡。

六　群众文艺创作与表演硕果累累

集中专业舞蹈人才编创南京市广场舞，在全市进行教学推广培训，举办南京市首届广场舞大赛，活跃广场文化活动，提升群众舞蹈团队水平。举办了《江南春韵》南京市群众文艺创作调演颁奖演出，集中展示近两年来群众文艺创作作品，推动全市社区文艺团队建设和发展。举办全市文化馆干部业务技能大赛。举办"向人民汇报——点燃梦想　收获幸福　南京市公共文化服务成果汇报展"，并在全市进行巡回展出。举办全市戏曲票友大赛。认真组织春节、元旦等重要节日期间的群众文化活动。组织合唱团队参加首届江苏紫金合唱节，荣获1金、2银、3铜六块奖牌，是全省获奖最多的团队。组织优秀少儿艺术作品参加江苏省第六届少儿艺术节，获17金、21银、32铜的好成绩。

七　非物质文化遗产保护和传承工作成绩显著

开展全市非物质文化遗产保护和传承督查工作，在"文化遗产日"期间，举办了第八个"文化遗产日"南京市主题活动，对全市非遗保护工作先进区、先进集体、先进个人、优秀传承人进行表彰。完善代表性传承人名录体系，命名了 109 名第二批市级非遗代表性传承人。深化整体性保护，加强市级非遗传承基地建设，增补 14 个市级非遗传承保护基地。完成了十个国家级项目的中长期保护规划编制工作。组织国家级第四批非遗项目推荐申报工作。开展形式多样的展示宣传活动。5 月组织 9 个项目和非遗传承人参加"江苏省非遗技艺大展"，6 月组织南京云锦等非遗项目及传承人参加文化部主办的"第四届中国成都国际非遗节"。6 月 10～17 日，南京云锦、南京剪纸、秦淮灯彩等 5 个非遗项目赴尼日利亚参加"第六届非洲工艺品博览会"。10 月组织非遗项目和展品参加"第二届中国花博会非遗项目展"。非遗传承人在展览现场展示剪纸、扎灯、扎风筝等手工技艺，展示南京市非物质文化遗产的独特魅力。

B.3

南京市文化与科技融合
示范基地发展报告

南京市科学技术委员会、中共南京市委宣传部、
南京市文化广电新闻出版局 *

摘 要：

2013 年，南京市文化和科技融合示范基地呈现出良好的发展态势。目前，基地存在的问题主要有：资源融合通道亟待进一步打通；产业竞争力亟待进一步提升；复合型人才培养亟待进一步加强；文化科技创新的市场环境还需要努力完善。为进一步完善基地建设，需要研发文化科技融合基础支撑技术；整合数字全媒体内容资源；推进文化科技示范项目建设；促进文化科技园区跨界融合；培育扶持文化科技企业；引进培养文化科技融合人才；建设公共技术服务平台；创新文化科技金融集成；塑造文化科技品牌项目。

关键词：

南京 文化和科技融合 示范基地

南京市委市政府高度重视文化与科技融合发展，根据国家文化科技创新战略要求，紧紧围绕"率先基本现代化"和建设"独具魅力的人文都市和世界历史文化名城"、"中国人才与创业创新名城"的目标，积极推动落实《南京市文化与科技融合发展规划纲要》、《南京市建设国家级文化和科技融合示范基地规划》和《南京市建设国家级文化和科技融合示范基地实施方案》总体

---

* 执笔人：施扬、吴永铭、陈健、纪鹏飞、郭榛树。

部署，加大南京国家级文化和科技融合示范基地建设力度。2013 年 12 月，南京市以排名第一的成绩获评第二批国家级文化和科技融合示范基地。获得认定后，基地制定建设实施方案，全面启动基地建设，以先进文化为内容，以先进科技为手段，以实施重大项目为带动，以培育龙头企业和创新品牌为重点，努力构建结构合理、布局优化、重点突出、竞争力强、南京特色显著的文化科技融合产业体系，着力提升文化产业核心竞争力，提升公共文化服务能力，满足人民群众日益增长的精神文化需求，力争把基地建设成为具有较强地区辐射能力和产业带动能力，在全国具有重大影响力的国家级文化和科技融合示范区。

一 基地经济发展情况

一年来，依托南京丰厚的文化资源和雄厚的科技实力，积极促进文化与科技深度融合，南京市文化和科技融合示范基地呈现良好的发展态势。2013 年基地实现增加值 833 亿元，同比上升 10.8%；销售收入 4157 亿元，同比上升 10.8%；缴税总额 126.4 亿元，同比增长 24.5%；出口创汇 106.5 亿美元，同比上升 13.7%。文化产业快速发展。据统计，2013 年基地实现文化产业增加值 126.4 亿元，同比增长 20%，占基地总体增加值的 15.2%；销售收入 105.2 亿元，同比增长 16.1%；缴税总额 201.2 亿元，同比增长 14.1%；出口创汇 17.4 亿美元，同比增长 47.4%。主导产业优势凸显。以国家级、省级文化产业园区（基地）为依托，以核心技术为支撑，以龙头企业为带动，形成影视娱乐、数字出版、新媒体、新型显示等一批主导产业。2013 年，影视娱乐业总收入达 49 亿元，数字出版业总收入达 180 亿元，新媒体总收入达 263 亿元，新型显示总收入达 1635 亿元。四大主导产业占基地文化产业总收入的 51.2%。基地建设有序推进。基地获得国家级认定后，迅即制定了《南京市建设国家级文化和科技融合示范基地实施方案》，根据南京城市定位、文化科技资源禀赋和社会经济发展格局，按照"依托一区、联成一带、建设十园、辐射七片"的总体布局，明确重点发展五大产业领域和十五个产业方向，提出了推动方案落实的 26 项具体任务。

二　文化产业集群发展情况

（一）基地集聚文化产业种类

南京市文化和科技融合示范基地依托自身的文化、技术、政策、人才等资源优势，打造了一批富有特色的文化科技融合"园中园"。截至2013年，拥有国家级文化产业园区（示范基地）5家，省级文化产业园区（示范基地）5家，市级文化产业园区4家，占据了全市园区的半壁江山。依托这些"园中园"，加大集聚力度，已初步形成数字影音娱乐、现代创意设计、新兴网络传媒、智慧旅游休闲、科技青奥等五大重点产业集群。

（二）骨干文化企业发展情况

2013年，基地内江苏凤凰出版传媒股份有限公司、江苏广电总台（集团）、江苏省广电有线信息网络股份有限公司继续入围"全国文化企业30强"。其中，江苏凤凰出版传媒股份有限公司网点数量和规模居全国第一，2013年总营业收入127.5亿元，总利润18.1亿元。江苏广电总台（集团）是国内综合实力最强的省级广电媒体之一，2013年总营收123亿元，连续五年入选"中国500最具价值品牌"。江苏省广电有线信息网络股份有限公司（由省广电网络、南京广电网络等共同发起成立）在全国率先建成"三级互联互通"的全省一张网，2013年总资产超过100亿元，实现收入39.4亿元。基地内中电熊猫液晶显示科技有限公司、大贺传媒股份有限公司、江苏原力电脑动画制作有限公司等17家企业入选2013"首批江苏省重点文化科技企业"，入选数量列江苏省第一，体量规模省内领先。此外，基地内有8家企业入围2013年全国软件业务收入百强，9家企业成为国家规划布局内的软件企业，累计23家涉软企业在国内外上市，苏宁易购和南瑞集团2013年全年软件和信息服务业收入超过百亿元。江苏华博实业集团有限公司入选"2011～2012中国移动互联网应用开发企业30强"，被遴选确定为南京青奥会软件供应商。大贺传媒股份有限公司作为内地首家在香港上市的广告企业和广告行业高新技术企业，2013年在全国首批获得中国人民银行第三方支付牌照。由于这些龙头企业的不断成长，南京市的主导文化产业实力更强，并且吸引了很多上下游企业，在新型显示、现代创意设计、数字影音娱乐等领域形成比较完整的产业链。

（三）基地文化产业发展特色

基地文化产业发展特色主要有以下几方面。

（1）新型显示。液晶显示制造是基地优势产业，2013年，示范基地以国家显示器件产业园等重点园区为载体，推进重点项目建设，加快建设高世代液晶面板生产线、液晶显示模组及整机产品、高世代玻璃基板、偏光板、OLED面板及模组、激光显示终端产品等重大项目；建设在分辨率、能耗、投资收益、产品覆盖等方面更具明显优势的全球第一条超高分辨率IGZO 8.5代TFT-LCD生产线（G108项目）。加大研发力度，重点研发氧化物TFT、OLED显示材料和器件、激光显示、3D显示技术等新一代显示技术，以及电泳显示、电子纸显示等其他显示技术，集中力量开发3D智能电视等新一代显示终端。完善产业链条，在产业链中下游配套建设了激光显示孵化和研发中心，在上游配套发展了OLED显示项目，初步打造国际领先的"核心材料—液晶面板—液晶显示模组—整机产品—周边配套"光电显示产业链。2013年新型显示产值达1635亿元，同比增长19.8%。共生产液晶显示模组1.5亿台，液晶显示器1325万台，液晶电视600万台，笔记本电脑10万台，产品包括目前全球已量产的尺寸最大的夏普80英寸液晶电视，苹果Iphone、Ipad，微软Pad、亚马逊Pad专用高端面板等，已成为全球最大液晶模组出货基地、国内集聚度最高和规模最大的液晶显示产业基地、中国平板显示主要生产基地。

（2）科技青奥。2013年，南京成功举办第二届亚洲青年运动会，示范基地内的文化科技企业成功运用最新科技成果和汇集精彩文化创意，为2014年第二届青年奥林匹克运动会的服务保障进行预演。依托下一代多网和北斗导航技术打造"智慧青奥"。南京是全国首批4G试点城市之一。依托中国移动、中国电信和中国联通，2013年，在亚青会中实现100M光纤入户、全部场馆

4G试验网全覆盖使用，比赛区域4G政务专网全覆盖使用。南京高新区是国家北斗卫星导航应用的一个重要产业基地，依托同方北斗、6902、指南针等龙头企业，积极推进北斗导航技术的应用，为亚青会量身定做北斗位置服务和定位信息智能解决方案，提供了智能交通、智能安保、蓝天工程、气象服务、食品安全、赛事管理等保障服务，有力推动了智慧青奥的打造和智慧南京的建设。利用网络、数控、声光电等技术提供文化特色服务。在亚青会上，文化科技融合企业——南京魔合科技股份公司，遵循"用科技展现文化之美，用创意引领文化之变"，助力亚青会火炬网络传递；水晶石动漫有限公司采取动漫播放与真人表演、网络传播与现场展示相结合的方式，运用现代声光电、数控和影视特效等技术，为全世界奉献简约而不简单的亚青会开闭幕式，降低了活动成本，增强了演艺活动的视觉冲击力和艺术表现力。

（3）创意设计。示范基地聚集文化科技资源，在创意设计领域形成三个特色方向。服务于文化生产、传播和消费的软件设计。基地充分发挥"一谷两园"的集聚优势，依托华为、中兴等一批龙头软件企业，着力推进原始创新，大力增强集成创新，加强产学研联合技术攻关，促进引进消化吸收再创新，突破一批关键核心技术，重点开发应用于动漫游戏、数字影视、公共文化服务等领域的内容生产以及提升体验效果的软件和数据库，开发服务于电信网、互联网等多网平台数据集成、传输和分享的软件和系统，开发依托移动互联网平台满足人们娱乐、学习和工作等需求的App软件，开发保障各类信息传播的安全系统和软件。

（4）基于"三网融合"的新媒体设计。南京是"三网融合"首批试点城市之一。近年来，南京紧紧抓住"三网融合"的机遇，大力发展新媒体设计产业。一是新型电视产品，如IPTV、"云媒体电视"、互动电视等的开发设计；二是电视内容的开发设计，包括影视、动漫、综艺节目、新媒体广告等的开发设计；三是终端产品，如机顶盒、可视电话、手机、电视机、PC等的开发设计。新媒体设计的不断升级，吸引了越来越多的电视用户，截至2013年底，"云媒体电视"用户55万户，互动电视用户228万户，IPTV用户230万户，在全国名列前茅。与此同时，经济收益大幅增长。例如，江苏卫视依靠优秀节目模式设计、节目内容设计，一直保持着较高的收视率，2013年的广告收入达 60 亿元。

（5）适应新型工业化需要的工业设计。以紫东国际创意园、南京 J6 软件创意园等为主要载体，大力提升工业设计的自主创新能力，鼓励工业企业、工业设计企业、高等院校、科研机构建立合作机制，推动建立了一批工业设计研究中心和工艺美术创新研发中心，立足南京在建筑设计、机械设计等方面的优势，大力发展造型设计、电路设计、环境设计等新的工业设计门类，初步形成以企业为主体、市场为导向、产学研相结合的工业设计创新体系。

三　文化科技创新情况

（一）基地 2013 年知识产权及相关奖项获得情况

2013 年，南京专利申请总量达 55103 件，同比增长 29%，其中发明专利申请量达 22482 件，同比增长 37%，位居全国同类城市第四。发明专利授权量达 4735 件，同比增长 7%，位居全国同类城市第三，全省第一。其中，南京市文化和科技融合示范基地专利申请总量和发明总量分别达 23327 件和 8827 件，分别占全市的 42.34% 和 39.26%。示范基地发挥软件设计、通信网络和新型显示制造的优势，大力发展与文化相关的关键共性技术和产品。其中，部分技术获得国家和省级科技奖项。南京工业大学黄维院士的"有机半导体的设计原理、高效制备与光电器件"获 2013 年国家自然科学奖二等奖；华为软件技术有限公司"电信级统一身份认证与访问控制网关"、中兴通讯股份有限公司的"异构网络中提升多媒体传输质量及用户体验的自适应控制体系"、南京理工大学"高性能图像与视频超分辨支撑理论与应用技术"、江苏怡丰通信设备有限公司的"新一代多功能、多业务、多网络智能支付系统及终端"、焦点科技股份有限公司的"基于 B2B 电子商务运营信息的商情分析系统及应用"等获 2013 年江苏省科学技术三等奖；熊猫电子集团有限公司、南京莱斯信息技术股份有限公司 2013 年获省企业技术创新奖；南京中科煜宸激光技术有限公司的激光大屏幕显示获行业金奖；南京中电熊猫液晶科技有限公司已申请专利 300 余件，在光配向、背光源设计、3D 等领域掌握了大量核心技术，其开发的 31.5 寸宽视野角电视用液晶面板、21.5 寸全高清高开口率液晶面板和 64.5 寸双倍速窄边框液晶面板与模组等三个产品获得当年江苏省高新技术产品认定。在示范基地及全市的努力下，南京在国家知识产权局首批国家知识产权示范城市年度评估中位列第二，并成为全国第二批专利保险试点城市。

（二）示范基地国家科技支撑计划项目发展情况

2013 年，南京一批科技与文化融合项目获得国家科技支撑计划项目的立项支持，目前项目进展良好，如东大科技园有限公司牵头实施的"织锦文化遗产数字化与文化景区旅游服务示范项目"融合三维数字虚拟展示、地理信息技术开展中国文化遗产保护与开发、旅游资源整理；利用移动定位、车载 GPS、App 技术进行旅游产品开发、旅游产业电子商务集成，促进了南京市织锦文化研究与组织协调、云锦产业经济及基地建设。东南大学的"面向移动终端的触觉再现和交互技术研究"和"物联网安全感知技术及验证平台的研究"等四个课题获得"863"项目立项。这些项目的实施也将助推南京市文化产业的发展。

（三）基地培育的新兴文化产业业态发展情况

南京市文化和科技融合基地充分发挥独特科技优势、文化优势，促进文化与科技深度融合，初步形成手机动漫游戏、基于互联网的文化产品交易、创意设计 3D 打印等一批新兴文化产业业态。

（1）手机动漫游戏。2013 年，基地实现游戏产业总营收 53.44 亿元，中国移动手机游戏基地作为中国移动通信公司在全国唯一的手机游戏基地，与国内外 900 家游戏企业建立了合作关系，拥有近万款正版商用游戏，是国内最大的正版游戏销售和移动娱乐平台，市场份额接近 40%。中国电信游戏基地是中国电信公司在全国唯一的手机游戏基地，2013 年投入 5000 万元开发建设的"爱游戏" WEB/WAP 门户网站，占 Q1 安卓游戏运营平台的市场份额为 8.24%，仅次于腾讯和中国移动手机游戏。示范基地内涌现了一批龙头动漫企业，其中，原力电脑动画制作有限公司是全球 EA、THQ、2K Games 等 8 家顶级游戏公司的稳定合作伙伴，在中国游戏影视美术外包领域位列前三名。此外，示范基地内生产了一批具有国际一流水平的动漫作品，其中，《郑和 1405 魔海寻踪》在全球公开发行。

（2）基于互联网的文化产品交易。示范基地内重点扶持建设江苏省文化产权交易所、南京文化产权交易所，以现代科技为手段，集文化产品交易信息发布、文化艺术家和企业孵化、文化投融资服务为一体的专业化综合性服务平台，积极发展艺术品线下传统交易产业，在此基础上充分应用电子商务，大力发展线上艺术品交易，开发符合艺术品交易规律的信息展示平台、公平竞价平台和信用保障系统，发展基于 B2C 电子商务平台、各种层次的艺术品交易，极大地拓展了艺术交易的市场空间。2013 年 10 月，南京文化艺术产权交易所"钱币邮票交易平台"正式上线运营，日均交易额近 3000 万元、累计交易额突破 10 亿元，在全国文交所中排名第一。目前，南京文交所和新华《社现代快报》合作的"组合产品交易平台"也已正式上线运营。此外，基地依托大贺传媒股份有限公司、南京新与力文化传播有限公司、南京大众书局研发数字技术，打造集传媒、金融、艺术、互联网为一体的跨界融合生态链营销平台，实现文化产品和服务的网络传播交易，利用金融资源与文化市场有效链接，推动文化产品交易、融资并购、创意成果转化。

（3）3D 打印等技术在创意设计中的应用。示范基地设立了 3000 万元 3D 打印技术产业发展扶持基金，2013 年，与中国 3D 打印技术产业联盟协议共建全国第一家国家级 3D 打印技术创新中心，与卢秉恒院士共同建立 3D 打印研究院，积极开展"3D 打印技术、装备及应用"等相关产业化技术研究，并向社会持续不断地输送高质量 3D 打印技术人才。目前，基地引进、孵化 3D 打印产业领军型企业 10 余家，带动了基地高端装备制造、文化创意、生物医疗、数据处理、工程应用等相关领域的发展。率先入驻的南京先临公司是国家白光三维测量系统行业标准的起草单位和国内首台商用 3D 生物打印机制造商，是国家级高新技术企业，承担有 10 多项国家重点新产品计划、国家创新基金项目。基地已初步成为江苏省 3D 打印企业集聚度最高、技术运用力最强的地区之一。

四 推进基地建设的各项政策和举措

（一）落实各类文化科技创新创业政策

示范基地加大政策扶持力度，出台《南京市文化与科技融合发展规划纲要》、《南京市建设国家级文化和科技融合示范基地规划》、《南京市建设国家级文化和科技融合示范基地实施方案》、《南京市文化产业投融资体系建设计划》、《关于鼓励和促进文化银行发展的实施办法（试行）》、《南京市关于大数据产业发展的意见》、《南京市科技型中小企业确认实施细则》、《南京市应用技术研发与成果转化专项资金管理办法》、《南京市知识产权战略专项资金管理办法》、《南京高新区关于加快卫星应用产业发展的若干政策》、《中国（南京）游戏谷产业发展促进办法》、《关于做好2013年南京市文化产业发展专项资金申报工作的通知》、《关于加快推进全市信息化和工业化深度融合的实施意见的通知》、《关于加快推进信息通信基础设施建设的意见的通知》、《关于加快推进全市信息化和工业化深度融合的实施意见的通知》等系列文件，加强基地文化科技企业扶持，引导文化企业加大科技研发的投入，推进传统科技企业向文化产业融合。此外，制定《南京市重点文化科技企业管理办法》，评选第一批市级重点文化科技企业，在政策、资金、上市、信息和宣传等方面给予支持。引进工程化、项目化方法。排出2013年"策划、签约、开工、竣工、落地、产出、做优"等"七个一批"共95个重点项目，其中70%是文化科技型项目，明确责任，滚动推进，定期督查，组织召开2013年文化科技重点项目推进会，对项目推进情况进行考核。市文化产业发展专项资金每年投入5000万元，对全市文化科技企业、项目进行扶持。南京市科技计划项目设立科技文化融合产业化专项资金，扶持符合文化科技融合新业态、新技术和新产品的研发。2013年南京市应用技术研发与成果转化专项计划，向文化科技融合型的申报企业倾斜，重点支持了云锦研究所、水晶石、闻道等一批企业的科技计划项目，并在2014年的申报指南中增加了科技文化融合示范方向，目前有近90个项目通过网上专家评审。基地"推进南京文化与科技融合发展问题研究"列入软课题研究项目立项，推荐文化科技融合型企业申报省科技厅科技企业上市培育计划，江苏可一文化产业集团股份有限公司批复入选2014年备选库。基地支持东南大学和云锦研究院牵头落实科技部高新技术领域支撑计划项目"高技术支撑下的文化旅游综合服务示范性应用"和"织锦文化遗产数字化与文化景区旅游服务示范"的实施，加快示范推广进程，推动文化和旅游的融合发展。同时，在省级创新资金和省科技成果转化专项资金项目中对文化科技融合类企业加大了推荐力度。

（二）推进科技创业特别社区建设

积极落实市委市政府"1＋8"创业创新政策体系，推动科技创业特别社区中各类创新载体建设。重点安排专项资金9400万元，集中扶持基地内科技创业特别社区（创新创业人才特别集聚区）建设，用于提升和拓展文化类科技企业孵化器的功能、水平和规模，催生和孵化一批文化科技融合的企业和项目，为数字产品、动漫游戏、创意设计等文化产业营造良好的创新创业氛围。截至2013年12月，高新、浦口、新港、雨花、建邺、仙林、江宁、方山、吉山等9个科技创业特别社区建设和改造载体开工面积共587.7万平方米，建成261.2万平方米，初步形成"孵化器＋加速器＋中试用房＋人才公寓＋总部基地＋产业化基地＋配套服务设施"的科技产业一体化发展格局。基地充分借助"科技九条"、"321人才计划"、"创业七策"等政策措施形成叠加效应，加快盘活人才存量、深度激活人才能量，着力引进和培育一批带技术、带项目、带资金的领军型科技人才和团队，注重以人才集聚促进创业创新，以创业创新引领产业发展。中科院、清华大学等高层次科研团队纷纷入驻有关特区。基地内特区已建设专业技术支撑、科技金融和综合公共服务平台76个，引进领军人才417名、科技创业家37名、"千人计划"创业人才81名，拥有在孵企业1058家，培育高新技术企业28家，专利申报数达986项，初步形成科技、人才和产业资源的集聚。

（三）建设专业化文化科技孵化平台

科技创新平台逐步完善。基地作为高新技术产业集聚区，大力建设科技载体和创新平台，推进文化科技产业发展。目前，示范基地拥有研究院所 24 个、国家重点实验室 14 个、企业技术中心 90 个；博士后科研工作站 50 个、国家工程（技术）研究中心 14 个；雨花科学园、南京新城科技园、江宁高新技术创业服务中心、金港科技创业园等 6 个园区是专利技术产业化基地。2013 年 7 月 10 日由江苏省和南京市共建的南京科技创业创新和产业化促进平台正式成立并举行第一次会议，这标志着南京科技创业创新有了跨省市层级和部门的高位协调推进平台。

专业化文化科技平台有序推进。基地以通信网络技术和软件设计为基础，围绕重点产业领域，完善平台支撑体系，先后建立综合公共服务平台 32 个，如专业性的信息交流平台——文化科技融合创业家沙龙；集展示、发布、管理、招商等综合功能于一体的虚拟专业性平台——南京文化产业网；综合性的文化产业展示交易平台——中国南京文化产业交易会等。建成高新区动漫技术平台、"渲染农场"等技术支撑平台 57 个。特别是集聚各方资源，推动文化科技融合的三大公共服务平台在 2013 年全面启动，建设重点公共技术服务平台。在建的南京（建邺）数字文化产业公共技术服务平台总投资 1.5 亿元，使用面积 8000 平方米，依托中国（南京）游戏谷产业资源，涵盖影视动漫制作、广告及新媒体、现代创意设计、数字移动娱乐和文化资源数字化等五大数字文化产业重点领域，致力打造定位高端、技术先进、模式创新、功能完备、持续成长、国际一流的数字文化产业公共技术服务平台，解决中小文化企业在设备、软件、项目管理、信息安全等方面的需求瓶颈。构建南京创意设计中心。中心占地面积 10 万平方米，并从市场需求出发，打通创意、研发、产品、生产市场、销售的产业链条，打造展示窗口、公共服务、品牌运作、企业孵化、人才培训等五大专业平台，成为全市文创产业的发动机和孵化器。成立了南京未来网络与文化融合创新产业联盟，全市 60 多家文化科技型企业首批入盟。该联盟将依托南京未来网络谷在网络技术研发领域的核心优势，打通文化和科技资源的要素通道，依托南京未来网络产业在网络技术研发领域的核心优势，推动网络文化产业领域的产学研合作，促进文化创新要素向企业集聚，建设网络文化产业研究园和网络文化产业园，抢占文化产业未来发展制高点。

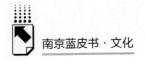
（四）建设金融服务平台

基地完成文化科技金融服务平台 26 个，出台《南京市文化产业投融资体系建设计划》，在主体端利用文创企业资源库，建立文化企业数据信息库和征信体系，搜集上报融资需求信息。在平台端建立全国首家综合性文化金融服务中心，为文化企业和商业银行、保险、担保、信托等金融机构牵线搭桥，并提供全方位一站式的金融服务。构建文化产业金融服务链，遴选南京市首批 4 家文化银行，2013 年向十家文化企业授信 1.57 亿元；安排 3000 万元财政资金用于文化企业贷款风险补偿和文化银行利息补贴；组建 1 亿元文创投资基金和 1 亿元的文创科技投资基金；组建全省第一家文化类小贷公司——金陵文化科技小额贷款公司，目前已累计发放贷款 2.78 亿元。推出专项资金重点扶持指南，58 家企业获得资助 3340 万元，集中资源扶持重点。积极推进文化企业上市，可一集团于 2013 年顺利完成上市辅导，向证监会报送申请，有望在 2014 年上市。

（五）加强文化科技人才队伍建设

实施人才引进"321 计划"。对于入选的科技创业团队，提供四个方面 15 项政策支持。专门设立"文化科技创业"门类，共培育引进 5 批 161 名"321"文化科技人才，其中 61 个落户基地，涉及行业包含文化信息传输、文化创意设计、文化休闲娱乐等，为文化科技融合发展提供了强有力的人才支撑。

创新文化科技人才培育新方式。2013 年以"科技创业与文化创意"为主题，启动《创赢未来》电视大赛（第二季），经过 18 场初赛、2 场半决赛，六位创业者脱颖而出，挺进总决赛进行终极角逐。盲人创业者曹军带来的手机读屏交互高科技项目和草根创业者孙国秀带来的红薯食品连锁项目分获金、银奖，分别赢得 200 万元和 100 万元的创业基金奖励。通过这种新的方式，可以更好地为海内外人才来南京创业成功服务、为南京紫金科创特区持续发展服务、为南京打造走向世界的文化创新之城服务，进一步激发和集聚南京创业创新活力，推动南京成为全国人才发展和科技文化创新的排头兵。

完善文化产业人才培训体系。在全市"五个一批"人才中吸纳文化科技人才；首次举办文化企业家高级研修班，组织30多名重点文化企业家赴北京学习考察，参加"2013中国文化产业30人高端峰会"；组织国有、民营文化企业的管理者和文化科技人才赴深圳、北京等地参加文交会等重大活动，使南京市文化产业人才丰富了知识，加强了交流，开阔了视野。

（六）建立基地管理协调工作机制

2013年4月，基地为切实加强组织领导，建立统筹协调、合理推动的工作机制，成立了以市委市政府领导为组长的"南京市文化科技融合基地建设领导小组"，市委宣传部、市发改委、经信委、科委、文广新局、财政局和统计局等有关单位主管领导为成员，下设办公室。办公室设在南京高新区管委会，领导小组负责整个基地建设的组织、协调、管理等工作；办公室负责推进基地建设的规划、计划和政策措施，对重点工程、重点项目实施情况进行跟踪考核、协调服务。同时，建立由市委宣传部、市科委、市文广新局等有关部门参加的全市文化科技融合联席会议制度，定期研究基地规划实施、政策制定、项目推进、平台建设等工作。根据基地建设实施方案，将推进产业发展的任务分解到基地内各相关区和各园区、平台，建立宣传、文化、科技部门和行政区、园区的工作协调推进机制，跨部门、跨区域联动，形成强大的基地建设推进合力。

B.4
南京文化金融发展报告

南京市金融办 *

摘　要：

健全的投融资体系是文化产业发展的催化剂。文化企业出现融
资难、融资贵的原因是系统性、多方面的，大体可归结为产业
高风险、企业轻资产、银行不愿为、政策不精准四个方面。为
了促进南京文化产业的快速发展，必须构建金融服务文化小微
企业的"南京模式"，争创"全国文化金融合作试验区"。具体
路径主要有：构建服务体系，打造完整的文化产业金融服务链；
加大创新驱动，积极探索解决"智力"资产评估难题；明确推
进主力，充分发挥国有文化平台引领示范作用；加强组织协调，
完善文化金融投融资市场环境。

关键词：

文化金融服务　文化金融合作试验区　文化产业投融资体系

文化、科技与金融创新的紧密结合，是经济社会发展的重要引擎。健全的
投融资体系是文化产业发展的催化剂。建设具有南京特色的文化产业投融资体
系，对加快南京文化建设，提升文化实力，打造独具魅力的人文都市和世界历
史文化名城具有重要意义。

一　金融支持南京文化产业发展的问题与原因

近年来，在市委市政府的正确领导下，南京文化产业取得长足发展，文化

---

* 执笔人：韩庆林。

产业增加值以年平均 25% 的速度增长，占 GDP 的比重逐年提高。2013 年全市文化产业增加值达 450 亿元，占 GDP 比重达 5.6%，继续名列全省第一，领先优势进一步扩大。然而，南京市文化企业依然存在贷款难、贷款贵的问题。从银行贷款占比看，2013 年全市文化产业贷款占全部贷款的比重不足 1%，远低于文化产业增加值占 GDP 的比重；从贷款成本看，文化产业贷款利率高于全市中小企业平均贷款利率。

文化企业出现融资难、融资贵的原因是系统性、多方面的，大体可归结为产业高风险、企业轻资产、银行不愿为、政策不精准四个方面。

（一）产业高风险

文化产业产品和服务主要来自文化创意人的创作灵感，其创造的产品要想符合市场要求取决于提供者对社会的预判，文化产业形成过程、产品生产以及市场需求的不确定性，决定了文化产业本身就是一个典型的高风险投资行业。同时，文化产业规模分散、"强研发、弱产品"、产业链不完整、品牌缺失等特点，使得文化产业与金融资本的"姻缘"还不深。

（二）企业轻资产

中小微文化企业最重要的资产在于"智"，它可以是一种灵感、创意，甚或是知识产权、版权等，总之都属于虽有价值，但难以在传统金融审贷系统中评值估价的轻资产，金融机构缺乏相应的贷款准入标准、风险评价体系与之匹配。无形资产价值评估与变现是制约文创企业融资的关键瓶颈。

（三）银行不愿为

驻宁各金融机构现有经营环境好、传统业务资源多，加上对文化产业信贷研究薄弱、信贷投放经验不足、"实物资产抵押"的硬性贷款要求等原因，商业银行不愿将业务拓展至相对陌生的文化金融领域。同时，创业投资机构也偏好追逐即将上市的企业，不愿对风险把控难度更大的中小文创企业给予支持。

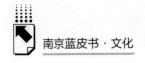

（四）政策不精准

近年来，各级政府虽陆续出台了加强文化金融服务的文件和办法，但普遍存在"使不上力"、"协调不够"和"水土不服"等不同程度的问题。文化金融财政投入机制、奖补机制、风险共担机制和正向激励机制还不完善，缺乏全盘设计和统筹部署，许多政策不够精准，无法形成合力，达不到变"智"为"资"的疗效。

二　建设具有南京特色的文化产业投融资体系，打通文化金融服务实践路径

为有效解决金融支持文化产业发展的问题，南京市自2013年下半年以来，在国家和省有关部门指导下，以加快文化建设，提升文化实力，打造独具魅力的人文都市和世界历史文化名城为目标，致力于建设具有南京特色的文化产业投融资体系。

（一）完成顶层设计，构建文化金融政策体系

由市文化改革发展领导小组办公室牵头，市委宣传部、市文广新局、市金融办、市财政局、市科委、人行南京营管部等部门通力合作，制订出台《全市文化产业投融资体系建设计划》，明确文化金融发展的总体思路、基本原则、建设目标、主要举措和保障措施等。

（二）搭建全方位一站式的金融服务平台

依托南京市文化投资控股集团公司，组建全国第一家文化金融服务中心，为文化企业和金融机构牵线搭桥，提供金融、信息、培训、协作等服务。南京文化金融服务中心已完成全市文化企业资源库组建工作，首批入库880家文创企业。2014年3月全国文化金融合作会议上，该中心荣获全国"优秀文化金融合作创新成果奖"，入选"2013年度优秀文化金融创新十大案例"。5月中心项目获得2014年全国文化科技创新项目资助。

（三）引导金融机构加大对文化企业的信贷支持

制定出台《关于鼓励和促进文化银行发展的实施办法（试行）》，设立文化企业贷款风险补偿和利息补贴资金。首批遴选南京银行、北京银行、交通银行、中国银行4家文化银行。组建1亿元文创投资基金和1亿元的文创科技投资基金。组建全省第一家文化类小贷公司——金陵文化科技小额贷款公司。

（四）积极推进文化企业挂牌上市

在2013年证监会暂停企业IPO审核、发行的背景下，把握资本市场工作主线，力抓文化企业上市各项准备工作不放松，当年江苏可一文化产业集团股份有限公司顺利报会，亚奥科技、视威电子在全国中小企业股份转让系统（"新三板"）成功挂牌，为全省第一批在"新三板"挂牌的企业。

（五）发挥市、区各级引导基金的引领带动作用，引导社会资本加大对文化产业的投入力度

紫金科创基金与南京广电文化产业投资有限责任公司、南京河西新城科技创业投资引导基金有限公司共同发起设立规模1亿元的"南京紫金创赢文化产业基金有限公司"，重点投资于文化创意产业类项目和创业创新性项目，为初创期文化企业提供融资、管理、技术等各项服务支持。

（六）大力发展文化要素市场，提升文化市场的活跃水平

2013年，南京文化艺术产权交易所和江苏省文化产权交易所正式通过国务院部际联席会议的清理整顿验收，各项业务全面展开。江苏省文交所坚持"文化+金融"的创新发展模式，充分利用市场资源配置与整合，通过推出版权、股权、物权及投融资等多项文化创新业务，初步建立了文化产权交易平台。南京文交所利用电子商务交易平台，不断探索文化产品融资新模式，取得了良好的效果。

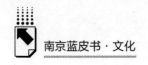

三 逐步构建金融服务文化小微企业的"南京模式"，争创"全国文化金融合作试验区"

2014年3月，国家文化部、中国人民银行和财政部联合印发了《关于深入推进文化金融合作的意见》，文件中明确提出"要择机选择部分文化产业发展成熟、金融服务基础较好的地区创建文化金融合作试验区"。南京将以创建"全国文化金融合作实验区"工作作为深化文化体制改革、推进文化金融合作、加快文化产业跨越发展的重要抓手和突破口，重点做好以下工作。

（一）构建服务体系，打造完整的文化产业金融服务链

进一步引导创投、银行、保险、担保、小贷等各类文化金融载体密切合作，着力打造政府资金与社会资金、直接融资与间接融资、股权融资与债权融资有机结合的多元化、多层次、多渠道的投融资服务体系，不断拓展、延伸文化金融服务链，形成文化金融服务组合拳，提高文化金融服务效率。

（二）加大创新驱动，积极探索解决"智力"资产评估难题

无形资产是知识经济中最重要的资源，应作为文化金融工作的重要突破方向。下一步，市金融办将与相关部门、金融机构共同探索构建文化产业无形资产版权价值评估体系，加快登记核查、价值评估市场化进程，降低文创企业及项目进入多层次资本市场的门槛。

（三）明确推进主力，充分发挥国有文化平台引领示范作用

积极引导国有资本进入文化产业领域，进一步发挥市文化集团等国有文化投融资平台实力，提高其对文化产业核心领域和新兴文化业态的投资能力。充分发挥复合金融优势，以现有国有文化金融平台为载体，对接多类型金融机构，打造综合性文化金融服务主体。

（四）加强组织协调，完善文化金融投融资市场环境

充分发挥金融支持文化产业发展工作领导小组职能，加强部门协调与沟通，解决文化金融建设的重大事项。进一步倾斜政府资源，完善财政扶持、税收激励、人才服务政策。大力培育信用市场体系，依法保护金融机构债权和文创企业合法权益，构筑健康、规范、有序的文化金融生态环境。

B.5
南京动漫影视娱乐业发展报告

南京市文化广电新闻出版局 *

摘 要: 2013 年南京动漫行业创作产量稳步增长,创作质量不断提升,创作形式不断创新,人才培养继续深化,出口规模持续扩大,主管部门切实履职。南京电影业影院票房收入稳居全省首位,跻身全国"十大票仓城市"行列,在经营管理上南京电影业诚信守法、规范经营。南京广播电视业大力推进节目创新,加快集团改革发展,稳步推进技术创新,扩大有效覆盖面,着力构建产业格局。南京娱乐市场的特色是歌舞娱乐市场处于成熟期,游艺娱乐市场逐步规范,娱乐消费更加理性,娱乐结构趋于合理,娱乐服务有所提升。

关键词: 动漫行业 电影业 广播电视业 娱乐市场

2013 年,在市委、市政府领导下,南京动漫影视娱乐业有了长足的发展,主要有以下方面。

一 2013 年南京动漫行业发展形势

2013 年,南京动漫行业深入贯彻市委、市政府《中共南京市委关于加快文化建设,提升文化实力,打造独具魅力的人文都市和世界历史文化名城的决

---

* 执笔人:彭凌云、张金兰。

定》、《关于促进全市文化产业跨越式发展的意见》的总体要求，以南京国家动画产业基地为抓手，采取有效措施，切实推进南京动漫创作繁荣和产业发展。

（一）创作产量稳步增长

通过国家新闻出版广电总局备案公示的电视动画项目为 11 部，总时长4904 分钟，从电视动画产量和项目储备上看，2013 年南京动漫仍然保持着旺盛的创作态势。

（二）创作质量不断提升

南京市动漫制作机构能够坚持正确的舆论导向，积极创作生产具有南京特色、内容积极健康的动漫作品，打造了一批具有影响力和南京风格的优秀作品：动画片《笑林功夫》获评国家新闻出版广电总局优秀国产动画片；动画片《水漫金山》荣获江苏省优秀文化成果奖；微电影《南京·201314》参加首届中国（杭州）国际微电影展，获得"最佳创意提名奖"；《快乐星猫》获得第五届中国西部动漫文化节"金牛奖"；《快乐星猫》主题歌还荣获 2013 年第五届中国年度十大优秀动画歌曲奖，等等。

（三）创作形式不断创新

新媒体技术的快速发展让南京动漫应势而变，内容创作与多媒体技术实现对接，并在创作过程中植入市场需求和产业发展理念，如"星猫"系列动画片，充分利用"星猫"主题形象不断开发玩具、服装、日用品等衍生产品；《小豆派派》成长系列动画片，采用动漫、图书、游戏等技术手段通过电视、网络、新媒体等多方位传播，并以此为基础，与著名儿童教育家、儿童心理学家携手推出国内第一款家庭化体验式早教产品——小豆派派家庭早教机。

（四）人才培养继续深化

目前，南京市除十余所大专院校开设动漫（动画）专业外，还有许多民营动漫人才专业培训机构，每年向动漫创作、生产一线输送专业人才。南京国

家动画产业基地与阿法贝、鸿鹰、九元素等公司签订合作办学或培训协议，实行订单式培养模式，实现了专业人才的定向培养。

（五）出口规模持续扩大

据不完全统计，2013年南京市新增出口影视动画、网络游戏等16款，参与出口的动漫企业接近20家，2013年原创动漫、自主研发网络游戏、手机漫画等文化产品销售额达3760万元人民币。商务部公布的"2013～2014年度国家文化出口重点企业"名单中，南京波波魔火信息技术有限公司、南京艾迪亚动漫艺术有限公司榜上有名。

（六）主管部门切实履职

南京文化广电新闻出版局在政策制定、服务企业、推动产业健康发展方面发挥了积极的作用，参与了《关于深化全市文化体制改革的意见》、《关于促进全市文化产业跨越式发展的意见》、《关于加强全市文化人才队伍建设的意见》和《南京市重点文化工程项目计划（2011～2015年）》等政策的制定，通过建议提案、信息专报和调研报告等形式向市委市政府反映产业现状，认真组织国家动漫精品工程、江苏省文化产业引导资金项目等各级项目（资金）的申报，多次组织动漫专项工作调研，鼓励动漫企业加大创作生产力度。一年来，南京国家动画产业基地坚持以"特殊的制度创新、特别的政策支撑"为动漫企业提供有力的扶持和高端的服务，积极优化和落实各类扶持政策，2013年基地累计发放动漫游戏类扶持资金366.51万元。南京国家动画产业基地南京软件园还被授牌为"江苏省首批重点文化产业园区"、"首批江苏省文化科技产业园"，获批"国家级文化科技融合示范基地"。

二　南京电影业发展情况

截至2013年底，南京市共有影院42家、屏幕数294块、座位数41600个，均位于全省前列。近年来，全市影院票房收入年均增长20%左右。2012年为3.78亿元，2013年达4.6亿元，占全省票房收入的23%，票房收入稳居全省首位，跻身全国"十大票仓城市"行列。其中新街口影城以 6928 万元的年票房收入荣膺全国影院票房收入第 5 名。

三　广播电视业发展情况

2013 年，南京广电集团主营业务收入突破 12 亿元，同比增长 20% 以上；实现利润 9000 万元，同比基本持平。一是大力推进节目创新。制定《南京广电集团视听节目进入和退出管理暂行办法》，建立节目进入和退出机制，充分发挥节目研发创新基金的激励作用，进一步激发员工创新热情。组织集团创新节目方案征集活动，推进重点节目推陈出新和提档升级，频道频率定位和节目布局更趋合理，节目品质得到提升，收视、收听率和份额稳中有升。创办全媒体互动新闻节目《民声》，开创了公仆与市民面对面谈心类节目的先河，有效地推动民生问题的解决，深受市民喜爱。二是加快集团改革发展。集团分别制定了《深化综合改革的实施纲要》、《打造区域强势媒体的实施纲要》和《加快转型发展的实施纲要》，对集团如何推进宣传经营两分开、建立现代企业制度、巩固主流舆论阵地、加快产业转型发展等重大问题，进行全面规划和设计，进一步明确了集团改革发展的指导思想、目标任务和方法步骤。三是稳步推进技术创新。以节目需求为导向，先后对 800 平方米和 250 平方米演播厅进行了高清化和全媒体改造。着手进行 1500 平方米剧场和 1600 平方米新闻全媒体演播系统的升级改造。加大设备投入，置购一台"10＋2"讯道 5.1 环绕声制作的高清转播车，添置了部分小高清摄像机，启动了广告监播系统项目、高清非编网建设项目的前期工作。四是扩大有效覆盖面。完成安徽滁州地区的有线网络入网，增加了 40 多万有线网络用户；同时加强集团电视节目在南京地区四星级以上宾馆饭店的覆盖。五是着力构建产业格局。在内容产业方面，集团凭借多年的民生新闻、专题片制作的成功经验，加大与央视等业内知名单位和企业的合作，先后与央视新影公司合作，拍摄了《不能忘却的胜利》等多部纪录片，纪录片制作的影响力不断扩大。在广告产业方面，坚持巩固存量，扩大增量，以集团广播电视广告有限公司、雷迪欧广告公司和大江南广告公司、标点实业公司为载体，开展规模化、集约化、专业化经营，促进主营业务稳中有增。在投资产业方面，成立了文化投资、文化地产公司，设立了创赢未来基金公司，收购了源丰小额贷款公司、十竹斋典当公司，重点开展"智慧南京"项目、小额贷款和基金理财等业务，拓展产业外延。在新媒体产业方面，依托参股的省有线网络公司、华夏城市网络广播电视公司的传输与播放平台，积极参与公共服务云平台建设运营。加强对小微视频网的策划与运营，正式运营了广播第一购物、电商"淘南京"项目，积极探索新媒体产业发展的新路子。

四 娱乐市场发展情况

南京市现有歌舞娱乐场所426家，游艺娱乐场所310家。在国家扶持文化产业发展政策带动下，南京市文化娱乐行业根据市场经营状况变化，适时调整经营策略，在坚守中探索，在转型中发展，保持了良好的发展势头，娱乐文化逐渐成为南京一道亮丽的风景线。如今，有以嘉润、金陵会等为代表的高档夜总会、商务会所，以米乐星、AGOGO为代表的量贩式卡拉OK，以苏荷、小乱、玛索为代表的1912酒吧文化街区，以光阳大舞台、阿波罗为代表的演艺场所，以"风云再起"、"快乐无限"为代表的游艺场所。层次不同的消费场所，特色各异的休闲娱乐共同构成南京独具特色的"娱乐文化"，形成南京市娱乐产业多元发展格局，满足了人民群众日益增长的多样化、多层次和个性化的文化需求。一是歌舞娱乐市场处于成熟期。近年来，全市歌舞娱乐场所一直控制在400余家，发展比较平稳，经营相对规范，是南京市文化夜生活的主要载体。在市场力量的作用下，娱乐业自身的并购和重组步伐加快，并且越来越注重自身的品牌建设，南京市已形成南京诺亚方舟集团（在宁有11家娱乐场所，如紫峰1号、金城皇宫等），南京嘉润文化产业集团（在宁有玄武饭店、虹桥饭店、丁山宾馆等配套娱乐场所），南京首印集团（有宁有珠江一号、锦绣山河、魅力国际等场所）等大型娱乐产业集团。二是游艺娱乐市场逐步规范。近年来，部分有实力的民营资本进入游艺娱乐市场，在南京市形成一定的品牌效应，如"风云再起"、"快乐无限"游艺场所，它们都始终坚持游艺娱乐，时尚、健康、休闲，不涉赌，取得较好的效益。三是娱乐消费更加理性。

党中央八项规定强势推进，高档娱乐消费、公款消费得到遏制，带动娱乐消费回归理性，更好地体现文化娱乐本质，有利于促进行业健康发展。四是娱乐结构趋于合理。自国家倡导清正廉洁，反对奢靡之风以来，高档娱乐场所经营状况有所下滑。娱乐经营者审时度势，及时调整娱乐结构，从高档娱乐向中低档娱乐转型，从白领阶层娱乐向泛大众娱乐转型，从奢华娱乐向休闲娱乐转型。全市有数十家量贩式歌厅开业，更贴近大众娱乐需求。五是娱乐服务有所提升。为了迎接亚青会、青奥会，全市文化娱乐行业开展优质服务活动，加强对从业人员的培训，从服装、礼仪到妆容，从文明用语到服务技巧，全面提高娱乐行业服务人员素质，有效地提升了娱乐行业服务水平，展示了南京娱乐新形象。

B.6
南京会展业发展报告

南京市政府会展业办公室 *

摘　要：

2013 年南京会展业发展的主要特点有：非政府主导型会议占比增加；国际性展会品质稳步提升；新办展览崭露头角；大会展融合发展；会展硬件设施有新突破；社会经济效益明显。2014年，南京会展办将着力做好以下几方面的工作：服务青奥盛会；推进国际化建设；加大宣传力度；做好招展招商工作；扶持企业发展；推进南京国际博览中心二期工程建设；做好服务保障；推动大项目活动创新；着手"南京会展城"规划。

关键词：

南京　会展业　发展

2013 年，南京会展业坚持以党的十八大精神为指导，在市委市政府的领导下，按照会展业"十二五"发展规划的部署，紧抓"亚青会"举办契机，真抓实干，勇于创新，锐意进取，实现南京会展业发展新的进步。全年共举办大中型展览和会议 2510 场，完成年度目标的 105%，同比增长 15%；规模以上展会展览总面积 231 万平方米，完成年度目标（全年目标 220 万平方米）105%，同比增长 14.4%；大型特大型展览 35 个（年度目标任务 34 个），同比增长 12.9%。在业内权威机构组织的全国性评比中，南京先后被评为"2012～2013 年度中国品牌会展城市"、"中国十佳品牌会展城市"、"中国十大影响力会展城市"；"第九届中国（南京）国际软件产品和信息服务博览

---

* 执笔人：程海秋。

会"、"2013南京—台湾名品交易会"被评为"2013年度中国十佳品牌展会项目";尹文同志荣获"中国会展经济产业贡献奖"、"2013年度中国会展产业十大年度人物"等奖项。

一　2013年全市会展业发展的主要特点

分析全年会展业发展形势,呈现以下突出特点。

一是非政府主导型会议占比增加。2013年年初,中央下发《关于改进工作作风、密切联系群众的八项规定》,下大力气清理各类政府部门主办、承办的展会节庆活动。在此背景下,全市酒店、宾馆、展馆等会展企业主动出击,提升服务质量,吸引市场主导型会议活动来宁举办。全市规模以上展会活动中,市场主导型占比超过65%。成功引进"第30届中国气象学会年会"、"2013玫琳凯事业发展会议"、"葆婴中国有限公司会议"、"中华医学会第十六次全国神经病学学术会议"、"亚太结肠医师联盟大会"等16个规模超过1000人的特大型会议在宁举办。钟山宾馆在"中央八项规定"下发后,不等不靠,主动出击,抢抓市场机遇,企业类、学术性等会议占比提高20个百分点,达70%。

二是国际性展会品质稳步提升。初步统计,2013年以来,全市举办国际性展览42个(受南京国际博览中心场地影响,有10个国际性展会未能落户南京)。南京市自主品牌展会国际化程度进一步提升。为期4天、展览规模近5万平方米的"亚洲户外用品展",境外参展商占比达34.3%,专业观众10782人次,同比增长25%,并获得国际展览业协会(UFI)认证,成为国内首个被UFI认证的户外用品行业展会。"2013中国国际船舶工业博览会"在全球经济复苏缓慢、国际航运市场表现低迷的严峻形势下,仍然保持着2万平方米的展览规模,吸引了美国、荷兰、德国、丹麦等12个国家和地区近500家参展商。"亚洲自行车展"首次单独举办,展览面积达3.6万平方米,同比增长50%,394个参展品牌,较上年增长65.5%,其中境外参展品牌达320个,超过80%。"南京软博会",吸引美、英、德、法等30个软件强国(地区)参加,提升和扩大了展会国际化水平和影响,标志着南京向世界级展会城市又迈进了一步。在"第二届中国(南京)国际环保产业展示暨环境技术交流会"上,

12 个国家和地区 365 家企业和科研院所参展，其中境外参展商超过 35%，丹麦、澳大利亚、韩国和加拿大四国展团还在展会期间分别各自举办本国产品和技术的专场对接会，为中外客商带来了不可多得的国际前沿环保技术，实为凸显环保产业发展大势的饕餮盛宴。

三是新办展览崭露头角。一年来，全市会展人不等不靠，积极策划、新办各类展会 10 个，并取得成功。首届"2013 南京国际佛事文化用品展览会"，展会规模超过 2 万平方米，吸引 8 个国家（地区）以及国内 24 个省市的 300 多家企业参展。首届"中国（南京）国际建筑装饰展"，展览面积 10000 平方米，国际展商比例超过 20%。"2013 国际农业生产资料博览会"创新性推出"云展会"概念，主办方开发信息匹配系统，对每个参观商、参展商进行引导，实现精准化服务。"2013 中国（南京）汽车用品暨改装汽车展览会"经过多年策划，顺利举办。"中国华夏家博会"首次落户南京，新颖的运作模式，引发市民关注。"2013 江苏糖酒会暨江苏茶业博览会"接待专业观众18000 人次，展品贴近市民需求，深受市民喜爱。"2013 南京湖熟菊花展"展出十余组大型景点、千余盆品种菊、数万株菊花，总布展面积达 60000 平方米，实现展览会由制式展馆向乡村田间的转变。

四是大会展融合发展。在展会数量增长、品质提升的同时，赛事、节庆文化活动共同发展。第二届亚洲青年运动会吸引亚洲 45 个国家和地区的 2300 名14～17 岁的运动员参加，包括田径、游泳、球类等在内的 15 个大项、118 个小项比赛取得圆满成功，获得各方好评；"中超联赛"、"亚冠比赛"以及推动南京及南京周边地区单车运动发展的"2013 年 GIANT 南京联赛"贯穿全年。节庆活动持续红火。2013 年秦淮灯会迎客超过 460 万人次；第九届中国南京农业嘉年华，展会规模超过 4 万平方米；历时 6 个多月的"2013 南京禄口国际皮草嘉年华"，结合欧美签约设计师皮草新品发布会，吸引来自意大利、西班牙、俄罗斯、法国等数万皮草客商，该活动受到与会企业嘉宾和媒体一致好评。莫愁湖龙舟赛、栖霞山文化节、阅江楼文化艺术节等丰富多彩的体育赛事、持续红火的节庆活动，极大地丰富了市民的精神文化生活。国际性文化交流活动频繁。持续一周的"同乐江苏"南京国际爵士音乐、世界音乐节、"尼日利亚文化周"、南京 2013 国际文化交流日等国际文化交流活动，在让境外朋友体验中国民俗文化的同时，也让市民饱览他国异域风情。

五是会展硬件设施有新突破。在全市加大基础设施建设、改善城市大环境的同时，会展办积极协调推进会展业重点项目建设，进展顺利。南京国际博览中心二期工程建设 2013 年完成投资 6.02 亿元，目前按时序进度推进，预计 2014 年底竣工，将实现室内展览面积 10 万平方米目标；慧翼文化创意展览展示中心一期工程已于 2013 年 3 月完工，9 月 1 日正式投入使用，已具备为国内外客户提供大中小展览和连锁商铺道具的设计、制作与安装等系列服务的能力；南京惠通创意产业园基本工程建设完工，顺利开园。全市星级以上酒店新增 16 家，达 117 家；其中，五星级酒店 18 家，四星级酒店 23 家。建邺区会展办根据区位实际，推出南京"会展城"规划。

六是社会经济效益明显。"亚青会"的成功举办，极大地提升了南京国际知名度。南京惠通展览用品开发公司、南京普世朗商务管理有限公司等会展企业积极参与"亚青会"，赢得社会赞誉。各类经贸类展会的举办，带来大量人流、物流、资金流、信息流，促进了宾馆、酒店、餐饮、购物、旅游业的发展，预计全年拉动经济收入 450 亿元。"2013 中国（南京）国际汽车博览会"现场成交汽车 4977 台，销售额近 10 亿元；"2013（第十二届）南京国际车展"现场成交汽车 8680 台，销售额超 15 亿元；"2013 南京—台湾名品交易会"签订意向采购协议 8.1 亿美元；"首届南京伊斯特皮草小镇交易会"期间，实现交易额 1.5 亿元；"2013 江苏糖酒会暨江苏茶博会"现场签订意向合作成交额超过 2 亿元；"第十三届中国南京食品博览会暨采购交易会"现场销售额达3500 万元，实现了市委市政府提出的通过展会"拉动内需扩大消费"的目标。

二 2013 年全市会展业主要工作措施

（一）加紧落实促进会展业发展的相关政策精神

市委市政府《苏南现代化建设示范区南京规划三年推进计划（2013—2015)》、市政府关于《进一步扩大内需拉动消费行动计划》，提出了"打造南京国际会展品牌"、"进一步发展会展对消费的拉动作用"的新要求。市会展办坚持在开展多形式、多层次对外会展经济交流合作、引进国际性品牌会展、培育高端专业性会展上下功夫，加大对品牌展会、国际性展会的扶持力度；鼓励、引导已有品牌展会做大做强、提高品质；培育贴近市民生活的消费类展会。先后出台《关于进一步促进展会品牌发展的举措》、《服务企业、服务基层措施》、《扶持会展龙头企业举措》等规定，扶持会展企业、鼓励品牌发展；坚持会展专项资金专款专用，发挥资金、政策引导作用，令众多经贸类展会受益，杠杆作用明显。

（二）加大宣传推介力度

2013 年年初，会展办认真筹划，周密组织，加大南京会展业的宣传力度，不断提升南京会展城市影响力。一是召开 2012 年度南京会展经济新闻发布会，受到社会各界的广泛关注。二是南京会展官网与"中国会展在线"、"成都会展网"、"青岛市会展官网"等国内十多家主要会展网站建立联系。三是积极参加"第九届中国会展经济国际合作论坛"、"长三角城市会展联盟年会"、"第八届中国会展经济研究会年会"、"2013 中国会展创新与发展研讨会"、"中国会议产业大会峰会"、"第二届中国（北京）国际服务贸易交易会"、"中国城市会展发展大会"等行业内活动，加强南京会展环境的宣传推介。通过参会，成功引进"2013 中国农村卫生工作会议"等 3 个会议，与中国兽药协会等 2 家展会组委会达成来宁举办展览会意向。四是成功召开南京会展经济工作会议。五是通过电视、广播、网络、业内杂志等新闻媒体及南京会展官网，及时宣传南京会展业取得的成绩。六是开通南京会展微博。

（三）加快会展功能国际化建设步伐

积极推进《南京会展业国际化建设行动计划（2013—2015 年）》落实。南京斯图加特联合展览有限公司，在成功移植"国际度假展"、"金属加工展"后，2013 年又成功引进"南京国际建筑装饰展览会"；南京宁菲展览有限公司与德国菲德列斯哈芬展览公司成功签署"亚洲户外用品展览会"、"亚洲自行车展览会"新的五年合作协议。推进"亚洲户外用品展览会"通过全球展览业协会（UFI）认证进程，南京宁菲国际展览有限公司正式成为国际展览业协会（UFI）注册会员，"亚洲户外用品展览会"成为 UFI 认证展会。在加大打造品牌展会力度方面，"2013 中国国际船舶工业博览会"、"2013 南京国际佛事文化用品展览会"、"亚洲户外用品展览会"等自主品牌展会的国际化程度进一步提升。市会展办成功加入国际大会及会议协会（ICCA）；先后接待德国菲德列斯哈芬展览有限公司、斯图加特展览有限公司代表团来访；南京会展业组团出访荷兰、希腊、德国等与展会联系紧密的城市，宣传南京会展、推介南京展会，扩大城市影响力。

（四）加速推进会展人才培养

为培养职业型会展复合人才，着力提升南京会展业发展软环境，市会展办会同市人才教育培训中心，联合开展长三角现代会展师（助理会展师）资格培训考试认证，参加培训人员全部获得现代会展师（助理会展师）资格；整合相关院校、会展企业资源，组织召开南京会展人才培养"校企对接"工作推进会，江苏东坤展览装饰有限公司、南京惠通展览用品发展有限公司、南京思德会展服务有限公司、南京银都奥美广告公司 4 家会展龙头企业与相关驻宁高校签署人才培养协议，校企双方在课题研究、技术合作、人才培养等领域开展广泛合作，校企对接工作进入实质性阶段；组织 15 家南京会展龙头企业负责人参加国际展览业协会（UFI）上海周培训活动，企业反响积极；邀请全球展览业协会（UFI）主席陈先进先生专程来宁，举办以"中国展览业的昨天、今天和明天"为主题的报告会，全市各展览场馆、各会展组展公司、会展服务公司、各大宾馆酒店主要负责人和中层以上管理人员踊跃参加。市会展办尹文主任立足当前会展业动态，结合自己的工作体会，为江苏汇鸿国际集团会展股份有限公司授课，受到企业好评。

（五）努力确保大项活动完成

"2013 年南京—台湾名品交易会"是在各地清理规范各类展会节庆活动、台湾贸易中心先后在大陆 16 个城市举办了 25 场内容相同的名品会（博览会）的背景下举办的。市会展办着力调整思路、改进方式，坚持在嘉宾邀请上实事求是、在开幕仪式上俭朴精彩、在参展商品上紧贴需求、在管控举措上坚强有力，实现了展会魅力不减、展会成效显著、交易成果丰硕的目标。四天展会期间，吸引参观购物市民36.8万人次，签订意向采购协议8.1亿美元，做到零纠纷、零投诉、零事故、零案件，实实在在办成一届团聚精彩、圆梦无限的盛会。第二届亚洲青年运动会是南京市首次承办的大型国际性赛事，全市会展人主动加强服务"亚青会、青奥会"的对接活动，推动会展业与"亚青会、青奥会"更好地融合，在重大实践活动中锻炼队伍、培养人才。南京国际博览中心将2013年的目标任务确定为"强化项目管理责任制，提升服务标准，全力确保2013亚青会成功举办"，在南京举办的击剑、举重比赛获得圆满成功，得到国际奥委会考察团、亚奥理事会的高度肯定，为2014年服务"青奥会"积攒丰富经验。"2013海峡两岸企业家紫金山峰会"作为新一届"升级版"年度峰会，也是"两岸企业家峰会"社团成立后，双方共同举办的第一次盛会。中共中央政治局常委、全国政协主席俞正声，峰会大陆方面理事长曾培炎、台湾方面理事长萧万长，以及600余位两岸工商领袖和企业家等出席峰会。峰会达成八项共同倡议，取得圆满成功。

（六）着力攻克展会"外溢"影响

2013亚青会成功举办、2014青奥会日益临近，作为南京展览会主要场馆，南京国际博览中心面临2013～2014年的3至8月不能对外承接大型、特大型展会的困境。在此背景下，很多组展商根据北京奥运会、上海世博会的经验，回避了这期间在南京办展。据不完全统计，2013年和2014年，南京每年少承接大型、特大型展会超过10个，展览总面积超过40万平方米。与此同时，南京国际展览中心面临着转型发展的困境。为此，市会展办积极加强与两大展馆的协调、指导，加强与组展商的沟通、联系，努力克服因不可抗力造成的展会"外溢"。一是统筹全市展会，动员原定在南京国际博览中心举办的展会，转场至南京国际展览中心举办，保证展会不外流；二是积极与有关展会策划公司共同研究新的展会题材，培育新展会；三是与展览场馆一道，科学统筹，合理安排档期；四是与相关商务酒店、展览场馆共同出击，积极吸引中小型展览、大中型商务会议来宁举办。由于工作得力，实现了比上年同期增长12%的年度目标。

（七）加强综合协调保障能力

市会展经济领导小组成员单位积极发挥自身职能，主动为企业服务，主动保障各类展会活动的顺利开展。一是主动协调，为展会组委会解决难题，市政府多次召集市有关职能部门，协调解决"2013 中国国际船舶工业博览会"、"2013 南京国际佛事文化用品展览会"、"第二十九届中国植保信息交流暨农药械交易会"、"中国农村卫生大会"等展会在筹划、招展、组展等工作环节中遇到的难题，为展会组委会解难。积极协调市领导出席展会相关活动，华静市长、陈刚市长、陈尘肇市长、李琦主任等市领导分别以不同形式视察展会、出席展会开幕式、接见展会重要嘉宾。会展办全年主持召开 33 场次展会新闻发布会、17 场次展会协调会。市公安局、城管局等部门及玄武区、建邺区会展办服务意识进一步增强。玄武区会展办主动加强与有关职能部门协调沟通，帮助企业解决展会活动中的困难；建邺区会展办主要领导多次率区会展办工作人员到展会现场，加强与展会组委会沟通。二是主动上门为会展企业提供服务。2013 年以来，市会展办走访三十多家会展企业，了解企业发展情况，宣传市委市政府 2012 年以来出台的一系列扶持会展企业发展的政策和措施，引导企业创新理念，解放思想，做大做强。玄武、建邺两区会展办也多次走访会展企业，主动上门提供服务。

三　2013 年全市会展业亮点工作

（一）第二届亚洲青年运动会圆满举办

8 月 16～24 日，第二届亚洲青年运动会在南京成功举办，本届运动会吸引亚洲 45 个国家和地区的 2300 名 14～17 岁的运动员参加包括田径、游泳、球类等在内的 15 个大项、118 个小项比赛。国务院副总理刘延东出席开幕式。

（二）2013 海峡两岸企业家紫金山峰会成功举办

11 月 4～5 日，"2013 海峡两岸企业家紫金山峰会"举行。本届峰会是两岸企业家峰会理事会成立后举办的首届年会，也是新一届"升级版"的年度峰会。中共中央政治局常委、全国政协主席俞正声，峰会大陆方面理事长曾培炎、台湾方面理事长萧万长，以及 600 余位两岸工商领袖和企业家等出席峰会。

（三）南京会展经济工作会议成功召开

3 月 20 日，市政府召开南京会展经济工作会议，副市长华静、市会展经济领导小组成员单位负责同志，各区县分管服务业的领导，市级相关部门分管领导，主要会展企业、宾馆、会展场馆代表以及媒体记者，近 200 人出席会议。会议对 2011～2012 年全市会展经济发展情况进行总结回顾，对 2013 年和 2014 年两年会展业发展总体思路及目标任务进行部署，对中国南京科技创业创新与重大项目投资洽谈会等 30 个优秀展会、68 家会展经济先进单位和企业以及 67 位会展经济先进个人进行表彰。

（四）"南京—台湾名品交易会"取得成功

9 月 17～20 日，"南京—台湾名品交易会"在南京国际博览中心举办，本届交易会规模达 4 万平方米，集聚 4 万多件台湾商品，分 7 个精品形象展示馆和 11 个商品销售区，展品既包括科技含量高的全球一流产品，也涵盖与老百姓日常生活关系密切、居家生活不可缺少的特色商品和时令商品，深受市民喜爱。

（五）南京宁菲国际展览有限公司成为国际展览业协会（UFI）注册会员，"亚洲户外用品展览会"成为 UFI 认证展会

10 月 20 日，国际展览业协会召开第 70 届会员大会，此次大会共有 51 个国家、300 余名展会专家参加。本届大会上，南京宁菲国际展览有限公司正式成为 UFI 注册会员，其所组办的"亚洲户外用品展览会"获得 UFI 认证，成为国内首个被 UFI 认证的户外行业展会。成为 UFI 认证展会，意味着亚洲户外展在展览内容、国际化程度等方面都得到国际认可，也是 UFI 对主办方南京宁菲国际展览有限公司组织办展能力的充分肯定，对扩大展会在国际上的影响力和国际化发展等方面大有帮助。

（六）南京国际博览中心二期工程主体结构基本完成

二期工程包括新建 3 个展馆、1200 个地下车位。自 2012 年年底开工以来，按时序进度推进。工程完工后，将实现室内展览面积 10 万平方米以上目标。

（七）校企对接取得实质性进展

5 月 9 日，市会展办组织召开南京会展人才培养"校企对接"工作推进会，江苏东坤展览装饰有限公司、南京惠通展览用品发展有限公司、南京思德会展服务有限公司、南京银都奥美广告公司等 4 家会展龙头企业与相关驻宁高校签署人才培养协议。

（八）全球展览业协会（UFI）主席陈先进先生来宁专题辅导

6 月 3 日，市会展办邀请全球展览业协会（UFI）主席、上海市商委副主任陈先进先生专程来宁，举办以"中国展览业的昨天、今天和明天"为主题的报告会。全市各展览场馆、各会展组展公司、会展服务公司、各大宾馆酒店主要负责人和中层以上管理人员以及市政府会展办、会展协会共 200 余人参加了报告会。与会者反映，此次培训增长了见识、开阔了视野、拓宽了思路，对南京会展业发展增添了信心。

（九）其他

（1）市会展办尹文主任参加南京电视台大型全媒体互动新闻栏目《民声》。
（2）市政府会展办加入国际大会及会议协会（ICCA）。

四　2014 年南京会展业发展的基本思路和工作重点

以党的十八大精神为指导，以"青奥会"举办为契机，以国际化为核心，以打造"六个一流"为抓手，认真落实市委市政府《加快推进城市国际化行动纲要（2012—2015）》、《苏南现代化建设示范区南京规划三年推进计划

（2013—2015）》、《进一步扩大内需拉动消费行动计划》，探索创新、攻坚克难，紧抓机遇、精心打造，实现南京会展业新发展。在全力保障"青奥会"成功举办的基础上，努力克服展会"外溢"影响，力争在2014年大中型展会数量达到或超过2400个，展览面积达220万平方米，大型、特大型展览数达到34个（主要指标保持在2013年的水平）。

2014年，南京会展办将着力做好以下几方面工作。

（一）着力服务青奥盛会

青奥会作为南京市承办的大型世界性体育赛事，给提升南京城市品质、加速南京国际化进程带来重要机遇。要积极引导全市会展企业参与青奥会筹办和举办的各个环节，努力提供包括青奥会赛场、展览搭建、展会服务、广告设计、宾馆酒店等方面的优质高端服务，为办好青奥盛会再立新功。

（二）着力推进国际化建设

扩大国际合作交往，拓宽会展国际合作领域，加大对国际性展会活动扶持。按照《南京会展业国际化行动计划（2013—2015年）》精神，稳步推进品牌展会项目通过UFI认证进程。继续引进（培育）国际性展会项目。

（三）着力加大宣传力度

继续加强与宣传部门及新闻媒体的紧密联系，充分发挥媒体在推进会展业发展中的重要作用。充分利用"青奥会"契机，采取"多走出去"的办法，广泛开展对外宣传，打造南京会展城市的良好形象。

（四）着力做好招展招商工作

配合展览场馆、会议中心，主动出击、大力招展；相关会展企业建立精干、专业的招展招会营销队伍，主动参与竞争；继续在会展发达城市举办会展专题推介会，吸引更多展商来宁办会办展；有针对性地做好重点展会的招揽工作。在市领导关心支持下，配合展览场馆，瞄准国内知名品牌巡回展，加强与国内大型展览公司的磋商洽谈，力争再促使一批大型展会落户南京。

（五）着力扶持企业发展

结合党的群众路线教育实践活动的开展，将服务企业、服务基层举措落到实处。坚持每月走访不少于2家企业，及时了解、协助解决企业经营发展中面临的问题和困难，听取对政府发展会展业的意见和建议。鼓励、支持现有品牌展会做大做强，支持组展企业建立国际营销队伍，参与全球竞争；围绕聚集产业，重点打造和扶持专业化的地方品牌展会。对市委市政府倡导和支持的产业，积极跟进，策划、建立国际展会平台，鼓励创新创业产业参与展会。

（六）着力推进南京国际博览中心二期工程建设

积极协调推进南京国际博览中心二期工程建设，确保按时序进度完成。建议相关部门着手规划南京国际博览中心三期工程。推进展馆周边配套设施建设。

（七）着力做好服务保障

共享媒体资源，帮助来宁参展企业做好展会信息发布；继续完善运转有力的综合保障机制，确保在有效时间内协助组展商妥善处理道路交通、公安消防、治安保卫、海关监管、商品检验、卫生防疫等方面的问题，为来宁办会办展客商提供全方位、人性化的周到服务。

（八）着力大项目活动创新

作为全市重要经贸活动之一，"南京—台湾名品交易会"在国内举办内容相同的展（博）会越来越多的背景下，要走出更加适合其成长和发展之路。要进一步充实和更新展会模式和内容；进一步加大工作力度，扩大活动效果；进一步改进服务手段，完善服务功能。

（九）着手"南京会展城"规划

结合"后青奥时代"南京会展业的发展，与有关部门一道，拟订"南京会展城"建设规划。继续扩大南京国际博览中心展览面积，构建一流会展场馆；推进完善展馆周边配套设施建设和服务功能提升。

B.7
南京文化旅游业发展报告

南京市旅游委*

摘　要：

2013 年，南京市文化旅游工作紧紧围绕把南京市建设成为世界著名文化休闲旅游胜地这一目标，坚持旅游产业转型升级、旅游服务品质提升两条发展主线，突出项目建设、市场营销、行业管理、乡村旅游、智慧旅游五大重点，全面拉开旅游产业转型升级的大幕；全面启动旅游行业服务质量提升计划；大力提升旅游市场营销效果；不断提高旅游公共服务水平；大力破解直属单位发展难题。

关键词：

南京　文化旅游业　发展报告

2013 年，全市文化旅游工作紧紧围绕把南京市建设成为世界著名文化休闲旅游胜地这一目标，坚持旅游产业转型升级、旅游服务品质提升两条发展主线，突出项目建设、市场营销、行业管理、乡村旅游、智慧旅游五大重点，圆满完成了年初确定的各项目标任务。2013 年，全市旅游产业总体平稳增长，全市旅游总收入达 1360.7 亿元，同比增长 15.0%。旅游经济呈现"郊区游高速发展，国内游平稳增长，入境游增幅回落"的特点。全市郊区旅游总收入 269 亿元，实现 30% 的高速增长，郊区接待游客数 2066 万人次，同比增长 29.8%；国内游旅游收入达 1317.5 亿元，同比增长 15.6%，接待国内游客 8674.0 万人次，同比增长 9.1%；入境游外汇收入 4.0 亿美元，同比下降

---

* 执笔人：赵云开。

7.3%；接待入境游游客 51.9 万人次，同比下降 6.6%。

一年来，南京旅游影响力不断扩大：南京入选"2013 年中国十大最具特色休闲城市"；荣获 2013 年度最受关注旅游指数榜 TOP10 大奖；江宁石塘人家被评选为"2013 中国魅力新农村十佳乡村"并荣获"2013 中国最美村镇典范奖"；游客满意度继续保持在全国城市第一方阵；智慧旅游引领全国同行；南京市旅游委政务微博微信影响力在全省旅游机构中排名第一。

一　全面拉开旅游产业转型升级的大幕

2013 年 3 月，市委、市政府召开了全市旅游产业转型发展大会，明确了旅游向文化休闲度假转型的发展方向，确定了 17 个旅游产业发展片区的工作重点。市政府调整充实了旅游产业发展指导委员会，加大了对旅游产业宏观指导和协调的力度，全面拉开了南京市旅游产业转型发展的大幕。

（一）文化休闲旅游新载体建设全面启动

紫金山—玄武湖生态文化旅游示范区建设有序推进，完成了玄武湖金陵盆景园、美龄宫维修改造等 11 个项目，玄武湖东岸片区等项目建设进展顺利；南京博物院新馆、江宁织造府、"一院两馆"（南京书画院，金陵美术馆，老城南记忆馆）、夫子庙秦淮风光带——老门东地区建成对外开放，形成了文化旅游新热点；大报恩寺遗址公园、金牛湖旅游度假区、牛首山遗址公园、汤山直立人博物馆、科举博物馆等项目均有实质性进展。17 个旅游集聚区的专项规划、滨江风光带旅游专项规划、石头城遗址公园旅游总体规划等重点规划全面完成。

（二）景区景点提档升级取得新进展

新增红山森林动物园、高淳老街、珍珠泉风景区 3 个国家 4A 级旅游景区；老山森林公园、江宁台创园成功创建国家 3A 级旅游景区。汤山温泉旅游度假区继续完善功能，积极争创国家级旅游度假区；高淳国际慢城旅游度假区成功创建为省级旅游度假区，天生桥景区被命名为省级旅游度假（实验）区，金牛湖旅游度假区、方山旅游度假区成功创建为市级旅游度假区。

（三）乡村旅游迅猛发展

一是乡村旅游点不断涌现。江宁区"新五朵金花"，六合区"六朵茉莉"等新乡村旅游点不断推出；江宁东山香樟园、高淳武家嘴农科园、六合大泉人家等6家乡村旅游景点被评选为省四星级乡村旅游点；溧水七叶山庄等6家景点被评为省三星级乡村旅游点。二是乡村旅游配套服务体系不断完善。开通了市区至江宁汤山七坊、世凹桃源、石塘人家、高淳桠溪国际慢城、溧水傅家边山凹村、六合竹镇大泉村的美丽乡村旅游直通车，全年累计发车271车次，发送游客超过10000人次，给6个乡村旅游点126户农家乐专业户带来直接经济收入超过80万元。扶持农家乐配套旅馆建设，出台《南京乡村旅游农家旅馆补助办法》，对新增农家旅馆给予补助。三是乡村旅游知名度和影响力不断扩大。举办"南京乡村旅游节"等乡村旅游节庆活动，重点推出江宁温泉度假之旅、浦口休闲养生之旅、春牛首踏青之旅等乡村精品旅游线路。据统计，郊区旅游收入占全市旅游收入比重由上年的16.3%提高到18.4%，成为南京市旅游产业最重要的经济增长点之一。

（四）旅行社和住宿餐饮业加速转型发展

一是新型旅游业态高速发展。途牛旅游网等新型网络旅行运营商高速发展，全年旅游收入将达30亿元，在线注册用户超过200万；以超大旅游连锁超市模式著称的全国旅游百强企业——旅游百事通不断扩张，目前在南京市已发展到112家门店。二是宾馆饭店品牌化、特色化、网络化发展。全年引进国际酒店品牌3个，目前南京市国际知名酒店品牌已达8个；商务型酒店、家庭旅馆等特色宾馆饭店广泛采用网络预订经营模式，现代商业模式和科技手段在旅游业的广泛应用已成为行业发展新亮点。

（五）旅游纪念品开发取得新成效

举办全市旅游商品创意大赛及获奖作品展，研发并推出了336款具有南京特色的新型旅游纪念品，"金陵佛都菩提叶框画"在第五届国际旅游商品博览会及2013中国旅游商品大赛中荣获铜奖。

二 全面启动旅游行业服务质量提升计划

2013 年，南京市旅游委结合《旅游法》实施和亚青会召开，全面启动旅游行业服务质量提升三年行动计划。

（一）旅游企业服务质量明显提升

一是旅行社管理不断规范。全面启动旅行社评星工作，全年评定星级旅行社总数达 117 家，占全市旅行社比重近 20%，圆满完成年初制订的星级旅行社突破 100 家的任务；制订旅行社申办实施细则，明确旅行社准入量化指标，旅行社管理不断规范。二是宾馆饭店服务水平有效提升。结合亚青会保障工作，专门制订了指定接待饭店标准，大力推进旅游饭店达标工作，全年共完成 30 家宾馆饭店的达标任务；开展全市旅游饭店服务技能系列大赛，有效促进了星级饭店的餐饮、住宿、外语等接待水平的提升，其中亚青会指定接待饭店还实现了公共区域"Wi－Fi"免费服务全覆盖，"零投诉、零事故"完成亚青会接待保障任务，荣获"第二届亚洲青年运动会筹办工作先进集体"称号。

（二）旅游从业人员素质提升成效显著

一是强化了导游队伍管理。制定《导管中心管理办法》，建立准入退出机制，导管中心企业化运作，进一步规范导游带团行为；加强导游队伍建设，组建了 55 名的金牌导游队伍和 200 名的外语导游队伍。二是全行业培训工作深入开展。加大了导游人员业务培训力度，出台《关于加强旅游行业教育培训工作的意见》，建立多个培训实训基地。

（三）旅游市场秩序继续稳步向好

一是加大旅游市场综合管理协调力度。市政府调整了旅游市场管理专业委员会，加大了对旅游市场的监管力度，旅游部门联合公安、工商、交通、质监、药监等部门开展旅游市场专项整治，"泰国游"、"一日游"市场得到有序规范，"一日游"市场管理走在全国前列。旅游业协会旅行社分会向社会及时发布出境游指导价，为市民提供出行参考。二是景区管理深化创新。出台《关于进一步加强景区管理工作的意见》，科学核定各景区接待旅游者最大承载量，制订和实施游客流量控制方案。三是旅游安全工作不断强化。开展"迎亚青"百日安全质量集中整治活动，创建29家平安景区，对全市27家符合备案登记条件的游乐园（场所）给予重新登记。四是指导区旅游局增强执法能力。推动区旅游局独立开展属地化旅游市场管理，建立了区假日办和成员单位联合值班制度，统一旅游投诉电话。《旅游法》实施后，全市旅游投诉量大幅下降。五是"文明旅游"创建取得成果。南京市旅游委荣获"2010—2012年度江苏省文明单位"，南京状元楼酒店、南京山水大酒店获"江苏省文明宾馆"称号，南京中国国旅（江苏）国际旅行社、南京中青旅江苏国际旅行社获"江苏省文明旅行社"称号，南京横溪旅游发展有限公司获"江苏省文明乡村旅游点"称号。

三 大力提升旅游市场营销效果

一年来，南京市旅游委大力拓展国内国外两个市场，创新多种营销手段，集中打造"南京旅游文化节"品牌，强化城市形象创意宣传，提升旅游市场占有率。

（一）深化国内旅游市场营销

围绕宁杭高铁开通，在杭州投放30辆公交车车身广告和100幢楼宇框架广告，在高铁动车杂志投放南京旅游广告和5400万元的优惠大礼包，开展"宁杭高铁万人互游"活动；继续深化南京都市圈城市合作，赴西北开展联合促销，成立南京都市圈旅游专业委员会；推动政企联动营销，先后组团参加"2013中国国内旅游交易会"、"长三角旅游休闲产业博览会"、"上海旅游博览会"等多场旅游推介会；开发有奖旅游产品，吸引百胜集团2014年来宁召开8000多人的公司年会。

（二）大力拓展境外旅游市场

成功举办"中国（南京）国际度假旅游展览会"，吸引28个国家和地区的近300家参展商参展，近4万名观众到会参观；举办2013世界老式汽车中国巡礼南京站活动，被主办方列为"2013 世界老式汽车中国巡礼官方推荐旅游城市"。积极开发新的旅游产品，整合教育资源，开发修学游产品，先后接待港澳青少年游学团、"2013 韩国中学校长江苏行"游学访问团。

（三）创新旅游营销方式

成功开发以南京旅游景点、南京历史文化遗迹为背景的益智手机游戏软件《玩转南京》，下载量突破 60 万人次；策划推出"致青春——发现南京最美校园"微旅游活动；与 CNN 合作推出南京旅游主题微网站，运用 CNN 数据库和语言全方位介绍南京旅游；整合南京旅游电子商务平台，在淘宝和天猫网上，南京智慧旅游官方旗舰店均排名第一，买家好评率高于同行 26.9%，南京旅游政务微博被评为江苏省旅游机构最具影响力的微博。

（四）打造南京文化旅游节庆品牌

整合全市旅游节庆活动，打造南京文化旅游节庆品牌，推出春、夏、秋、冬四季特色旅游产品；成功举办秦淮灯会、南京国际梅花节等节庆活动，简化开幕式程序，突出市民、游客的参与性，寓游于乐，有力拉动和繁荣旅游市场。在2013 年"美好江苏欢乐游"最受欢迎旅游线路评选结果中，南京市 5 条精品线路分别入选全省春、夏、秋、冬季十佳旅游线路，入选数量居全省第一。

四　不断提高旅游公共服务水平

一年来，南京市旅游委着力强化旅游公共服务职能，不断完善旅游配套服务设施，提高公共服务水平，群众切实得到实惠。

（一）旅游配套服务体系不断完善

一是创新旅游年卡发行方式。首次采用跨年"滚动使用"方式，最大限度地保障了广大市民的利益。全年游园年卡销售量超过 19 万张。全市 3A 级以上免票景点数在全省各市中位居第一。二是全力改善城市旅游网络环境。中山陵、夫子庙、总统府、红山森林动物园等 10 家 4A 级以上景区开通无线网络

（Wi-Fi）并供游客免费使用；全市 20 家亚青会指定接待酒店公共区域开通无线网络服务。三是完善旅游咨询服务体系和基础设施配备。新建南京禄口机场旅游咨询中心，大力推进南京南站旅游咨询网点的筹建，完成前期沟通与实地调研。完成了主城区及浦口区重点景区道路交通指示牌的增设和调整工作，共新增景区道路交通指示标志 131 个。会同青奥会（亚青会）组委会志愿者部，开展旅游景点标志牌、说明牌纠错"啄木鸟"行动。指导黄龙蚬茶文化村、大塘金等乡村旅游点完善景区停车场、游客服务中心等旅游配套设施。

（二）智慧旅游服务功能全面提升

升级"南京旅游游客助手"手机客户端并推出了英文版服务，全年下载量突破 70 万人次；完善旅游网站建设，改版完成了英文版"南京旅游网"，制作了"自游南京——目的地行程规划系统"等专题策划，并在携程网开通了"南京市旅游委员会认证官网"，使南京成为全国首批开通的 15 个旅游目的地之一；在禄口机场咨询中心、亚青会接待酒店、4A 级以上景区投放智慧旅游互动式体验终端。

五　大力破解直属单位发展难题

2013 年，南京市旅游委以破解直属单位历史遗留问题为目标，紧抓全市事业单位清理规范契机，积极对接市相关部门，最大限度争取政策支持，努力为直属单位赢得良好的发展空间和环境。一是完成了直属事业单位清理规范任务。清凉山公园、栖霞山风景名胜区升格为正处级单位；南京市旅游质监所更名为"南京市旅游行政执法支队"，南京市旅游园林局信息中心更名为"南京市旅游信息中心"，园林科学研究所更名为"南京市旅游园林科学研究院"，不再列入改制单位；新成立南京市城乡旅游推广中心，为直属单位增添了新活力。二是解决了困扰玄武湖多年的资金困难，提高了管养标准，建立了动态补贴机制；制订了玄武湖水上游览线路方案，对空置房进行公开招租，增强了景区自身造血功能。三是加速推进园林实业总公司事改企工作，扎实细致完成前期准备工作，与财政、人社等部门反复比选相关方案。

B.8
南京文学艺术事业发展报告

南京市文联 *

摘 要:

2013 年南京市文联圆满召开市第九次文代会,增强了文艺界的凝聚力;发挥了党联系文艺界的桥梁纽带作用;开展了丰富多彩的文艺活动,唱响了时代发展的主旋律;努力满足人民群众的精神文化需求,提高了市民的文化素养。2014 年南京市文联的工作重点是深入研究市委市政府对南京文艺界的新期待,立足当代,讲好南京故事,传播社会正能量;深入研究艺术家的新需求,创新和完善工作机制,提高为艺术家服务的水平;深入研究社会和市民的需求,加强基层文化建设,将文化"惠民"工作提升到文化"慧民"水平;深入研究文艺改革发展的迫切需要,努力开创文联工作新局面。

关键词:

南京 文学艺术事业 文化"惠民" 文化"慧民"

一 以"三争一创"为动力,推动
南京文艺事业繁荣发展

2013 年,在市委、市政府的领导和市委宣传部的指导下,市文联团结带领广大文艺工作者深入贯彻党的十八大精神,主动融入南京"三争一创"生动实践,圆满召开市第九次文代会,凝心聚力,开拓创新,在促进文艺创作、

---

* 执笔人:李林。

举办文艺活动、开展文艺评论、推进文化惠民等方面取得了新的成绩，为推动南京文艺事业繁荣发展做出了积极贡献。

（一）统一思想，凝聚共识，圆满召开市第九次文代会，增强了文艺界的凝聚力

2013 年，市文学艺术界联合会在市委领导下，顺利完成市属文艺家协会换届工作，胜利召开市第九次文代会。会议号召全市文艺界凝心聚力，开拓创新，取材伟大时代，扎根脚下热土，讲好南京故事，齐心续写南京文艺事业新的精彩华章。

市文学艺术界联合会组织文艺家多次学习和讨论九次文代会精神。艺术家们认为，本次会议内容丰富，思想深刻，具有政治高度和体现了现实主义精神，分析了打造文艺繁荣之城的有利条件，同时也精辟地阐述了文艺与时代、文艺与人民、文艺与生活的本质关系，特别是写今人、写当下、写鼓舞人心的"正能量"、写主流价值观，是一个很好的命题。艺术家们表示，一定要认真学习、深刻领会精神实质，并贯彻落实到今后的工作中去，大力弘扬社会正气，增强"南京意识"，坚守内心崇高的艺术信仰，深入时代生活，扎根南京人民，用真情抒写普通南京人的新生活、记录当代南京城的新故事、提炼经久南京魂的新精髓，不断谱写金陵文脉的经久传奇和艺术人生的精彩篇章。为深入贯彻落实会议精神，市文学艺术界联合会精心策划举办了"全国知名作家 VS 南京创业高端人才"采风与对话活动。活动邀请了 30 位省内外著名作家，聚焦南京创业精英的奋斗故事，大力书写"中国梦"宏图下的南京创业梦，传播了"勇于梦想、大胆创新、超越困境、创造价值"的正能量。采风作家正在抓紧创作，创作成果将于近期完成。

（二）创新机制，搭建平台，用心落实"文艺家服务年"要求，发挥党联系文艺界的桥梁纽带作用

2013 年，我们按照"文艺家服务年"的要求，认真研究文艺主体多元化和需求多样化的新形势，为艺术人才成长搭好平台。一是搭建思想建设平台。组织文艺界学习党的十八大精神，市九次文代会精神，组织各类人才培训和深

入基层采风，年前举办第四期南京文艺家研修班，增强了广大文艺工作者的责任感和使命感。二是搭建展示交流平台。全年为傅宁军、范乐新、刘晓光等60余位艺术家举办展览、演出、研讨做好服务工作。与南宁、上海、杭州、伊犁等相关机构开展文艺工作交流。建设文艺家协会创作基地，为会员开展交流活动创造条件。三是搭建传播推介平台。开通具备展示性、实用性、互动性功能的"南京文艺生活"网，增进了文艺团体、文艺家协会、文艺家和市民之间的交流。继续办好南京美术馆、市音乐家协会网站，编印《南京作家》及部分协会会刊，展示会员成果。密切联系媒体，有计划、有重点地对文艺名家进行宣传，在电视台推出"文化千古韵，星炫一城秋"名家专访活动，在报纸推出"迎亚青·品国学"书法名家专栏和"金陵书风"南京书法名家专栏。四是搭建学术研讨平台。努力推进艺术创新和理论创新的同时，更侧重于对文艺创作个案和对艺术家个体的研讨。举办玄武摄影论坛、金陵书法讲坛、南京文艺评坛；召开傅宁军长篇报告文学《淬火青春——大学生从军报告》研讨会、梅花奖得主范乐新京剧艺术研讨会、话剧《蒋公的面子》观众座谈会等近20场，营造了生动活泼的文艺研讨氛围。五是搭建扶持奖励平台。进一步完善对文艺精品创作的扶持和奖励政策，年内实施第十八批作家签约，加大对签约创作的扶持。为老艺术家展示成果搭建平台，举办俞律京剧唱腔欣赏研讨会、陶思耀音乐作品集首发式。关爱扶持素质好、潜力大的文艺新人，策划竺小招喜收新徒杨旭梅拜师会，举办青年越剧演员李晓旭个人演出专场。评选表彰"金陵十佳舞人"、"南京市最佳摄影家"、南京市首届"优秀青年影视艺术工作者"。六是搭建维权解困平台。开展南京作家、艺术家生存状况调研，关心关注艺术家的生活创作情况，了解艺术家的呼声，在维护权益、利益协调、诉求表达、矛盾调处等方面做了一些实实在在的工作，得到了文艺家的肯定。

（三）围绕中心，服务大局，开展丰富多彩的文艺活动，唱响了时代发展的主旋律

2013年，市文联以"金陵五月风"第七届南京文学艺术节为龙头，全年共开展近100项文艺活动，吸引了约20万市民参与，为丰富群众文化生活、

提升市民素质、促进社会和谐发挥了积极作用。一是开展主题性文艺活动，营造喜庆热烈的氛围。围绕"办好青奥盛事、创成率先大业、建设人文绿都"的战略布局以及举办亚青会等工作，发挥文联的独特作用，举办"迎青奥"动物观察征文与绘画活动、"活力亚青"城市影像展、"青春之歌"摄影艺术展览等。与市纪委等共同举办全市廉政杂文、小小说大赛。二是展现南京城市发展，唱响"我爱南京"的主旋律。举办"大学生眼中的南京"摄影作品展、"你好，南京"微电影创作大赛、"我的农民工兄弟"摄影作品展、"童眼看南京"少儿摄影比赛等活动。三是努力展示南京历史文化和当代优秀文艺成果。出版《肖娴作品集》、《江南舞蹈艺术》、《南京作家文丛》第二期。四是组织文艺交流活动。赴港演出越剧《柳毅传书》、《莫愁女》，举办南宁南京书法作品交流展、中国历史文化十名城摄影展、新疆伊犁风情摄影展、会员国外专题摄影作品联展；举办中韩书画交流展，引进美国、希腊、朝鲜等国艺术家的精品展览。

（四）深入基层，服务群众，努力满足人民群众的精神文化需求，提高市民的文化素养

2013 年，市文学艺术界联合会结合开展党的群众路线教育实践活动，聚焦作风建设，在党员干部中深入开展宗旨意识、群众路线教育，要求广大文艺工作者从"我是谁、为了谁、依靠谁"中找准定位把握方向凝聚力量，站在人民群众的立场上看问题、想问题、解决问题。一是深入基层开展群众文化工作调研。党组带领艺术家走进基层第一线、走进群众之中，广泛听取意见和建议，了解群众需求，对照群众的意见找差距并整改，解决了莫愁湖街道文艺辅导等现实问题。二是开展层次高端的文艺活动，提升市民素质。精心组织江苏省"莲花奖"青年舞蹈演员大赛颁奖晚会、"走进新秦淮"江苏戏曲名家演唱会、《歌舞线上》世界经典音乐剧展演、中国高淳全国摄影大展、"传承与创新"南京金箔应用创意设计大赛、"叩刀问版"南京现代刻字作品展、南京市民间艺术"小巧手"大赛、南京青年美术家精品展等高层次活动，体现了文联工作的水平，为市民奉献了精美的文化大餐。三是开门办活动，开展群众便于参与、乐于参与的文艺活动。全年各文艺家协会举办的活动、讲座以及南京

美术馆51场展览均对市民免费开放。秦淮灯彩创意大赛、南京市第六届魔术大赛、南京民间工艺技能大赛、五月诗会、少儿曲艺大赛等活动在市民中广泛开展。四是为基层文艺活动开展做好服务工作。举办南京行业系统文联摄影作品联展，带领艺术家为和谐白下大戏园、"美在浦口"百人书画展、"绿色幸福新溧水"摄影作品大赛、南京市检察系统首届微电影节等做好协调和指导工作。五是开展文艺志愿和"六走进"文化惠民活动。10个文艺家协会分别组建了"文艺家志愿者"队伍，共有200余名文艺家志愿者参与。带领文艺家走进企业、乡村、社区、军营、校园和机关，举办了约30次文化惠民活动。指导江宁湖熟文学创作、扶持体制外摄影组织、辅导社区戏曲舞蹈团队、艺术欣赏走进校园、慰问部队官兵、辅导青少年书法、慰问企业员工、培训非遗传承人等，丰富了群众的精神文化生活，发挥了文艺工作寓教于乐、寓教于文的重要作用。

二 以"综合改革"为先导，保证文联 工作的连续性和开拓性

2014年，是贯彻落实党的十八届三中全会精神的关键之年，也是市文联争创"全国一流城市文联"目标的关键之年。做好2014年的工作具有重要意义。2014年工作的指导思想是：团结带领全市广大文艺工作者，坚持以邓小平理论、"三个代表"重要思想和科学发展观为指导，深入学习贯彻党的十八大和习近平总书记系列重要讲话精神，认真贯彻落实市第九次文代会的目标要求，解放思想、与时俱进，围绕中心、服务大局，凝聚人心、汇聚力量，唱响主旋律、讲好南京事，努力推动南京文艺事业大发展大繁荣，为奋力走在苏南现代化建设示范区前列，谱写中国梦南京篇章发挥积极作用。

当前，南京正处于矛盾凸显期、改革攻坚期、发展关键期。市文联作为全市宣传文化工作的重要部门，作为市委市政府联系文艺界的纽带和桥梁，在加强意识形态建设、巩固党的执政地位、为时代和发展服务方面具有重大责任。如果我们沉溺于因循守旧、按部就班的状态，被动地等待市委市政府"出题目"、"布置功课"，必将不断"重复昨天的故事"，错失文艺事业大繁荣大发

展的机遇。为此，2014年，我们一定要创新思路举措，不断争先进位，跳出文联看文联，站在全局看文联，以"综合改革"为先导，以"改革创新，务求实效"为原则，突出"唱响主旋律、服务文艺家、做好基层文化工作"三个重点，保证文联工作的连续性和开拓性。

（一）深入研究市委市政府对南京文艺界的新期待，立足当代，讲好南京故事，传播社会正能量

紧密结合市第九次文代会各项要求，以胸怀大局的意识、把握大势的魄力和着眼大事的本领，勇敢担当，积极作为，注意避免"三多三少"现象，更加自觉地谋划、部署和推进文联工作，在服务大局上做到更加积极、更加主动、更富成效。

1. 弘扬社会主义核心价值观，传播社会正能量

市文联组织文艺创作、举办"金陵五月风"文学艺术节等活动，要坚持团结稳定鼓劲、正面宣传为主，唱响主旋律，传播正能量。进一步阐释社会主义核心价值体系的深刻内涵和社会主义核心价值观的实践要求，从丰富多彩的现实生活中发现和提炼积极健康、崇德向善、催人奋进的人和事，以富有针对性、吸引力、感染力的文艺形式为南京的"两个率先"鼓与呼，使社会主义核心价值观成为内化于心、外化于行的群体意识和自觉行动。

2. 立足当代，讲好南京故事

多挖掘那些富有时代气息、代表发展主流、体现南京特色、社会广泛认同的人和事，突出"南京意识"、"南京场景"、"南京角色"、"南京元素"，用通俗易懂、群众喜闻乐见的方式写好当代的南京人、南京城、南京魂。要有一种自觉的流派意识，在个体性与城市意识相结合的基础上，形成个性鲜明的"南京作家群"、"新金陵画派"等文艺家群体。配合明城墙申遗做好"南京城墙"摄影创作，编辑出版《南京民间故事》。策划举办好第五届中国南京民间艺术节、"传承与创新"南京金银细工创意设计大赛、"大学生眼中的南京"摄影展、"我们正青春"南京青奥会微电影大赛、"金石华章"南京篆刻艺术展等活动。

3. 塑造南京新城市印象，提炼"南京魂"的新精髓

在延绵历史中孕育、滋生和涵养的城市精神，既承载着城市的过去、现在和未来，也主导着城市的品格、气质和发展方向。南京市文联要在弘扬南京传统文脉与体验当下南京生活相结合的基础上，探索新的"南京魅力"和"南京气质"。紧密结合青奥会的召开，团结带领广大文艺工作者通过多种形式的文艺活动，深入挖掘"三争一创"新时期南京追求，提炼南京人精神品质中特有的元素和人文符号，打造出更加响亮、更加独特的南京文化名片，寻找和塑造南京"青春、现代、靓丽、活力"的新城市印象。

4. 加快实施文化"走出去"战略，传播好南京声音

积极发挥文艺界人民团体的独特作用，加大对内对外文化交流。精心设计和开展具有国际性、时代性、指向性的文化戏剧活动，向国内国外受众讲好南京故事，传播好南京声音。拓展视野，组织国际性文化戏剧活动，面向全国筹办"第十届刻字艺术展"，举办"金陵五月风"文学艺术节、首届南京摄影艺术节、玄武湖摄影论坛，以优秀的文化产品充分展示南京的文化特色、发展成就和城市形象。

（二）深入研究艺术家的新需求，创新和完善工作机制，提高为文艺家服务的水平

作为党委政府联系文艺家的桥梁和纽带，为艺术家服务，永远是文联和各文艺家协会最根本的任务之一。2014 年，市文学艺术界联合会将继续搭建好六大服务平台，同时要更加突出"创新"和"实效"，重点做好三项工作。

1. 完善签约和创作扶持机制

不断探索新形势下文艺作品的生产规律、文艺人才的成长规律，研究制定进一步推动南京市文艺精品创作和生产的规划和措施，既要保证文艺作品的数量，更要追求精品标准，努力推出一两部有震撼力的、在全国有影响的精品力作。坚持以人民为中心的创作导向，不断完善作家签约制，创新创作扶持机制，以工程化推进、项目化管理、品牌化运作的方式把工作做细做实。

2. 占领新兴舆论阵地

进一步整合资源，打造"网上文联"、"网上美术馆"，做大做强南京文艺

生活网、南京美术馆网站，使其成为组织会员、动员会员的重要手段，使文联交流、创作、展示和服务工作菜单化、公开化。在"自媒体"时代，要发动文联机关干部切实有效地占领网络舆论主阵地，成为其所在行业领域的"新闻发言人"。文联和10个文艺家协会都要建好用好微博、QQ群、微信公共平台，加大文艺信息网上发布频次和推送力度。

3. 创新采风交流机制

要进一步做好文艺采风活动的策划、组织、成果展示工作。文联和各文艺家协会组织的文艺采风要突出当代、突出弘扬主旋律、突出南京地域特点，务求取得实效。通过组织南京文艺家读书班、南京青年书法家研修班、举办展览演出研讨活动，加强文艺界的交流，进一步提高广大文艺工作者的思想水平和业务能力。

（三）深入研究社会和市民的需求，加强基层文化建设，将文化"惠民"工作提升到文化"慧民"水平

社会主义先进文化建设要求文化传播和艺术创作不仅要"满足"群众的需求，更要"引领"群众的文化品位，尊重群众的文化自信，引导群众的文化自觉，实现群众的文化自在。文联工作直接面对800万南京市民，丰富群众的文化生活是市文联责无旁贷的任务。文化主管部门通过建硬件、搭舞台，保障群众基本文化权益。文联可充分发挥文艺资源丰厚、人才济济的优势，"沉下去"、"接地气"，多开展有利于启迪智慧、提升素质的文化活动，努力将文化"惠民"工作提高到文化"慧民"水平。

1. 针对需求"送文化"

按照全市文化惠民"百千万行动计划"总体部署，带领艺术家走进工厂、农村、校园、部队、社区，多提供老百姓看得懂、买得起、用得上的文化产品，多开展老百姓乐于参与、便于参与的文化活动。要借鉴市场经济的供需理论，注重提供有效供给，改变"填鸭式"宣讲、被动式参与的简单做法，把"我想给什么，就给什么"变为"群众想要什么，我就给什么"。只有提高群众文化活动的针对性，才能受到群众的欢迎。同时，要努力引领基层群众文化活动的品位，增强主动性，占领制高点。

2. 着眼发展"种文化"

我们要正视基层群众文化项目内容单一、活动品种不足、人文关怀不够、需求回应匮乏等问题，突出服务能力、服务内容、制度标准等"软件"建设，既要解决基层群众的"文化温饱"问题，也要探索基层群众的"文化提升"问题。2014年要大力推行基层文化工作"导师制"，文艺家协会要组织艺术家和教师志愿者与68个社区团队对接，重心下移搞辅导，集中力量抓培训，不断提升社区团队欣赏、表演和创作能力。通过一年的努力，争取拿出一批像模像样的作品，培养一批长期活跃在基层的文艺队伍，培育一批生动活泼、特色浓郁的文艺团队。

3. 搭建群众文化活动的平台

依托传统节日、革命纪念日，以及"金陵五月风"南京文学艺术节等载体，开展以基层群众为主体的文化活动。以"南京文艺生活"网站建设为抓手，搭建基层群众文化资源共享信息平台，菜单化公布南京市文艺活动、文化交流、创作研讨工作。整合全市基层文化资源，组织南京社区舞蹈争霸赛、街道文联原创节目展演等文艺活动。鼓励各区横向交流，优势互补，使各地文化资源配置更加科学合理。

4. 多渠道吸引社会团体参与基层群众文化建设

体制外文艺社团通过市场配置资源，其活动能量、活跃程度、影响力并不亚于体制内文艺团体。文联工作要立足"小文化"，衔接"大文化"，广泛联系各类团体、研究机构、民间组织、行业协会参与公共文化服务建设，共同奏响基层文化的"交响乐"。组织"文化爱心牵手行动"，引导和聚集社会资金投入基层群众文化事业，对基层群众文化工作提供资金的社会各类单位给予表彰和宣传。

5. 建立志愿者招募管理激励机制

建立志愿者网络数据库，加强志愿者和服务需求信息的对接，科学组织调配志愿者参加各类活动。建立志愿服务督察通报机制，及时发现问题、督促整改，提高志愿者的上岗率、满意率。建立先进表彰激励机制，评选优秀文艺家和教师志愿者，进行重点宣传报道，发挥示范和带动作用。除了广泛发动南京市文艺家外，也要注意调动南京市高校、军队文艺人才，特别是调动青年文艺人才参与基层群众文化活动的积极性。

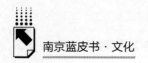

（四）深入研究文艺改革发展的迫切需要，努力开创文联工作新局面

文联工作要跟上时代节拍，引领时代潮流，就必须积极探索新举措新办法，充分运用新技术新应用，以此来掌握主动，占领先机。2014年，南京市文联要在充分调研的基础上，探索和实行有利于文艺工作保持蓬勃生机与旺盛活力的组织机制和考核体系，对市文联的工作职能重新梳理，对工作框架、组织机制、工作流程、规章制度、岗位设计、联席制度等进行组织再造。在具体工作中，努力发挥"两个中心、一个主体"的带动和辐射作用，推动文联和协会工作目标化、系统化和可持续发展。

1. 努力发挥南京市文艺创作中心的作用

统筹协调各协会的创作工作，实行文艺创作项目制，把对文艺创作的扶持由"洒香水"变成"组合拳"。以"五个一工程奖"为龙头，精心组织重大主题和现实题材文艺作品创作，鼓励本土原创作品，培育青年文艺人才；以恢复南京文学艺术奖为抓手，争取设计有南京特色的市场运作的全国性大奖，引导和推动文艺作品的品种丰富、形式多样、质量提升；关注文艺家当下的思想状态、创作状态、活动状态，通过线下的"文艺沙龙"，线上的"文艺生活网"等载体，有效掌握、有效组织、有效推动文艺创作；完善项目申报、理事会审议、专委会论证等流程，扶持重点创作项目；鼓励各协会下设艺术家工作室，作为联系艺术家、关注艺术家创作的载体；抓好文艺评论的机制建设、阵地建设和队伍建设，建立专家意见、群众评价和市场检验相结合的评价体系，对创作思潮以及作品的思想价值、艺术价值进行深入研讨；结合市场需求和群众喜好，组织好优秀文艺作品展演展映展播和宣传推介活动，推动文艺创作上台阶、树品牌、创精品、出名家。

2. 努力发挥南京市文化艺术交流中心的作用

充分利用文联事业单位南京市文化艺术交流中心（南京美术馆、南京市油画雕塑院）的资源，整合各协会为艺术家服务、为社会服务的共性内容，打造一批交流品牌、传播品牌和活动品牌；做好文艺采风工作，要有组织、有策划、有落实、有成果，突出为时代服务，为南京建设服务；做好文化"慧民"工作，做好文艺骨干培训、作品打磨等工作，真正沉下心去"种文化"；立足南京城市特定地位，开阔视野，主动参与全市性的综合活动，精心设计和开展具有国际性、时代性、指向性的文化交流活动，向国内外受众传播好南京声音。

3. 整合现有资源，探索建立一个市场主体

发挥市场配置资源的决定性作用，在做好公益性文化事业的同时，盘活市文化艺术交流中心、南京美术馆、南京市油雕院的资源，充分利用社会资金，探索进行市场化运作；以"逢山开路，遇水搭桥"的精神，积极推进南京文艺家创作基地建设，使其尽快发挥艺术创作、培训和展示的功能；充分调研，请专家团队论证创作基地的发展模式、盈利模式，结合南京建设教育与学习型城市的要求，研究与职业艺术教育学院、老年艺术大学合作办学的可行性方案，探索将创作基地打造为教学、展示、创业、文化休闲基地。

B.9
南京教育事业发展报告

南京市教育局*

摘　要：

2013年，全市教育系统着眼改革，各类教育协调发展；着眼质量，成绩收获鼓舞人心；着眼固本，队伍建设充满活力；着眼民生，教育惠民成效斐然；着眼开放，国际交流务实有效；着眼改进，政风行风双优提升。2014年全市教育工作整体思路是深化五项改革：一是补齐学前教育普惠短板；二是强化义务教育政府责任；三是彰显高中教育特色品牌；四是推动职业教育提档升级；五是构建社会教育学习网络。加快"五个优化"：一是优化教育管理方式；二是优化队伍发展机制；三是优化素质教育发展路径；四是优化信息技术推进策略；五是优化教育对外开放举措。

关键词：

南京　教育事业　发展状况　发展趋势

一　2013年南京教育事业的发展状况

2013年，全市教育系统认真贯彻落实市委市政府工作部署，以改革促发展，以质量促公平，以均衡促民生，各项目标任务进展顺利。

（一）着眼改革，各类教育协调发展

开展"十二五"教育发展规划中期评估，重新修编部分指标体系及目标

---

*　执笔人：徐勇。

任务。学前教育发展效果显著，"扩增量、创优质、补洼地、强普惠"，鼓楼、玄武、建邺3区成功创建"省学前教育改革发展示范区"，雨花、秦淮、化工园、高淳4区分批接受省验收，《中国教育报》头版头条报道南京市学前教育发展成果。义务教育发展举措领先，全市12所义务教育公办中小学试点摇号招生；中考招生实现"两增一减"：新增指标生热点高中6所，新增6%指标生投放数量，高中择校生比例降至15%；玄武、建邺、雨花、江宁、浦口、六合、高淳7区通过国家"义务教育发展基本均衡县（市、区）"验收。高中特色多样发展初见成效，尤其在普职融通改革探索实践上取得显著成效，被教育部作为典型向全国推广，《人民教育》、《基础教育参考》专题介绍南京市高中特色化、多样化建设情况，《中国教育报》头版整幅予以报道。职业教育发展继续加强，开展全省首个"3＋4"中职到本科分段培养试点，"3＋3"中职到高职分段培养试点学校增加至10所。高等教育发展转型升级，南京软件科技大学筹建工作推进有力，教育部批准金陵科技学院参加国家应用科技大学改革试点；市电大转型建设南京开放大学。特殊教育、社会教育发展稳中有进，残疾学生学业、就业"双业一体"持续推进，秦淮区、江宁区分别成功创建国家级社区教育示范区、实验区。

（二）着眼质量，成绩收获鼓舞人心

普通高考再次实现"逆增长"，在参考人数持续减少的情况下，本二线及以上达线人数继续走高，比上年增长700余人，高考录取率达88.45%。南京外国语学校（以下简称南外）2名学生参加世界青年信息奥林匹克竞赛获2枚金牌，南京师范附属中学1名学生参加世界青年化学奥林匹克竞赛获得银牌，南外、南京师范附属中学各1名学生入选物理奥林匹克国家队。626名职教生进入本科段学习，800多名中职学生通过中职到高职"3＋3"分段培养进入高职院校深造，对口单招录取率80.3%。全省职业院校技能大赛实现"七连冠"，43名学生代表江苏参加国赛，获15金、10银、6铜。南京市聋人普通高中学生本科录取率继续保持100%。在全国和省中小学生绘画书法作品比赛、青少年科技创新大赛以及各项艺术展演中，南京市获奖人数、获奖数量、获奖层次全省第一、全国领先。

（三）着眼固本，队伍建设充满活力

南京市加强师德建设。溧水特殊学校葛华钦校长当选江苏省"最美基层干部"，市第一中学特级教师黄侃当选南京市"最美勤廉干部"，南京晓庄学院陶勑恒教授、史爱华教授分获全国教书育人楷模、全国"三八红旗手"候选人提名。出台《义务教育学校教师和校长流动工作意见》，推动校长、教师岗位流动，全市交流任职教师2062人、校长210人，该项举措在央视《新闻联播》播出，产生良好反响。完成中小学职初教师教育课程教材编写，7600多名中小学校长、骨干教师参加国家级培训、省级培训，216名在职教师获教育硕士学位。继续开展基础教育专家培养对象、国际视野青年骨干教师、教育家型校长研修培训，60个职教优秀团队建设初见成效。

（四）着眼民生，教育惠民成效斐然

新改扩建幼儿园68所，增加学位14000余个，清理无证幼儿园200余所，保障适龄幼儿入园权利。面向全市67.06万幼儿及义务教育阶段学生，发放助学券2.98亿元，发放用于免费义务教育、政府扶困助学资金2.5亿元。在教育财政制度改革的背景下，从市本级教育经费中争取资金，向"老五县"投入3亿元。推行小学"弹性放学"制度，方便家长随到随接。成立"南京教师志愿者联盟"，开设"名师公益讲堂"，为学生、家长提供教育公益服务。在南京电视台开设"空中课堂"，为广大中、高考考生做好考试服务。继续推进校安工程、农村中小学塑胶运动场建设工程、农村中小学校食堂提升工程，新改扩建校舍39万平方米，维修校舍141万平方米，铺设塑胶运动场39片，改造农村学校食堂104所。规范中小学食堂管理，全面推行学生营养午餐。积极应对H7N9禽流感疫情，确保学校无感染病例。做好市、区优质教育资源进驻四大保障房片区学校工作。

（五）着眼开放，国际交流务实有效

设立外国留学生政府奖学金，吸引外国学生来宁就读深造，向1350名在宁外国留学生发放奖学金1600余万元。市属高校与英国、韩国相关高校合作

举办 8 个本科层次中外合作办学项目。选派 260 余名中小学校长、骨干教师到海外培训，930 多名教师参加省级海外及引智培训。江宁英国学校新址开工建设。创建青奥示范校 61 所，全市青奥示范校制作"祝福亚青"手工作品 5000多件，并选取其中 1000 多件优秀作品布置"亚青文化小屋"，亚奥理事会主席萨巴赫亲王曾亲临参观，"亚青文化小屋"还接待过 15 万人次的中外青年参观。举办 7 场专题文艺演出暨嘉年华活动，建邺、浦口、栖霞、六合等区多所学校高质量完成承办任务；全市 25 所学校、850 多名中小学生组成 15 支队伍参与亚青会开闭幕式演出。市教育局及中华中学、浦口中专等 6 所学校，20名教育工作者分别被市委市政府通令表彰为"第二届亚洲青年运动会"先进集体、先进个人。

（六）着眼改进，政风行风双优提升

落实中央、省市有关作风建设系列规定要求，南京市教育局机关和直属学校（单位）认真开展党的群众路线教育实践活动，开展论坛研讨、达标创建、办公用房及会员消费卡等清理工作，完善制度规定，形成机关为民清廉务实的良好风气。南京市积极开展行风评议"回头看"，规范办学招生收费行为，教育收费投诉举报数量为全省最少的城市，全国治理教育乱收费部级联席会议办公室向全国推广南京市"实施优质均衡战略，从源头遏制择校及乱收费行为"的经验做法。

二　进一步推进南京教育事业发展的思路与举措

（一）2014 年全市教育工作总体要求

深入学习贯彻党的十八大及十八届三中全会精神，全面落实市委市政府教育与学习型城市建设工作会议要求，以人的全面发展为目标，以质量提升为根本，以改革创新为动力，以人民满意为宗旨，努力构建更加完备的现代教育体系，为南京率先实现"第二个率先"提供强大的人才支撑、智力支持和知识服务。

（二）2014年全市教育工作整体思路

1. 围绕一个目标

南京市教育工作紧紧围绕一个目标，即全力推进教育现代化建设，全面提高教育质量，努力打造世界教育名城。

2. 深化五项改革

一是补齐学前教育普惠短板。积极引导和鼓励社会资金、民间资本进入非义务教育领域进行合作办学，调整幼儿助学券政策，实行学前一年基本免费教育。二是强化义务教育政府责任。优化中小学校教育布局，进一步扩大优质教育资源。建立并完善"区有校用"制度，加快校长、教师由"学校人"向"系统人"转变。完善义务教育阶段招生办法。高标准规划建设九年一贯制学校。三是彰显高中教育特色品牌。加强高中校本课程建设，推广普职融通试点经验。实施2014年中考过渡方案，调整现行中考制度方案。四是推动职业教育提档升级。建立职业教育政府联席会议制度，优化职业教育布局，积极推动市属高校到经济欠发达的农村地区兴办职业教育。五是构建社会教育学习网络。纵向上，抓好市、区、街镇、社区的社区教育机构建设，办好市社区教育大学、区社区教育学院、乡镇社区教育学校（中心）、社区居民学校。横向上，整合各类社会教育资源，为全社会成员学习提供广泛教育服务，多渠道增加市民的学习资源。

3. 加快"五个优化"

一是加快优化教育管理方式，提升教育发展活力。二是加快优化队伍发展机制，提升教育发展内驱力。三是加快优化素质教育发展路径，提升青少年学生成长品质。四是加快优化信息技术推进策略，提升教育信息化发展水平。五是加快优化教育对外开放举措，提升教育国际融合度。

（三）2014年办好15件实事

1. 贯彻市委市政府教育暨学习型城市建设会议精神

各区要适时召开相关会议，部署落实市委市政府"1＋3"文件中关于教育发展的政策措施，明确教育发展时间表、路线图，制定分阶段目标、任务，完成与全市教育发展任务、目标的对接。建立教育现代化年度监测评估制度。

2. 加强教育经费管理

完善教育财政管理体制，对各区落实教育经费法定增长、《教育费附加、地方教育费附加管理办法》、各类教育生均公用经费标准等情况开展督查。对学校全面落实并推进学校财务制度和会计制度情况进行检查。

3. 深化"新三基"教育实验

持续推进校园吉尼斯、"友善用脑"、"做中学"、境外课堂等教育实验，义务教育学校"适度班额"实施面达60%，建成数字化校园210所、智慧校园70所，"网络与数字环境下的教学实验项目"试点学校达60所，完成教育信息化公共服务平台二期、三期建设。出台《教育信息化两年行动计划》。

4. 普惠优质发展学前教育

继续实施幼儿园增量、创优和集体园扶持工程，启动涉农街镇村办园（点）办学条件提优工程、普惠性民办幼儿园推进工程。新改扩建达省优标准并于当年招生的幼儿园40所，创建省优质园30所，省优质园比例不低于68%，在公办和普惠性民办幼儿园就读的幼儿比例达70%，残疾儿童学前入园率在85%以上，力争全面完成"江苏省学前教育改革发展示范区"创建。

5. 优质均衡发展义务教育

启动区域义务教育优质均衡发展年检工作。实施小学特色文化建设工程，启动农村义务教育提升工程，所有区通过"全国义务教育发展均衡县（市、区）"评估验收，5区完成"江苏省义务教育优质均衡改革发展示范区"创建。开展初中课程基地建设工程，建设8个初中课程基地。适时召开义务教育九年一贯制学校建设现场会。

6. 特色化发展高中教育

加大省市级课程基地建设力度，积极创建品牌特色学科，新增省级课程基地学校3所、市级课程基地学校6所、普职融通学校1～2所。完善普通高中教育教学质量监控机制，对普通高中发展规划、课程建设实施情况开展新一轮督导评估。

7. "双业提优"发展职业教育

争取省教育厅支持，创办1～2所独立办学高职院校和2～3所中职校升格高职校，创建 2~3 所省级高水平现代化职业学校、8 个省级以上高水平示范性实训基地、10 个省级品牌和特色专业，建设 10 个市级职业教育实训基地。职业教育学生一次性就业率在 96% 以上，对口就业率在 85% 以上，中职院校学生升入高职院校就读比例达 50%，其中 10% 的学生接受应用型本科教育。完成各类社会培训 135 万人次，各类教育学历、证书考试 120 万人次。新增国家级社区教育实验区（示范区）、职成教育示范区各 1 个。省职业技能大赛继续争创首位。

8. 特色创新发展高等教育

南京软件科技大学力争挂"筹"，晓庄学院完善教育体系，南京开放大学构建与普通高等教育、成人高等教育和高等教育自学考试对接机制，市属高校到高淳、六合、溧水兴办高等职业教育。实施第二轮市属高校重点学科"争先进位"计划，开展市级优势学科建设，建设 4 个省级重点学科、8 个市级优势学科。

9. 重视教师培养

开展"家长、学生眼中最美教师"（暂定名）评选和宣传活动。成立"小学名师工作站"，发挥名师的引领作用，编印《南京市职初教师校本培训课程指南》、《南京市职初教师校本研修优秀案例》，开展年轻教师教育教学基本技能培训和展示活动。建设 20 个教师培训基地，2 个省示范性区级教师发展中心。开展纪念教师节 30 周年系列活动。

10. 推进教育对外开放

办好第五届"南京—巴拉雷特汉语教学校长合作论坛"、第六届"宁台职业教育论坛"、第七届"南京—新加坡中小学校长教育论坛"，组织部分中小学校长赴新加坡参加第七届"影子式培训"。开拓教师海外培训渠道，健全教师出国培训体系，境外培训校长 100 名、教师 400 名。支持晓庄学院与印度尼西亚多努沙大学合作建立汉语言文学专业。加大职业学校专业课程与国际通用职业资格证书对接力度，国际职业资格证书考证人数 17000 人、境外学习就业学生 300 人、劳务输出培训 10000 人次。

11. 落实教育民生关怀

四大保障房片区 30 所配建学校如期建成投入使用，并做好配建学校与优质教育资源对接工作。健全15年政府助学扶困体系，外来务工人员随迁子女公办学校入学率达97%。完善残疾学生随班就读保障机制，确保残疾学生100%在特教学校或就近就便入学。新增1~2个"双业一体"实训基地。稳步推进小学"弹性离校"，继续办好"名师公益讲堂"。

12. 加强生态校园建设

建成园林式校园30所，新建、加固、维修校舍130万平方米；制定农村学校塑胶运动场新三年规划，铺设塑胶运动场30片。巩固农村中小学食堂提升工程成果，实施"南京市城区中小学食堂提升工程"。

13. 强化平安校园建设

建立健全"平安校园"长效机制，重点健全学校食堂食品安全、校园危化品安全、校车安全、雾霾应对、学生信息安全管理等工作机制。

14. 重视语言文字工作

积极开展"迎青奥·规范社会用字"大中学生啄木鸟行动，选拔第二届"中国汉字听写大会"参赛队伍，深入推进"中华诵·经典诵读行动"，举办第七届中华经典诵读比赛和第六届规范汉字书写大赛。

15. 推进政风行风建设

减少各类会议和文件、检查和评比、创建达标和相关活动，开设教育政务微博，建设"为民务实清廉"机关。积极推进省市廉政文化示范基地、示范点创建。规范办学工作、规范教育收费工作继续保持全省领先。加强领导干部经济责任审计、重点建设项目和较大维修建设项目全程跟踪审计，积极开展内部控制审计、绩效审计。

B.10
南京体育业发展报告

南京市体育局 *

摘 要：

2013 年，南京体育业成功举办亚青会，顺利筹办青奥会；全面推进亚洲体育中心城市和世界体育名城建设；全心全意投入体育公共服务体系建设；全力确保竞技体育在全省、全国的领先地位；快速推进体育产业发展；全面提升机关作风建设的整体水平，为南京建设现代化国际性人文绿都做出了积极贡献。

关键词：

南京 体育业 发展现状 发展趋势

2013 年，全市体育工作以党的十八大和十八届三中全会精神为指导，以科学发展、人民幸福为宗旨，紧紧围绕市第十三次党代会和市委、市政府关于办好亚青会、青奥会，建设亚洲体育中心城市和世界体育名城的战略决策和部署要求，加快推进体育事业发展，切实提高公共服务水平，为南京建设现代化国际性人文绿都做出积极贡献。

一 成功举办亚青会，顺利筹办青奥会

主动担当，积极作为，把办好亚青会工作作为体育局的中心工作来抓，来自亚洲 45 个国家和地区的 2406 名 14 ~ 17 岁的青少年运动员参加了 16 个大项、122 个小项的比赛。以彰显特色、卓有成效的筹办工作，为亚洲和世

---

* 执笔人：刘峰。

界呈现了一届传承奥运精神、突出青春特色、体现中国文化、融入南京元素的亚青盛会，书写了亚洲奥林匹克运动发展史上的崭新一页，全面兑现了向国际社会做出的庄严承诺，赢得了亚洲各国各地区和各方面的高度评价与赞誉。亚奥理事会主席萨巴赫亲王用了 6 个 "excellent"，对南京亚青会的成功举办给予了高度评价。8 名（约占江苏运动员的 24%）南京籍运动员参加亚青会取得优异成绩，共获得 2 枚金牌、1 枚银牌。其中，南京网球运动员孙子玥一人摘得女子单打和混合双打 2 枚金牌；中国女子橄榄球队获得 1 枚银牌，包括队长和副队长在内的 5 名队员均为南京运动员。在成功举办亚青会的同时，积极认真做好青奥会各项筹办工作，场馆建设、竞赛组织、文化教育活动、市场开发、大型活动、综合保障、志愿者等各项筹备工作按计划有序进行。

二　全面推进亚洲体育中心城市和世界体育名城建设

按照市委、市政府要求，南京市重点筹办了五项国际比赛活动：NBA 亚太精英篮球训练营（6 月 11～14 日）、WTA 女子网球挑战赛（10 月 26 日至 11 月 3 日）、亚洲体育舞蹈锦标赛（11 月 2～3 日）、国际公路自行车赛（11 月 12 日）、中国（南京）啦啦操公开赛（11 月 30 日至 12 月 1 日，含中国啦啦操总决赛）。以上五项赛事活动共有来自 34 个国家和地区的 6150 名运动员参加。中央电视台等 30 多家媒体对赛事进行了全方位、多层次、跟踪式报道；47 名世界和亚洲体育组织的官员以及姚明等体育明星来南京，参加五个项目的赛事活动，并给予充分肯定。上述赛事至少为南京市宾馆旅游餐饮等行业带来 1400 多万元的收入（按照南京市统计局 2012 年南京旅游收入和旅游人次计算人均消费额为：境外游客 5200 元/人、国内游客 1600 元/人）。此外，顺利完成三项体育现代化指标。城市社区 "10 分钟体育健身圈" 覆盖率达 94%（比年度目标 70% 超出 24 个百分点），体育及其相关产业增加值占 GDP 比重达 1.15%，人均拥有公共体育设施面积达 2.23 平方米。进一步健全联动和督查机制，强化市区联合推进。

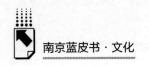

三 全心全意投入体育公共服务体系建设

深入建设城市社区"10分钟体育健身圈",截至2013年底,全市784个城市社区中,完成建设任务的达736个,覆盖率达94%,并顺利通过省体育局工作组的检查验收。为加强社会监督,在市体育局网站首页和《扬子晚报》上,对所有已建成的社区名单进行公示,还建立了电子地图,公布了监督电话,方便市民查询和监督。超额完成2013年市委市政府民生工作目标,更新城乡社区全民健身老旧器材近300套;继续为四大片区保障房配套体育设施。稳步推进健身(登山)步道建设,累计建成320多公里。广泛开展以迎亚青、迎青奥为主题的元旦健身长跑、"9月29日步行日"等全民健身活动,达1000多项次,参与群众达100多万人次。免费为3万多名市民进行体质检测,开具运动处方。南京市10家单位和10人被国家体育总局授予全国群众体育先进单位和先进个人称号,数量居全省第一;85个优秀群众体育健身活动站(点)受到省体育局表彰奖励。

四 全力确保竞技体育在全省、全国的领先地位

全力以赴完成在辽宁举行的第十二届全国运动会参赛任务,南京籍运动员共获得18.5枚金牌、18枚银牌、21枚铜牌,总分984.75分的优异成绩(含输送到省队运动员,其中南京市重竞技运动学校运动员获2金、4银、5铜,总分216.5分的好成绩)。19岁南京女子网球小将王亚繁代表中国参加天津东亚运动会,摘得女单冠军。中国网球主力、南京运动员张择在上海网球大师杯赛期间与网球天王费德勒搭档,产生良好的社会反响。为进一步谋划长远,夯实可持续发展基础,市政府批转《关于推进竞技体育工作可持续发展的意见》;年度向省优秀运动队输送体育后备人才数量继续保持全省第一;6所训练单位被国家体育总局命名为"国家高水平体育后备人才基地",数量位列全省第一;经解放军总政治部批准,在南京与解放军共建羽毛球后备人才基地基础上,解放军女子足球训练基地又在南京挂牌成立;抓好"阳光体育"进校

园等工作，会同教育部门评定了全市 126 所阳光体育学校，联合举行阳光体育联赛，推广阳光体育运动，提高青少年身体素质。

五　快速推进体育产业发展

加大政策扶持力度，市政府颁布实施《关于加快发展体育产业的实施意见》。认真做好省市引导资金申报工作，全市 15 个项目获得 890 万元省级体育产业发展引导资金，资助项目和金额均超过 2012 年，3 家体育企业获得 30 万元市级服务业发展资金。全面启动市级体育产业发展引导资金申报工作，起草《南京体育产业发展引导资金使用管理暂行办法》。深化走访服务体育企业活动，调研走访 30 家以上体育企业，组织开展省级体育产业基地申报工作。共同主办第三届亚洲自行车展览会。会同有关部门做好体育产业统计工作，探索建立健全体育产业统计长效机制。认真做好体育职业鉴定工作，南京市获得首批国家体育舞蹈项目职业鉴定资格。贯彻落实国家及省有关文件精神，切实加强体育市场监管，全面开展经营高危性体育项目行政许可审批，强化属地管理原则，与各区签订安全管理责任书，联合开展夏季游泳场所安全管理行政执法大检查，确保游泳场馆安全有序开放。圆满举办 6 项次国际比赛、15 项次全国比赛、4 项次省级比赛和 31 项次市级少儿体育比赛。

六　全面提升机关作风建设的整体水平

认真贯彻落实全市作风建设大会精神和党的群众路线教育实践活动要求，尤其注重在广大干部职工中培养"干事有激情、做事高标准、遇事敢负责、处事能坚韧"的精神，推动全市体育事业加快发展。2013 年，全市体育战线共有 17 家单位 8 次受到国家体育总局、省文明委、市委、市政府的集体表彰，25 人次受到国家体育总局和市委、市政府表彰，部分体育工作者代表受到习近平总书记等党和国家领导人接见。

文资监管篇

Culture Assets Reports

B.11
南京市国有文化资产
监督管理报告

南京市国有文化资产监督管理办公室*

摘　要：

2013 年市属文化集团改革进一步深化，在管理规范、调研发展、审批管理、激发发展活力方面取得长足发展。2014 年，市文资办将根据文化企业特点，进一步完善制度体系，落实监管措施，探索创新模式，出台加强产权管理等制度文件、完善科学的绩效考核体系、搭建监管信息化系统等手段，不断加强国有文化资产监管职能。

关键词：

南京　国有文化资产　改革　发展

---

* 执笔人：陶甜甜。

一　2013 年南京市国有文化资产改革发展回顾

2013 年文资办会同市委宣传部、市财政局、文广新局等部门，深入贯彻党的十八大和十八届三中全会精神，以规范和加强市属文化企业国有资产监督管理为核心，以规范经营决策、资产保值增值、提高运营效率和增强企业活力为重点，进一步深化市属文化集团改革，构建现代企业制度，促进集团发展壮大。

（一）建章立制，出台管理规范

制定出台《南京市市属文化企业国有资产监督管理暂行办法》，明确文资办的工作职责和主要义务，对市属文化企业的重大事项、国有资产管理、资产监督做出具体规定。制定出台《南京市市属文化企业重大事项管理暂行办法》，对市属文化企事业单位的发展战略和规划、投融资规划进行审查，对重大事项分类进行审核、审批和备案管理。制定出台《南京市市属国有文化资产监督管理办公室工作规程》，明确职责分工、会议制度、审批制度、办文制度、用章制度和督办制度等相关规定，明确召开文资办主任办公会，听取工作汇报，研究工作部署，决策重大事项。实践证明，上述文件初步建立了资产监管体制，对于厘清监管范围、明确重大事项、规范内部流程发挥了较好作用。

（二）学习调研，着眼长远发展

5 月组织四大集团主要领导参加深圳文博会，了解文化产业发展前沿动态；9 月组织四大集团新任领导参加全市文化企业家高级研修班，赴北京学习考察，提高对文化产业的认识和推动发展能力；举办 2013 两岸企业家紫金山峰会文化创意产业合作专题论坛、南京文化科技融合创业家沙龙等活动，搭设平台，加强四大集团与各区和市内大企业的联系与合作。

通过查阅四大集团近三年来的财务指标数据，并对市属四大集团开展实地调研，对集团的基本情况、组织架构、产业布局、项目载体建设情况及存在的一些问题，进行了初步的梳理。一是资产总量不大，盈利能力不强。市属文化集团 2012 年合计总资产 50.5 亿元，净利润 1.4 亿元，资产收益率 3.25%，净资产收益率4.2%。二是现代企业制度缺位，激励机制动力不足。如报业集团和广电集团企业化运行时间虽然较长，但存在传统路径依赖，主要仍是"事业单位企业化管理"的运行模式。文化集团和出版集团成立时间较晚，业务方向和运行架构正在搭建和完善，经营规模尚需扩大，盈利能力有待增强。三是业务范围狭窄，缺乏核心竞争力，对比北京、上海、深圳等城市，四大文化集团旗下子公司新媒体业务刚刚起步，需要进一步探索盈利模式，寻求创新发展路径。针对上述问题，文资办提出改革深化、产业创新、资源整合、金融助力的路径，指导集团做大基础资产规模，拓展资本运营空间。

（三）加强管理，审批重大事项

对市属国有文化企业上报的审核、审批和备案管理等相关事项，根据有关规定，文资办认真审核，严格把关，完善手续。一年来，批复了文化集团为大明公司提供担保，文化集团董事会、监事会成员的调整及章程修订、出版集团董事会、监事会成员和章程的确立、市文化集团以及大明文化公司申缴企业年金等7件事项。对广电系统工程公司增资、广电集团收购十竹斋典当公司45%股权等两件事项实施备案。在管理流程中，文资办积极协调，解决企业发展过程中的实际困难，既赋予各集团日常运营中人财物等资源配置自主权，释放发展活力，同时也提出合理化建议，促进企业提高运营效益。

（四）深化改革，激发发展活力

2013年以来，文资办认真指导各大集团深化改革，攻坚克难，取得了很好的成效。报业集团于7月底前将党报《南京日报》、党刊《金陵瞭望》的所有经营性资源、资产和人员，从事业体制剥离，纳入有限公司统一运营，实现了彻底的事企分开和管办分离。对下属企业实施分类管理，出台集团企业负责人年薪制改革、重点项目负责人竞选、重点项目风险抵押等一系列制度创新，在全国报业同行中引起广泛关注，为报业转型打下了坚实基础。

广电集团完成薪酬分配制度改革，建立统一薪酬分配体系，有效解决了原有薪酬分配中存在的不合理、不透明和同工不同酬的问题。积极推进社会保障制度改革，大幅度提高非在编人员社保缴费基数，提高低收入员工的社会保障水平。制定《深化综合改革的实施纲要》、《打造区域强势媒体的实施纲要》和《加快转型发展的实施纲要》，明确了集团改革发展的指导思想、目标任务和方法步骤。

文化集团充分发挥复合金融优势，建立全国首家文化金融服务中心，以现有的江苏省文化产权交易所、金陵文化科技小贷公司、南京文创基金、天使投资基金为载体，成立全国首家文化金融服务中心，对接银行、创投、小贷、担保、保险等金融机构，破解中小文化企业融资难、融资贵问题。出版集团整合民营发行优势，建立发行公司，拓展市场渠道。

（五）攻克难点，理清脉络

文资办根据市委市政府深化文化体制改革、加强国有企业管理等相关要求，逐步理顺各集团的资产关系。在市财政局和国资委的大力支持下，通过对文化集团注入资产和资金，置换其中广电集团公司所占资本金，在不影响文化集团注册资本的情况下，5 月底前如期将广电集团公司出资人从文化集团调整为广电集团，为推动广电集团建立产权明晰、管理科学的国有文化资产经营市场主体创造了条件。

落实市文化改革发展领导小组会议精神，牵头推动南京文物公司体制改革，7 月 29 日完成南京文物公司主管单位由市文广新局转为市文化集团的工商变更工作，针对员工的抵触、误解、纠结的问题，建立工作小组，采取个别谈心、小范围会议、全员大会等多种形式，加强政策解析，统一员工思想和认识。制定细化方案，分层签订托管协议，召开职代会，完成改制后续工作，重塑市场化公司业务架构。

按照以考核促发展，以实绩定待遇，坚持实事求是、客观公正的原则，对照绩效考核经济效益评分规则，认真研究市属文化集团上报的 2012 年自评报告和审计报告，进行考核打分。通过与国资委、财政局、审计局、国税局、地税局等单位多次沟通调研，吸取以往考核经验和国资委考核办法，结合现代企业要求和文化企业特点，建立包括约束性、发展性、规范性、激励性等 4 大类 15 项指标的四大国有文化集团 2013 年绩效考核体系，强化考评"指挥棒"的导向激励功能。

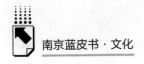

（六）项目引领，推进产业发展

广电集团整合经营性资产建立电视传媒、广播传媒、新媒体、文化地产和文化投资五大运作平台，推进演艺主题园区等重大项目。以集团广播电视广告有限公司、雷迪欧广告公司和大江南广告公司、标点实业公司为载体，开展规模化、集约化、专业化经营。拓展产业外延，成立了文化投资、文化地产公司，设立了创赢未来基金公司，收购了源丰小额贷款公司、十竹斋典当公司，重点开展"智慧南京"项目、小额贷款和基金理财等业务。在新媒体产业方面，依托参股的省有线网络公司、华夏城市网络广播电视公司的传输与播放平台，积极参与公共服务云平台建设运营。

报业集团的《南京日报》入选2013年全国"百强报刊"，并蝉联中国报刊广告投放价值排行榜全国城市日报二强，与香港《都市日报》进行了全方位深度合作；科学应对传统媒体下行趋势，以项目为抓手，"以报为基"发展新媒体新产业，拓展非报业务。《南京日报》的"青年戏剧节"、《金陵晚报》的"玩博会"、龙虎网"舌尖上的新南京"等，取得了社会效益和经济效益双丰收。2013年，集团传统广告发布收入4.8亿元，同比负增长13.65%，略好于华东地区副省级城市报业集团经营状况；同时，非报收入较往年同期大幅增加，已实现2600多万元的收入。以江苏国家级数字出版基地（南京园区）为载体，筹备成立南京数字出版行业协会，引导全市乃至全省数字出版企业向基地园区集聚。

文化集团按照"国家级、国际性、未来的文化遗产"的总体要求和"千年佛光、遗址奇观、报恩圣地"的特色定位，推进大报恩寺遗址公园建设；加快老影院提档升级，大华大戏院正式营业，成为南京文化新地标。

出版集团新组建成立了集团"期刊中心"和南京搜闻文化传播公司，推进《南京广播电视报》转型发展，核心企业南京出版社首次跨入亿元出版社行列。

二　2014年南京市国有文化资产改革发展展望

2014年，市文资办认真贯彻落实党的十八大和十八届三中全会精神，按照中央关于建立"管人、管事、管资产、管导向"相结合的国有文化资产管理体制要求和全市综合改革总体部署，根据文化企业特点，进一步完善制度体系，落实监管措施，探索创新模式，按照"出台文、厘清财、激励人"的思路，出台加强产权管理等制度文件、完善科学的绩效考核体系、搭建监管信息化系统等手段，不断加强国有文化资产监管职能。

（一）完善管理机制

1. 加强内部协同

由市委宣传部牵头，会同财政局、文广新局，充分体现党委和政府共同监管国有文化资产的协同作用，各司其职，密切配合，定期召开文资办会议，听取工作汇报，研究重大事项，认真履行好"管人"、"管事"、"管资产"、"管导向"的职能。

2. 加强外部沟通

加强与市国资委等政府部门沟通，实现国有文化资产监管的无缝对接。强化与市发改委、审计局、国税局、地税局等部门的合作，学习借鉴经验做法，完善文化资产监督管理体系，共同做好监管工作。

3. 加强投资研究

建立市属文化集团项目投资分析报告制度，定期分析市属文化集团融资需求、结构和资金成本，研究市属文化集团投融资方面存在的问题，提出强化重点工程建设、强化项目成本控制、强化项目运营管理等措施建议。

4. 加强重点项目监测

建立重点项目报告制度，每季度汇总、分析市属文化集团2014年度重点项目任务进度，并及时做好相关协调服务工作。

（二）规范资产监管

1. 做好审批工作

根据有关规定，对市属文化企业的国有产权划转、投融资、增资扩股、资产处置、对外捐赠等重大事项进行审核、审批和备案管理。同时，出台加强产权管理的相关文件。

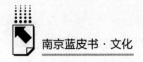

2. 加强财务基础

根据《企业国有资产法》，做好南京市属四大文化集团国有资产统计及报表编制、财务决算及报表编制、财务预算管理、企业财务快报工作。每季度召开财务管理人员例会，通报市属文化集团财务情况。组织财务管理骨干到国家会计学院开展培训。对市属文化集团会计信息质量情况和事务所执业质量情况进行跟踪检查。

3. 构建监管平台

完成国资监管信息系统一期工程建设。形成国资监管业务系统框架意见，实现主要监管业务网络化；初步建立国资监管业务数据库，加强信息共享。推动文化企业提高信息化水平，加强与国资监管信息系统一期工程的配合与对接。

4. 加强运营分析

建立企业国有资产运营分析制度，分析国有企业生产经营、重大工程项目建设管理、股权投资、债务结构、货币资金管理、成本费用管理等情况，分析资产重组、资源整合和内控制度建设等情况，针对国有企业经济运行特点及存在的问题，预测发展趋势，提出改革发展建议。

（三）深化综合改革

1. 推进"两分离"改革

落实综合改革方案，推进报业集团探索建立党报、党刊及其经营公司采编和经营联席会议制度，积极开展对非新闻类节目生产与经营实行公司化运作探索；广电集团全面推进节目招标制改革，促进广播和电视节目由自制自播向制作和播出分开转变。

2. 健全现代企业制度

不断加强集团层面的统筹能力，资源统一运作，财务统一管理，成为真正意义上的资本经营预算主体，规范市属四大文化集团法人治理结构，按照最新要求，规范党政干部兼职行为，推动广电集团、报业集团完善董事会、监事会。建立以资本为纽带的母子公司架构，突出主业，压缩层级，推进人事和分配制度改革，调动人才干事热情。

3. 推动混合所有制创新

总结改革历程，按照党的十八届三中全会最新要求，继续深化改革成果，主动打破资源条块分割及所有制壁垒带来的体制制约，推动下属二级、三级企业引进战略投资者，实现强强联合，实现资源和资本的整合优化配置。重点推动市演艺集团、市文物公司、市广电工程公司等企业引入更加灵活的市场运营机制，增强自身活力，探索发展混合所有制企业。

（四）推动产业发展

1. 调研资产情况

开展全市国有文化经营性资产摸底调研，推进资源整合和跨行业重组，完成深化国有文化资产监管的调研课题。支持市属四大文化集团盘活现有资源，以资本为纽带，通过收购、重组、兼并、引进战略资本等手段，做大资产规模，增强发展活力。

2. 打造重点项目

积极推动文化科技融合，在数字出版、影视演艺、新媒体等领域，精选3~5个符合产业发展趋势，能够支撑未来发展的重大项目，加快推进广电集团演艺园区、报业集团时代传媒产业园、文化集团太阳宫广场等在建重点项目，使国有文化集团成为全市文化资产运营、新兴业态投资和重大项目建设的主力军，实现产业升级发展和转型发展。

3. 完善绩效考核

修订《市属国有文化企业负责人经营业绩考核与薪酬管理办法》，完成 2013 年度市属四大文化集团经济绩效考核，科学确定 2014 年度经济绩效考核目标，落实国有文化资产保值增值责任，建立有效的激励与约束机制。

4. 拓展融资方式

根据《南京市文化产业投融资体系建设计划》，充分发挥市文化金融服务中心平台功能，指导市属集团制定和完善融资管理制度，强化对优质项目与资源的控制力，扩大融资规模、降低融资成本。

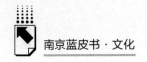
（五）健全工作机制

1. 强化专业支撑

聘请会计师事务所、审计事务所等专业机构，对集团财务和国有资产运营情况提出专业性建议。由文资办牵头开展 2014 年度市属文化集团年报审计工作。

2. 完善工作流程

进一步健全文资办内部工作规程，建立完备高效的文件流转制度，定期召开文资办会议研究重大事项，做到明确分工，各司其职，依法监管，提高效率。

3. 组织培训交流

建立市属文化集团季度发展例会制度，举办产业发展培训班，定期交流学习深化改革和产业发展工作。搭建平台，组织四大集团产业项目参与各类推介、招商活动。

南京报业传媒集团发展报告

南京报业传媒集团*

摘　要： 面对全国纸媒平均收入和利润下滑更加明显、受众边缘化趋势进一步加剧的困境，南京报业传媒集团积极谋划建立集团管控体系，2013 年在新闻宣传、综合改革、媒体转型、项目建设等方面取得突出成绩。2014 年南京报业传媒集团将继续在加强新闻宣传、创新媒体经营、推进融合发展、深化内部改革等方面做好工作，加快改革转型。

关键词： 报业集团　业绩　思路

2013 年对报业来说，是极不寻常的一年。相比 2012 年，全国纸媒平均收入和利润下滑更加明显，纸媒被受众边缘化的趋势进一步加剧。一年来，面对诸多不利因素，南京报业传媒集团（以下简称集团）党委坚持以问题为导向、以问题为倒逼，启动实施集团成立以来规模和力度最大的改革工作，谋划出台集团管控体系及平面媒体、报业数字化、数字出版基地等新三年发展规划，扎实开展群众路线教育实践活动，为改革转型发展凝聚智慧和力量。经过集团上下艰苦不懈的努力，取得了很多难能可贵的思想成果、实践成果和制度成果。

一　2013 年南京报业传媒集团发展业绩

（一）新闻宣传开创新局面

2013 年，集团围绕新媒体格局下如何增强主流媒体话语权课题深入调研、

---

* 执笔人：刘远。

积极探索，努力提升媒体的传播力、公信力和影响力。围绕全市打赢"三大攻坚战"这个全局开展新闻宣传服务，集团主动上门征求市四套领导班子和相关部门对集团新闻报道工作的意见建议，系统制定实施宣传组织方案。《南京日报》的《聚焦南京控煤减排》、《金陵晚报》的《城市治理大家谈》、龙虎网和《东方卫报》的亚青系列宣传策划、《金陵瞭望》杂志的《亚青官刊》办出了声势和影响。《周末报》承办的"大 V 韶南京"活动，吸引全国 28 个省市、人均粉丝数 20 万以上的 37 位"大 V"来南京，3 天发送微博 997 条，引起全国 15 万网民热议南京新变化，打开了集团"微传播"的新局面。践行马克思主义新闻观，出台加强正面宣传、舆论监督、确保新闻真实性三个"五项规定"，各媒体站在群众立场创新报道形式，将"精准鲜活"的要求贯穿新闻采编各个环节，将更多版面、栏目、选题向民生内容倾斜。《南京日报》的《社区台账减负》报道在全国范围内引起较大反响，报社入选 2013 年全国"百强报刊"。集团全年新闻宣传受到省市主要领导表扬 32 次。

（二）综合改革取得新突破

2013 年，集团以"综合改革突破年"为抓手，狠抓 18 项重点改革任务落实，全力打造符合集团实际的现代企业制度。进一步健全党委会领导下，编委会负责新闻宣传、经理层负责产业经营的"一核两线"管理架构，实行集团总经理办公会、月度季度经营工作例会等制度，企业经营管理上了新台阶。研究出台集团发展战略与管控模式规划，明确集团公司与下属企业责权划分，初步建立了以资本为纽带的母子公司架构。深化党报党刊"两分离"改革，实施企业分类管理，实行财务委派制度，出台所属企业负责人年薪制改革、重点项目负责人竞选、重点项目风险抵押等系列创新制度，形成了"高目标、重激励、严约束"的管控体系，系列改革举措在全国报业同行中引起广泛关注。

（三）媒体转型迈出新步伐

2013 年，集团大力推进传统媒体与新兴媒体融合，在注重挖掘小众市场、做精传统媒体的同时，加快向新媒体转型。《江苏商报》的《今日溧水》、《现代家庭报》的《第一收藏》、《金陵晚报》的《周末天空》和《金证券》等新办报刊凭借精准的定位，当年总的收入逾千万元。《金陵瞭望》杂志充分发挥与政府部门联系紧密的优势，创办《南京新风》《金陵科普》杂志。《江苏商报》与市工商联创办《新宁商》杂志，进一步巩固了报纸在南京中小企业中的独特地位。《大众证券报》结合20周年报庆举办第八届上市公司峰会，进一步扩大了报纸的影响力。《金陵晚报》大力拓展团购业务，创下年营业额2300万元的新高，是上年的近3倍。各媒体还主动融入互联网，积极转变传播与经营方式。《南京日报》、《金陵晚报》、龙虎网制订实施微博微信推广计划，南报网手机版正式上线，为受众提供全新阅读体验。《金陵晚报》、《东方卫报》、《周末报》、龙虎网、南报网、《金陵瞭望》杂志、南京日报官微粉丝超过10万，金陵晚报官微粉丝更是接近210万。龙虎网跻身全国"双软企业"行列，实现从单一新闻网站向互联网企业的华丽转身。

（四）项目建设实现新开端

2013年，集团历史上首次明确以重点项目稳增长、促转型，推进实施28个项目建设，报业经营结构得到优化。《南京日报》的"青年戏剧节"、《金陵晚报》的"玩博会"收到较好的综合效益。龙虎网中标"中国南京网站新闻类信息维护"项目，并与市信息中心在"智慧社区"等项目上达成深层次合作意向。汇文物流公司阅报栏项目被国家广电新闻出版总局评为示范项目。新开办的时代盛元数码印刷业务一年收入超千万元。凤凰优阅智能教学平台项目成功晋级"首届中国江苏创新创业大赛"总决赛，产品进入14所学校试点。南京日报发展公司LED屏建设项目顺利推进。集团园区建设开发取得新进展。"时代创智社区"五大公共服务平台揭牌运营，13家支持单位、10多家企业签约入驻，与团市委合作共建全市青年创业样板园区。河西新大楼定位文化与科技、金融创新融合发展园区，吸引多家单位洽谈合作共建。海福巷、解放路园区产业定位和合作方向更加清晰，积极打造文化商业、休闲娱乐、健康养生等文化创意项目。

（五）群众路线"走"出新气象

2013年，集团作为全市首批开展群众路线教育实践活动单位之一，始终立足报业实际创造性地开展活动。集团在全市最早启动、系统安排"干群谈心月"活动，领导班子明确提出整治八种不良风气，通过走进读者、深入群众征集各方意见建议，针对问题制定出台 38 项整改措施，以务实管用的制度固化活动成果。集团教育实践活动中，坚持领导带头与群众参与相结合、规定动作与创新举措相结合、改进工作与转变作风相结合、立足当前与着眼长远相结合，多项工作得到市委督导六组充分肯定；干群谈心活动经验在全市群众路线教育实践活动推进大会上做了交流，市委教育实践活动简报 3 次转发集团相关做法，活动结束时群众对班子测评的满意率在 98% 以上，取得了"建设为民务实清廉班子、凝聚改革转型发展共识、营造干群和谐融洽氛围"的预期效果。

（六）队伍建设呈现新亮点

2013 年，集团大胆创新人才工作，不拘一格重用人才，创造条件培训人才，着力打造高素质干部员工队伍。平稳实施了三年一轮的中层换届工作，竞争上岗的 215 名中层干部中，40 岁以下占 55% 以上，比调整前提高 23 个百分点；"80后"干部从 2 人增加到 49 人、研究生学历以上干部占 14%。新进员工门槛进一步提高，利用省、市高洽会等引智平台，引进具有较好业绩或熟悉新媒体运营的实务性人才 20 多名。招聘的百余名高校毕业生中，接近半数毕业于"211"及"985"院校，其中硕士研究生以上学历占 1/4 以上，人才结构得以优化。

二 2014 南京报业集团发展的新思路

随着移动互联网时代的来临，纸媒作为信息发布的渠道优势荡然无存，报业生存与发展面临极大挑战。困难面前，作为全市重要的新闻宣传单位和国有文化企业，集团将以"置之死地而后生"的勇气、以"等死不如找死"的劲头加快改革转型。当前及今后一个阶段，集团重点抓好四个方面工作。

（一）加强新闻宣传，壮大主流思想舆论主阵地

始终把加强新闻宣传管理，确保导向正确、出版安全摆在首要位置，大力创新传播方式，提升媒体传播力和影响力。一是加强中心工作宣传策划。紧紧

围绕全市交出"经济发展稳中向好、改革创新实质突破、青奥盛会精彩圆满"三份优秀答卷的目标任务,扎实有效地做好新闻宣传工作。二是加强优报战略实施。找准媒体自身定位,错位竞争差异发展。都市报深度介入城市生活,明确覆盖核心读者;专业报突出行业专业化和业务专业化,深耕细作;大力探索创办社区报,成熟一个,发展一个。三是加强重大主题活动策划。举全集团之力办好龙虎网"我要上青奥、我要到南京"活动,举全集团之力把这一活动办好,取得宣传青奥、推介南京的效果,争取在国际国内产生较大影响力。

(二)创新媒体经营,变身区域综合信息服务商

突破以往单一的新闻资讯和广告投放模式,集团积极探索"互联网思维＋全媒体方向＋大数据技术＋粉丝俱乐部"的发展模式。一是基于数据做营销。深度整合发行、广告、网站等用户资源,推进传媒数据库建设,对用户需求做精准分析并进行信息推送,实现精准传播、精准营销。二是细分市场做平台。深耕小众市场,从单一地做发行、做广告转向做资讯服务平台;做精《新宁商》、《第一收藏》等专刊,做强《今日溧水》、《今日六合》等社区报,使报刊经营触角向更多分众市场延伸。三是发挥优势做品牌。整体包装推广《南京日报》的"青年戏剧节"品牌,与顶尖剧团合作争取经典剧目的江苏版权,做强营销平台,拉长产业链条;办好《金陵晚报》的"乐龄节"和"童玩节"活动,全面覆盖都市圈"一老一少"两类受众人群;深化与党政机关、行业协会的合作,精心策划"书香公园"全民阅读项目,办好全国家庭教育研修班,以及南京文化产业领域最高荣誉"金梧桐"奖评选等活动,借力推出更多有影响力的品牌项目。

(三)推进融合发展,探索传统报业转型新路径

细化文化与科技、文化与金融、文化与旅游融合举措,推进报业跨媒体、跨行业、跨领域发展。一是推进文化与科技融合。加快数字出版基地(核心园区)二期建设,将龙虎网络搬迁至基地,同步建设互联网公共技术服务平台和南京传媒数据中心,孵化各类小微互联网创业企业。二是推进文化与金融融合。围绕文化主题,加快解放路、海福巷地块开发,开展多种形式的合作。

加快河西新大楼建设，依托其紧临河西金融城的区位优势，探索打造文化与金融深度融合的载体；创新投融资体制，支持龙虎网络在"新三板"上市。目前龙虎网已被全国股转系统列入重点调研企业名录，如上市成功将成为中国"报网融合第一股"。三是推进文化与旅游融合。成立旅游事业部，与全市各级旅游部门进行深度合作，全面参与旅游产品规划及宣传、线路包装和策划、目的地建设等环节。结合数据中心建设，对旅游消费数据进行分析加工，探寻具有更大市场价值的传媒产品开发。

（四）深化内部改革，争当文化体制改革先行者

继续深化集团内部改革，解决集团目前资源分散等问题，打造架构清晰、管理规范、运行高效的现代传媒企业。一是完善党报党刊运行架构。深入推进党报党刊"两分离"改革，推动南京日报发展公司、紫风文化传播公司成为合格市场主体。在"宣传按行政要求，经营按市场规律"前提下，创建采编与经营的联席会议制度，推进采编与广告、采编与发行、广告与发行的三个紧密互动。二是完善内部资源整合机制。推进《金陵晚报》和龙虎网之间的全面业务整合，使南京发行量最大的都市报和点击率最高的门户网，形成一体化发展的组织结构、管理体制和传播体系。三是完善现代企业管理制度。加强绩效考核，实施全面预算管理，强化内部成本控制，严格非经营性支出管理；加强企业财务管控，提高资金使用效率。四是完善人才引进培养机制。在提高进入门槛和严控员工总数、工资总额前提下，将岗位、薪酬向转型急需人才倾斜，并在有条件的单位试行股权期权等多种激励措施，不断调优人员结构和分配结构。加强与有关高校、研究院所合作，组建集团传媒研究院，为集团转型发展提供智力支持。

南京广电集团发展报告

南京广播电视集团*

摘　要：

2013年，南京广电集团继续深化综合改革，以融合发展促进转型、体制改革促进发展、机制创新激发活力、技术创新支撑发展、开放融合优化布局、重大项目推进发展、和谐文化凝聚力量，各项工作均取得了预期成效。2014年，南京广电集团将加强传统市场提升和新兴市场开拓，加快传统媒体和新兴媒体融合发展，努力把南京广电集团建设成为南京都市圈主导型媒体、苏南现代化示范区领军型文化企业集团、长三角地区标志性传媒集团。

关键词：

广电集团　发展　回顾　思路

2013年，按照市委、市政府深化综合改革部署要求，南京广电集团坚守媒体职责，履行媒体职能，深化综合改革，加强产业布局，拓展多元产业，呈现健康有序的发展态势。

一　2013年南京广播电视集团工作总体回顾

2013年，南京广播电视集团（以下简称集团）认真学习贯彻党的十八大精神，在改革中突围，在创新中跨越，励精图治，攻坚克难，各项工作取得了

---

* 执笔人：徐衷军。

预期成效。新闻宣传上强化舆论引导，积极推进舆论宣传和节目创新，充分发挥主流媒体引领作用。经营产业上创新经营方式，有效提升产业整体经营能力。2013 年，集团总资产、经营收入、实现利润分别比 2011 年增长 26.3%、46.9%、123.1%。由北京大学、中国人民大学、清华大学等 12 所高等学府新闻学院联合评选的 2013 年度中国城市电视台满意度博雅榜，南京电视台位列第二名。南京广电集团有限责任公司顺利通过全媒体广告制作和发布 ISO9001 质量体系认证。

（一）以融合发展促进转型

按照市委、市政府关于深化改革部署，集团更加注重新闻事业与文化产业的协调进步，更加注重传统媒体与新兴媒体、传统产业与新兴产业、事业单位与现代企业的融合发展。一是巩固主流舆论阵地，促进传统宣传与现代传播融合。在创新实践"走转改"的同时，推进广播、电视、新媒体业务融合和资源整合，构建全媒体传播新格局。二是加快产业转型升级，促进广电媒体与现代经济融合。强化科学规划、产业布局和资源配置，创新发展路径。坚持项目拉动，发展内容产业，充分发挥南京广电集团的资源与品牌优势。三是健全集团治理体系，促进事业单位与现代企业融合。按照"台管台控"原则，积极推进事业与企业、宣传与经营分开运行、分类管理，建立现代企业制度。

（二）体制改革促进发展

一是强化党委领导，完善管理体制。按照事企分开、管办分离、宣传经营分离的要求，构建事业产业分开运行、分类管理的新体制。广播电视台承担新闻宣传和公共服务职能，着重在巩固舆论阵地、扩大宣传效果、改善播出质量、提高服务水平、降低运营成本等方面下功夫。集团有限责任公司承担市场运作和产业经营职能，着重在提升经营收入、利润率、产业结构质量和国有资产保值增值率等指标。二是明确事业主体，加强宣传管理。在事业体制下，集团设立电视传媒、广播传媒、全媒体新闻中心，负责节目内容的编辑、播出和监控，加强舆论导向宏观把控、新闻宣传业务指导和节目内容集约生产。三是确立资产关系，建立市场主体。以 2012 年 6 月 30 日为基准日，对南京广电集团进行清产核资与资产评估，将经营性资产全部划入集团公司。同时建立电视传媒、广播传媒、新媒体、文化地产和文化投资等公司运作平台。四是优化管理模式，提升运营效率。集团党委强化领导和监管职能，实行宣传统一部署、资源统一开发、产业统一运作、人事统一调配、财务统一管理。五是突出重点领域，建立管控体系。坚持以制度为核心保障，健全以资产为纽带的集团化管控体系，通过对事、对人、对财三大核心领域实施管控，做到公司管理规范化、制度化。

（三）以机制创新激发活力

一是深入推动机制改革创新，致力于优化决策流程、增强执行力。集团先后出台《加强出资企业管控的意见》、《加强重大项目财务监督管理的意见》、《目标管理与考核奖惩暂行办法》、《财务报表、财务报告和财务分析制度》和《全面预算管理制度》等重要文件。二是建立市场化社会化用人分配机制，推进集团薪酬分配改革，建立统一、规范、透明的薪酬分配体系。同时实施医疗保障改革，大幅度提高非在编员工社保缴费基数。三是深化节目生产机制创新。针对重点电视栏目，实施制片人制度改革；探索十八频道与社会公司合作机制，推进制播分离改革试点；以《好姻缘》跨地域合作为契机，探索项目制运作途径；全面实行广播节目招标制，增强广播节目创新活力；集团制作的纪录片《情系人民》、《不能忘却的伟大胜利》、《南海纪行》均在央视播出；南京电视台连续两年获得国家广电总局颁发的优秀国产纪录片播出机构奖。

（四）以技术创新支撑发展

一是实现安全播出。圆满完成全国"两会"、"亚青会"、宁杭高铁开通、南黄海搜救综合演习等重大任务的安全播出，顺利实现新老播出系统的切割。二是加大技术改造。以节目需求为导向，先后对800平方米和250平方米演播厅进行了高清化和全媒体改造，完成了1500平方米剧场和1600平方米新闻全媒体演播系统的升级改造。三是加大设备投入。置购10+2讯道5.1环绕声制作的高清转播车，启动广告监播系统项目、高清非编网、全媒体媒资系统建设，完成电视播出系统的升级改造，建设两套高清电视节目播出系统。四是扩大有效覆盖面。完成安徽滁州地区的有线网络入网，增加了40多万有线网络用户；加强集团电视节目在南京地区四星级以上宾馆饭店的覆盖。五是加强新兴媒体建设。南京网络电视台、小微视频网和南京广播网上线后，网站用户点击率实现跨越式增长。小微视频网开发的"校园好声音"和"致毕业"两大网络内容产品，在省内外数百所高校及相关人群中产生广泛影响。"致毕业"全国大学生微视频作品展，吸引了全国130余所高校参与，活动项目获得江苏新媒体创新奖。

（五）以开放融合优化布局

把握广电产业发展趋势，围绕核心主业，融合各方力量，有效配置社会资源，拓宽产业发展空间，形成多点聚利的态势。一方面，充分发挥南京广电集团的资源与品牌优势，纵向进行上下游产业链延伸，横向进行相关多元化业务拓展，开展跨地区、跨媒体、跨行业经营，构建以内容经济为主业、以多元化经营为补充的综合性产业体系。另一方面，通过战略联盟、项目合作、借船出海等多种形式，吸纳和聚集市场要素，打造综合性传媒产业集群，提升集团盈利能力和规模效益。2013年，南京广电集团通过股权合作、重组并购等多种形式，向更具经济特征、更有赢利前景的行业拓展，设立创赢未来基金公司，收购了源丰小额贷款公司、十竹斋典当公司，重点开展"智慧南京"项目、小额贷款和基金理财等业务。此外，以文化科技创意园区为载体，推进文化与科技深度融合，促进广电传媒和游戏动漫、网络通信、教育培训、旅游会展、文化投资的嫁接，积极探索广电产业在融合中发展的新路径。

（六）以重大项目推进发展

2013年，南京广电集团重大项目拓展取得阶段性成果。一是加强与上海锦和集团合作，成立南京广电锦和投资管理有限公司，共同开发建设南京广电越界文化创意产业园。二是集团与江苏省网络公司和南京信息投资控股公司签订增资协议，完成了南京广电系统工程公司的股权改造和战略性重组。三是与鼓楼、江宁区签订三方协议，广播中波发射台迁建工程正式开工建设。四是联合江苏电视台，赢得苏州地铁视频广告经营权，为集团移动电视跨地区运营掀开了新篇章。五是基本完成全台新闻媒资系统建设，稳步推进地面无线数字24频道开播和新闻频道高清同播，成功上线运行集团微信、微博公众账号，全面加强集团品牌的宣传推广工作。此外，"淘南京"手机端、微信端测试并上线，启动广播网移动客户端的开发和制作。

（七）以和谐文化凝聚力量

倡导"创新争先、讲信修睦，事同创、成果共享，开明开放、同向同行"的价值取向和文化追求，构建集团核心价值体系，加强组织生态改造和人文环境整治，增强集团软实力。一方面，通过整顿组织系统，修订党委会议事决策规则，强化党委领导核心作用，建立集团编辑委员会、经营管理委员会和技术委员会，分别制定相应的工作规则，提高民主决策、科学决策水平。另一方面，按照"整洁通透、布局合理"的原则，开展办公室环境综合改造工程，合理调整部门格局，营造优美工作环境。与此同时，加强优秀人才引进，立足南京，面向全国，开展"青青女主播"海选和大学生校园招聘；公开向社会招聘财务、法务、地产、投资等专业人才。集团先后荣获"南京市五一劳动奖章"、第七届精神文明建设"五个一工程"优秀组织工作奖。

二 2014 年南京广播电视集团发展基本思路

随着互联网的壮大发展和全国卫视频道快速崛起，传统媒体不可避免地遭遇冲击，城市台传统收视份额日渐式微，传统广告业务收入增长乏力。与此同时，集团发展也面临难得的机遇。一方面，随着文化产业上升为国家战略，文化产业增加值增长速度均高于同期 GDP 增长速度。以南京为例，2013 年上半年全市文化产业增加值 220 亿元，与上年同期相比增长 20%，高于同期 GDP 增幅 9 个百分点。这为集团利用品牌资源，进行多元化业务拓展和经营，提供较为坚实的市场基础和政策支持。另一方面，集团自身发展呈现良好势头。2012 年以来，集团围绕核心业务，初步完成业务拓展布局。同时，经过十余年发展，南京广电集团积累了产品制作经验，拥有一批经验丰富、具有创新意识的人才，他们是南京广电集团最大的财富。此外，南京都市圈及长三角区域经济发展水平的不断提升、居民收入的持续增加，都为南京广电集团业务开拓提供了广阔市场。

2014 年，南京广电集团将以打造导向鲜明、主业突出、品牌名优、实力雄厚、舆论影响力强、市场覆盖面广、产业集中度高为主线，创新发展理念、发展路径与发展模式，加强传统市场提升和新兴市场开拓，加快传统媒体和新兴媒体融合发展，努力把南京广电集团建设成为南京都市圈主导型媒体、苏南现代化示范区领军型文化企业集团、长三角地区标志性传媒集团。

（一）紧盯主要目标，正确把握改革方向

集团全面深化改革的主要目标和总体方向将聚焦到"两个构建"、"三个转变"和"四个完善"。"两个构建"：一是探索构建符合市场经济发展要求、遵循广播电视发展规律的新体制新机制；二是积极构建新闻事业与文化产业协调发展、传统媒体与新兴媒体融合发展的新体系。"三个转变"：顺应传播格局和市场环境变化，加快实现传播方式由传统宣传向现代传媒转变、产业方向由传统广电向现代传媒转变、管理体制由事业单位向现代企业转变。"四个完善"：一是完善管人、管事、管资产、管导向相统一的"四统一"领导体制；二是完善事业企业、宣传经营、制作播出的"三分开"管理体制；三是完善"三脱钩一挂钩"运行机制和市场化、社会化用人和分配机制；四是完善事业企业分类管控模式。

（二）巩固舆论阵地，推动媒体融合发展

强化节目规划布局。坚持创新立台、新闻立台、特色立台，立足城市资源禀赋和区域竞争环境，着眼全域南京，把握趋势，紧接地气，建立全媒体传播新格局。顺应舆论环境和传播格局变化，倡导"开放、共享、融合、增值"的理念，组建集团全媒体新闻中心。以南京网络电视台为官方新闻网站，加快与广播电视新闻业务的对接互动。加强节目资源合作与拓展，着力打造内容合作平台，推进省内城市台联合体提档升级。探索组建南京都市圈城市台联盟，加强对南京都市圈文化积淀、人文特色的深度挖掘，建立区域性广播电视节目注意力坐标。

（三）坚持问题导向，着力突破重点项目

聚焦阻碍集团发展、群众期盼解决的突出问题，实现改革的深入推进。一

是加强节目整体规划，实行功能化定位、差异化布局、错位化编排。广播形成不同特色定位的节目品牌群。电视形成以新闻、影视剧、生活服务三足鼎立的发展新格局。二是推进广播、电视、新媒体业务融合和资源整合，构建全媒体新闻采访平台、编辑平台和分发平台，实现新闻资源多元化采集、一体化运作、集约化生产和多终端发布。三是加强新媒体建设和运用。按照全媒体生产流程，开发面向全媒体播出播放平台的节目类型和生产体系。四是坚持高效、实用、节约的原则，开播高清电视频道，推进全媒体媒资系统和制播系统、高清电视制播系统等项目建设，搭建多通道采集、一体化制作、多渠道推送的技术平台。

（四）优化产业布局，加快多元产业发展

加强品牌节目推广，加大对影视、游戏、动漫的投资，着力发展内容产业。整合广告资源，健全经营体系，扩大战略合作，巩固发展广告产业。借助媒体公信力、影响力、号召力，开展线上线下运营，发展衍生服务产业。发挥广播频点优势，战略性介入"智慧南京"建设，发展信息服务产业。坚持科技先行，重视科学技术在广电领域的研发、应用与引领作用，聚集技术新优势，抢占产业制高点。坚持项目拉动。规划建设南京广电传媒大厦，打造全市新闻宣传和文化产业发展新轴心。推进广播中波发射台迁建，提高广播信号发射、传输质量和覆盖范围。以影视传媒、手游动漫、移动互联为主导，创办集产业聚集、游戏体验、文化互动等功能于一身的文化科技园区。拓展内容产业，加强与社会专业公司合作，开展影视剧、专题片为主的制作、发行和投资业务。打造电商平台，力争将"淘南京"打造成为区域性、综合性网上购物商城。结合中波发射台迁建，综合利用土地资源，建设物流配送基地，打造现代物流服务平台。加大文化投资，以创赢未来文化产业股权投资基金为平台，积极跟踪和参与《创赢未来》栏目中有潜质、有前景的科技创业项目。

（五）深化体制创新，完善集团治理体系

按照"台管台控"原则，推进事业企业、宣传经营的分开运行、分类管理。对事业责任主体，采取定性与定量相结合的方式，明确考核标准和奖惩措施。对企业责任主体，明确产值、利润、资产质量等关键指标，加大考核力

度，实行重奖重罚。强化财务资产管理，实施全成本核算，加强对各种成本全方位考核和全过程控制，提高资金、资产、资源的使用效率。统筹资产管理，强化资产登记、调配、处置、监管，盘活存量资产，放大资产增量。创新集团管控模式，借鉴并联型组织模式，精简内设机构，实行扁平化管理。坚持以财务管理为核心，加强财务收支、项目投资、资产使用的监督评价和内部审计。

（六）改造文化基因，锻造干部良好作风

一是更新观念，坚定信心。坚持以与时俱进、革故鼎新的精神，彻底改掉阻碍集团发展的旧体制、老毛病、坏习惯。二是协同作战，敢于担当。强化集团"一盘棋"观念，打破各部门"小作坊"思维，在节目布局、人才使用、运营方式和组织架构等方面，进行颠覆性变革。三是勤思善悟，正确做事。勤于学习新经验，善于思考新问题，坚持正确做事，做正确事，以脚踏实地、坚韧不拔的韧劲和踏石留印、抓铁有痕的作风，推进集团改革发展。四是以人为本，优化环境。面向创新型、专业型、年轻型人才，拓宽晋升渠道，提供成长空间。设立各类专项奖励基金，推行项目承包制、股权激励制、关键岗位年薪制，鼓励员工岗位成才、勤劳致富。坚持事业共创、成果共享，不断改善组织生态环境，实现员工收入与集团发展同步增长。

B.14
南京市文化投资控股集团发展报告

南京市文化投资控股集团*

摘 要：

南京市文化集团积极整合核心资产，强化资产管理、深化内部改革。2013年，集团各项事业均取得阶段性进展，资产大幅增加，营业收入稳步增长，五大板块成效初显。

关键词：

文化集团 改革进展 发展目标

2013年以来，市文化集团按照市委、市政府确定的"全市国有文化资产管理运营主体、新兴文化业态投资主体和重大文化项目投资建设主体"功能定位，以省内一流、国内具有影响力的文化龙头企业为战略目标，整合核心资产，推进改革改制，初步形成了影视投资及电影院线产业链、高品质演艺平台、文化艺术品综合经营、文化企业投融资服务平台、文化大项目投资建设五大功能板块。经过不断地改革与创新，集团各项事业取得了阶段性进展，资产大幅增加，营业收入稳步增长，自有企业全部扭亏为盈，项目全面启动，转企改制全面完成，用人导向基本确立，标志着市文化集团从初创期进入快速发展期。

一 总体目标完成情况

截至2013年底，市文化集团拥有资产29亿元（不含南京报业传媒集团和

---

* 执笔人：郝希良。

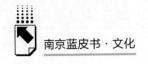

南京文物公司资产），同比增长 148%；净资产 12.8 亿元，同比增长 58%；当年投资总额达 12 亿元。

二 强化资产管理

一是资产整合有序进行。完成集团出资人变更，由市国资委变更为市财政局；办理集团化企业登记，将"南京市文化投资控股（集团）有限责任公司"更名为"南京市文化投资控股集团有限责任公司"；进行资产调整，南京广电集团 7.2 亿元资产已划出，文物公司正式划入，转企改制顺利完成。二是规范资产管理。先后出台《重大事项报告管理办法》、《项目投资管理制度》、《资产管理暂行办法》等管控制度，加强风险控制，切实提升集团管控能力。三是加强对所属企业考核。集团对所属企业采取"三管一协调"的管控模式，即管班子、管年度目标考核、管委派的财务总监，协调发展中遇到的重大问题。

三 深化内部改革

一是实施人才工程。加大干部人事制度改革，明确集团选人用人标准、干部晋升办法，公开招聘一批骨干人才。二是加大考核激励。按照"目标项目化、指标数字化、考核刚性化"的标准，完善集团考核办法，按照"保证基本、拉开差距、加大激励"的原则，拟定了集团分配激励暂行办法。三是加强组织保证。集团党委加大组织建设，严肃组织纪律，形成"一级带着一级干、一级做给一级看、一级对一级负责"的工作风气。

四 五大板块成效初显

1. 构建影视投资、电影院线产业链

一是投拍南京题材影视作品。2013 年 3 月 12 日，电影《刘伯承市长》在央视电影频道黄金时段播放并获得较高收视率，在南京密切联系群众教育实践活动中，全市局级以上领导干部集体观看了电影《刘伯承市长》，学习刘帅

"立党为公、执政为民"的执政理念；6月18日，主旋律电影《丁香》在南京、北京、上海、成都等地举行首映式和巡映礼；9月18日，电影《帝国秘符》举行首映式；11月26日，3D动画电影《郑和1405魔海劫》举行首映式，并在全国各大院线上映；集团参与投资的电影《一号目标》正式开拍。二是加快老影院提档升级。5月29日，按照五星级影城标准重新修缮一新的大华大戏院正式对外营业，运营情况良好，成为新街口地区新文化地标之一；和平影城提档升级工程完成，票房收入同比稳步增长；南湖电影院改造项目规划方案通过市规划局审批，做好开工前各项准备工作；秦淮剧场、大光明电影院按照"拆一还一、就地复建"的原则完成拆迁置换，将重新打造"秦淮影剧中心"。三是提升影院管理运营水平。通过成立大华大戏院影院管理公司，将"大华"作为影院连锁品牌，全面提升影院管理运行水平，再铸老影院辉煌。四是做大做强东方院线。加强与中影集团、省影剧公司合作，加快东方院线公司发展步伐，推进控股权调整，力争"十二五"末期，影院数由现有38家增加到50家。

2. 打造高品质演出平台

一是继续深化内部改革，确保"出人、出戏、出效益"。继续深化市属剧团各项改革，市演艺集团按照"专业化管理、市场化带动、企业化运作"定位，建立面向市场的用人、用工、分配制度，开展实施"打造市场化剧目、培养市场化明星、名角及建立市场化立体营销网络"三大行动计划，加快市属剧团市场化进程。2013年，市演艺集团共完成演出1207场，实现演出收入2954万元，下属六家剧院团全部扭亏为盈。二是创新用人机制，使人才"引得进、留得住、用得好"。市京剧团范乐新凭借新编历史剧《穆桂英大战洪州》中的精彩表演，成功摘得第26届中国戏剧梅花奖。这是中国戏剧表演艺术的最高奖项，也是市属剧团继越剧表演艺术家陶琪之后时隔15年再度"摘梅"，代表了南京文艺发展的新辉煌。三是强化艺术创作，精品剧目不断涌现。市越剧团重新编排的《柳毅传书》荣获国家文化部第二届优秀保留剧目大奖，省政府给予越剧团记集体一等功，奖励奖金100万元，并在全国巡演50场以上，扩大南京舞台艺术在全国的影响力；10月26日，市话剧团编排的以李元龙等村官为原型的话剧《枫树林》在中国"十艺节"上获得最高奖——"文华大奖",这是市话剧团继《平头百姓》之后时隔 10 年再次成功问鼎文华大奖,代表了江苏近 10 年来参加中国艺术节取得的最好成绩。四是以"名角、名戏"闯市场,探索特色化市场发展道路。10 月 17 日,越剧《柳毅传书》在南京人民大会堂汇报演出,邀请著名越剧演员王君安、陶琪首度联袂出演,来自全国"粉丝"云集南京,一票难求,南京戏剧市场化演出呈现出难得一见的盛况;市演艺集团还打造了奇幻浪漫爱情舞台剧《寻找张爱玲》等多台演出,为广大市民献上一道道视听盛宴。五是坚持"走出去"战略,南京演艺走向世界舞台。2013 年,市属剧团共赴境外进行文化演出 300 余场,行程遍布美洲、欧洲、亚洲、非洲近 20 个国家。市杂技团参演加拿大太阳马戏团大型杂技秀《MJ——不朽的传奇》,迄今已在美国拉斯维加斯演出 256 场;大型杂技剧《睡美人》赴南美阿根廷、巴拉圭、巴西三国 18 个城市,3 个月市场化演出 107 场,受到国外观众的热烈欢迎和好评。六是坚持文化惠民,实现经济效益与社会效益双丰收。通过送戏下乡、进社区、进校园,2013 年共组织 600 余场多种形式的公益性演出,实现"文化惠民";市杂技团每个周末在南京艺术大楼训练厅"百戏剧场"内举办两场免费杂技惠民演出,满足市民观看杂技艺术表演的需求;与市总工会、市文广新局等共同举办"2013 南京市职工文化系列活动",为全市市民和职工献上 40 场公益性文化演出;市文化集团的剧团参加全市"2013 点燃梦想文化惠民百千万行动计划",陆续在各街道、广场,演出数十场;市文化集团的剧团在第十三届南京文化艺术节献上多场精彩演出,为南京广大市民带来节日文艺大餐。

3. 加快文化艺术品综合经营步伐

7 月 29 日,在市委宣传部的推动下,南京文物公司完成工商变更和出资人调整,正式划归市文化集团,实施"事转企"改制;12 月 30 日,南京文物公司职代会全票通过人员安置方案,人员全部进入托管中心,并全员签订劳动合同。至此,南京文物公司顺利平稳交接,转企改制工作全部完成。

4. 搭建文化企业投融资服务平台

2013 年,市文化集团文化金融板块特色初显,逐步影响全国。一是江苏省文交所商业模式初显,实现扭亏为盈。2013 年,江苏省文化产权交易所开展版权登记交易 1200 件,实现交易额 7300 万元,完成艺术品质押融资业务

4500 万元，上线挂牌各类产权 200 余家，并在全省 4 个地市设立了分支机构，顺利实现扭亏为盈。二是发起成立全国首家文化小贷公司。市文化集团出资 8000 万元，吸引社会资本 1.2 亿元，发起成立全国第一家文化类小贷公司——南京市金陵文化科技小额贷款公司，破解中小文化企业融资难题。2013 年 4 月金陵文化科技小额贷款公司开始营业，当年即实现盈利，全年完成贷款总额 2.2 亿元，服务企业 34 家，其中 30 家是文化企业，资本收益率达 7%。三是成立全国首家文化金融服务中心。2013 年 11 月 14 日，由市委宣传部、市文化改革办牵头，市文化集团负责筹建的全国首家综合性文化金融服务中心——南京文化金融服务中心正式挂牌。南京文化金融服务中心通过整合包括文交所、文化小贷公司、文创基金、产业发展基金、文化银行、保险、担保、信托等金融机构，构成一条文化产业金融服务链，针对中小文化企业不同发展阶段，以金融服务、信息服务、协作服务、招商服务四大功能为其提供差别化融资和交易服务，在文化与资本之间架起一座桥梁，让不同需求的文化企业与门类繁多的金融机构实现有效对接，降低文化企业融资成本，促进文化科技成果转化。截至 2013 年底，南京文化金融服务中心入库企业超过 500 家，34 家企业提出融资需求，帮助 4 家企业对接成功，同时还获得国家文化部委托，开展文化金融课题调研，南京文化金融品牌将成为全国标杆。四是成立南京首支文化类天使基金。市文化集团联合紫金科创集团、夫子庙文旅集团、南京第二机床厂，成立初始规模 1 亿元的南京文创科技投资基金，这是南京第一只文化类天使投资基金，主要为处于初创期的文化企业和领军人才提供创业资金扶持。

5. 推进重点文化项目投资建设

一是加快推进大报恩寺遗址公园建设。2013 年，市文化集团按照"国家级、国际性、未来的文化遗产"的总体要求和"千年佛光、遗址奇观、报恩圣地"的特色定位，继续加快推进大报恩寺遗址公园项目建设工作，报恩新塔于 9 月 26 日封顶，北区博物馆封顶，黄泥塘地块拆迁完成 92%，雨花商业楼拆迁启动，晨光宾馆北部客房楼拆除，万达集团王健林先生第二笔 4 亿元捐款到位，全年累计投资 12 亿元。二是南京文创大厦项目正式签约。2013 年两岸企业家紫金山峰会期间，市文化集团与亚太文创协会正式签约，将在河西打

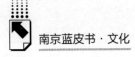

造标志性的文创大厦，作为文化产业集聚地和文化综合体。三是建设"南京演艺中心"。在市委、市政府支持下，市文化集团将选址建设南京演艺中心项目，打造一座功能完备、产业链完整、运营成熟的南京城市演艺综合体，通过市场化运营，以演艺中心的盈利弥补市属剧团的资金不足。四是打造文化旅游综合体。在太阳宫打造常态化旅游演艺节目，并打造成南京最大演艺 Mall。根据市政府会议纪要已成立"太阳谷文化发展公司"，目前正在加快内部剧场改造、项目策划和招商工作，争取 2014 年青奥会前有 1~2 台时尚娱乐节目上演，服务国内外游客，激活南京演艺市场。

B.15
南京出版传媒集团发展报告

南京出版传媒集团 *

摘 要：

2013 年是南京出版传媒集团成立后发展的元年。集团各项工作
有序展开，经营规模和经济效益不断扩大，社会效益显著提高。
2014 年，集团明确工作思路，在明确"双效"目标、夯实出版
主业、加快内部转型、探索多元发展、优化资源整合、储备人
才资源等方面积极做好工作部署。

关键词：

出版传媒集团 经济效益 社会效益

2013 年是南京出版传媒集团成立后发展的元年，事业草创，百业待兴。
一年来，在市委、市政府和市委宣传部及相关部门的正确领导和支持下，在集
团党委的正确部署和坚强领导下，在全体员工的共同努力下，集团在初创阶段
的各项工作得以有序展开，总体上实现了"过渡平稳，稳中有升，升中有变，
变中有新"。

一 2013 年经营发展状况

（一）经营规模和经济效益不断扩大

2013 年，集团实现总收入 6300 万元，同比增长 13.93%，超出全年增长

---

* 执笔人：王雪岩、樊立文。

11%的绩效考核指标 2.93 个百分点。共出版图书、音像制品 507 种,报纸 52 期,期刊(4 主刊,6 子刊,2 增刊)12 种 118 期。图书、音像制品总印数 492.8 万册(张),报纸总印数约 520 万份,期刊总印数 246.28 万册,生产总码洋 1.27 亿元。

全年完成投资共计 360 万元。成立了南京搜闻文化传播有限公司(含增资共 150 万元)、南京搜文期刊传媒有限公司(50 万元)和改制人员托管中心(5 万元)。南京广播电视报社投资成立了南京捷报文化传播有限公司(102 万元)。集团还对《好家长》杂志社(45 万元)、《明日风尚》编辑部(8 万元)和南京搜闻文化传播有限公司进行了增资。

(二)社会效益显著提高

2013 年,集团有 23 种(套)94 册图书、音像制品获省级以上各类出版物奖,28 件(次)新闻和评论稿件获市级以上新闻作品奖。其主要获奖类别及产品有:在江苏省首届新闻出版政府奖评选中,南京出版社荣获先进新闻出版单位奖。15 篇新闻作品分获全国城市广播电视报优稿评选一、二、三等奖;《研讨转型新路径 寻求发展新模式》等 7 篇新闻作品分获江苏省电视报刊新闻与专稿优稿评选一、二、三等奖;3 篇新闻作品荣获中国广播影视报刊协会优稿评选二等奖。南京出版社出版的《中国纪念馆故事》入选国家新闻出版广电总局"2013 年向全国青少年推荐百种优秀图书";南京音像出版社出版的《风范——老一辈革命家的故事》DVD 入选国家新闻出版广电总局"2013 年首届向全国青少年推荐 50 种优秀音像电子出版物"。南京出版社出版的《美德故事丛书》、《科学巨匠》丛书入选国家教育部"2013 中小学图书馆(室)推荐书目";南京音像出版社出版的《强身健体金处方》DVD 入选国家体育总局"2013 年首批全国新农村科学健身书库目录"。南京出版社出版的《和平学概论》等 6 种(套)15 册图书荣获第 27 届华东地区优秀哲学社会科学图书奖。南京出版社出版的《中国纪念馆故事》等 7 种(套)29 册图书荣获 2013 年中国版协全国城市出版社优秀图书奖;《天文爱好者新观测手册》荣获第 4 届江苏省优秀科普作品奖一等奖。

二　2013年主要工作举措

（一）排除困难，扫除障碍，加快基础建设

1. 积极推进集团组建后的各项基础性工作

2013年3月13日完成了集团工商注册登记。2013年5月10日建立了集团"改制人员托管中心"。经集团党委研究并报市纪委、宣传部、组织部同意，于12月正式成立了集团纪律检查委员会，同时筹建设立纪检监察室。经市总工会正式批复，2013年10月12日选举产生了集团第一届工会委员会。

2. 逐步完善建章立制工作

7月底，集团下发了《集团规章制度建设分解落实责任表》，初步梳理出需要修订完善的规章制度28项，此后根据实际需要，增加修订了规章制度27项，并将规章制度汇编成册。制度体系初步形成，为集团各项工作走向规范化、制度化、常态化奠定了基础。

3. 推进集团网络和信息化建设

集团门户网站经过半年的筹备，2013年7月12日已正式上线运行，并实现了与集团下属单位网站的链接。南京出版社"版易出版云ERP系统＋金蝶财务系统"经过一年多的开发，已从2014年1月1日开始正式启用，从而实现资源优化配置和高效利用，推进企业管理由传统经验型向现代科学型转变。

（二）形成品牌，集中发力，突出重点项目

1.《金陵全书》按计划有序出版

江苏省"十二五"重点图书项目、南京市重点文化工程《金陵全书》，三年来一直在有计划有步骤地向前推进。2013年4月16日，市委宣传部牵头组织召开了《金陵全书》100册出版通报会暨专家座谈会，各界人士对《金陵全书》给予了充分肯定。全书2013年已出版40册，到2014年初，已出版总册数达150册。

2. 入选国家、省"十二五"重点图书、音像制品项目进展顺利

南京出版社入选国家（2个）、省"十二五"（12个）重点图书选题规划

项目，已出版 7 种 40 册；正在编辑中的有 2 种 37 册。南京音像出版社入选国家"十二五"重点音像制品选题规划项目的《情系人民》DVD、2013 年度国家基金重点音像制品项目《百年中山舰》DVD 也已正式出版。

3.《南京广播电视报》向社区报转型发展有了实质性进展

经过两年多的探索，《南京广播电视报》的转型发展有了实质性进展。2013 年 4 月 26 日《社区新报》已正式开始试版，计划在更名后由每周 1 期逐步改为每周 2 期以上，目前已向国家行业主管部门正式提出更名申请，正在履行程序，等待批复。

（三）打造精品，服务地方，夯实出版主业

紧密围绕市委、市政府和市委宣传部的中心工作，让出版工作有力服务于地方党委、政府，服务南京文化建设，服务社会。如，配合市委宣传部组织的党的十八大精神学习活动，集团出版了《学习十八大南京八讲》；为纪念毛泽东主席"向雷锋同志学习"题词发表 50 周年，弘扬雷锋精神，配合社会主义核心价值体系建设出版工作，集团有计划、有组织地策划和编撰出版了《与雷锋同行：赵明才的雷锋人生》，该书的出版得到了中宣部和原国家新闻出版总署有关领导的肯定和通报表扬；配合亚青会的召开编辑（原创）出版了《亚青·青奥常用英语会话 100 句》，以及被作为亚青会南京城市形象宣传礼品的《南京成语故事》；配合南京城市形象宣传出版了大型双语外宣精品画册《美丽南京——山水城林》；配合学习型城市建设需要，在市委办公厅、宣传部的牵头组织下，及时编辑出版了《南京——创率先大业　建人文绿都读本》。

（四）拓宽渠道，捕捉机遇，扩大对外合作

南京出版社在与北京金色少年传媒文化有限公司、南京培生文化传播有限公司等民营公司合作的同时，2013 年又与南京博瑞杰文化传播有限公司、南京恩波教育集团等单位就合作事宜进行了论证、磋商，并签署了项目合作协议。南京广播电视报与江苏上医世家投资有限公司、南京贝杉国际贸易有限公司等单位的合作更加紧密，目前正在商谈新的合作内容和方式。

所属期刊在与原有联合办刊单位加强合作的同时，积极寻找新合作伙伴。

如《好家长》杂志在 2013 年 3 月与南京浩扬文化公司合作联办推出了《好家长·远方的家》新刊，12 月与南京顶盛文化发展有限公司合作推出一份教辅新刊。《青春》杂志社在与南京新与力文化传播有限公司合作出版《潮流志》二期旬刊的基础上，又新申请获准创办了《女生志》。另外，集团与江苏同曦集团合作办刊，出版《彩墨中国》杂志，在 2014 年 1 季度正式出刊。

（五）整合资源，创新模式，探索多元发展

1. 注册成立了南京搜闻文化传播有限公司

为整合集团内部印务资源，统一调配所需印刷纸张和拓展相关业务，2013 年 4 月注册成立了南京搜闻文化传播有限公司，5 月正式对外运营，截至 12 月底，8 个月的时间已完成销售收入 360 多万元。

2. 注册成立了南京搜文期刊传播有限公司

为加强对集团所有期刊资源的整合和管理，进一步规范出版程序，实行由集团期刊公司对所有期刊进行统一管理的运作模式，经集团党委研究并报经市委宣传部同意，于 2013 年 10 月正式注册成立了南京搜文期刊传播有限公司。

3. 筹备开设公益性书吧

在充分调研、论证的基础上，集团拟利用太平门街 53 号办公楼一楼开设一间公益性书吧，作为集团创造性推动主业发展、展示文化形象并进行对外交流的一个窗口。之所以选择"书吧"这种模式，是对政策导向、时代发展以及人们的文化审美、消费心理、阅读习惯等进行分析后创造性地提出来的，是经过再三思考、推敲和论证的结果。同时，作为南京市属的骨干文化企业，南京文化传媒集团也有责任把自身发展与推动南京城市文化大发展大繁荣结合起来，把推动全民阅读、营造"书香南京"与探索文化新业态、新模式结合起来，把展示自身形象与满足市民文化新需求结合起来。为此，集团计划打造新型文化综合服务平台——"金陵书苑"（书吧）。

（六）建立平台，展示形象，重视对外宣传

为充分展示集团对外形象，提升集团知名度和影响力，南京文化传媒集团在日常工作中十分重视加强自身的对外宣传、推介工作。集团总部专门设立了专

职宣传岗，并建立了集团信息网络，宣传工作取得了明显成效。2013 年，集团在中央、省、市各级媒体、简报上已刊发的反映自身建设和工作情况的宣传稿件有 310 多篇次。其中，中宣部出版局《出版动态》第 14 期刊发的《雷锋题材出版物创新内容形式受欢迎——南京出版社深入挖掘、策划出版〈与雷锋同行——赵明才的雷锋人生〉一书》、中央文明办《精神文明建设》第 33 期刊发的《小小社区艺术团，群众文化大舞台——南京广播电视报社区艺术团坚持开展群众文化活动》等 2 篇信息，是中央级简报对集团所做的相关工作的肯定和推荐。《编撰〈中国纪念馆故事——全国爱国主义教育基地巡礼〉用故事传播主流价值观》入选江苏省"强基固本　走进大众——推进马克思主义大众化创新案例"。另外，还将原由南京出版社创办的内部刊物《搜闻》提升到集团主办，成为集团对内学习交流、对外传播信息的一个专有平台。

（七）贴近群众，服务公益，坚持文化惠民

集团所属南京广播电视报于 2010 年 4 月组建的社区艺术团广泛开展"文化惠民社区行"活动，打造了永不停演的流动公益舞台，受到广大群众的欢迎和好评。目前已发展为一支规模达 1500 人的志愿服务团队，2013 年全年演出共 40 场。艺术团的文化惠民社区行活动被列入"南京市文化惠民百千万行动计划"。2013 年，艺术团被正式列为南京市"点燃梦想——2013 年百场公益演出广场行"指定演出团队，成为政府主导、由专业团队承担的"文化惠民"工程的有益补充。社区艺术团在丰富群众文化生活的同时，也推动报纸更加深入社区、贴近群众，扩大了覆盖面和影响力，做到了良性互动。中央文明办在 2013 年 9 月 25 日第 33 期《精神文明建设》简报中，以"小小社区艺术团，群众文化大舞台——南京广播电视报社区艺术团坚持开展群众文化活动"为题，做了专门介绍。集团下一步将对社区艺术团进行提档升级，并给予一定力度的扶持。

三　2014 年南京出版传媒工作思路

2014 年，集团总体工作思路是：把握正确的出版方向，坚持创新驱动、科学发展，整合出版资源，重组业务板块，形成发展合力。按照市场规律，积

极培育集图书、报纸、期刊、音像制品出版发行，电子出版与数字出版为一体的综合性新型国有市场主体。解放思想，创新思维，转变发展思路，面向市场，服务大众，做强出版主业，积极探索多元化发展途径。建立现代企业的管理模式，转变内部机制，创新经营运作方式，制定和实施人才战略，为集团的下一步发展打下良好的基础。

（一）明确"双效"目标，提升发展速度

在社会效益方面，集团坚持社会主义先进文化的前进方向，严格遵守党和国家制定的各项有关新闻出版方面的法律、法规和政策，牢牢把握正确的舆论导向；提升集团本版图书、报纸、期刊和音像制品的社会影响力，在国家、省、市和行业各种出版物评比中，获奖的图书、音像制品品种数量每年不少于20 种（册）、新闻作品优质稿件数量每年不少于 10 篇（次）。

在经济效益方面，力求主要经济指标不低于市政府确定的 10.5% 的增长幅度，集团确定的争取指标为 11%，2015 年集团经营总收入要冲刺亿元大关！

（二）抓牢重点项目，夯实出版主业

一是继续保持集团核心企业南京出版社的规模增长势头，有力带动集团经济规模的整体稳定和发展。在扩大生产规模的同时，进一步调整产品结构比例。进一步确立教辅图书与一般图书"双轮驱动"的结构格局。对于教辅图书坚持走"新联地"之路，在稳定存量、扩大增量的基础上，进行战略性调整，集中精力研发新的品种。对于一般图书坚持走"专精特"之路，以《金陵全书》和"国家公祭日"、"南京大屠杀"、抗战类系列重点选题的策划出版为两个抓手，落实国家、省、市专项重点图书和地方文化类精品图书的运作和出版，切实加大一般图书的出版比重。实行"全员策划、全员出版、全员营销"模式，力争使南京出版社全年出版图书的品种数量达到全国出版品种数的平均水平，一般图书的比重突破 50%。

二是南京音像出版社对列入国家、省"十二五"重点音像制品的出版任务要确保按时完成，并着手开展电子音像制品的出版准备工作。

（三）加快内部转型，实现提档升级

一是继续稳步推进《南京广播电视报》向社区报转型发展。与此同时，为配合和推进集团部分下属企业的彻底转企改制工作，集团计划以南京广播电视报社作为试点，进行组织机构和人员的深度改革。目前已向国家行业主管部门正式提出更名申请，正在履行程序，等待批复。

二是南京搜文期刊传媒有限公司的组建与各杂志社改革改制同步推向深入。成立期刊公司，旨在整合期刊出版资源，加强统一管理，并以此同步推进各杂志社的转企改制。2014年，期刊公司把制定统一的改革方案，搭建公司管理体系和探索经营模式作为工作的重点，争取年内公司发展上轨道。

（四）坚持文化惠民，探索多元发展

首先，为了立足公益，倡导阅读，为市民提供免费、舒适、方便的文化服务，集团决定成立金陵书苑分公司。利用太平门街53号办公楼一楼，开设一间集免费阅读、文化休闲与推广等公益性服务于一体的新型文化综合服务平台——金陵书苑（书吧）。书吧将向广大市民提供各类图书、杂志、报纸的免费阅读服务，还将举办各类文化讲座、沙龙、新书发布与读者交流等丰富多彩的文化活动；在条件成熟时，可考虑对该模式进行择址复制。同时，确定南京市首个全民阅读工作站在此正式挂牌。南京文化传媒集团有计划也有信心通过不断创新，将书吧打造成南京的一张新的文化名片，让金陵书苑成为文化南京的亮丽风景线。

其次，对"南京广播电视报社区艺术团"进行提档升级。社区艺术团作为省、市社区志愿服务指定服务团队，全年组织不少于20场惠民演出。同时在保持隶属关系不变的情况下，升格为南京出版传媒集团社区艺术团，下一步争取申请升格为南京市社区艺术团。

另外，结合企业经营特点和自身发展的实际情况，延展金陵书苑及南京广播电视报社区读者服务站（42家）的公益功能，逐步将其打造成为全民阅读的工作站和示范站，服务南京市民，提高市民的整体文化素养。

（五）扩大对外合作，优化资源整合

集团和下属各单位在巩固、深化既有的合作公司和合作项目的基础上，进一步开拓新的国有和民营合作单位及项目资源，努力寻求新的多元化发展路径。到 2015 年底，集团要与 10 家以上各类企业集团开展紧密合作。

南京搜闻文化传播有限公司进一步整合集团内部印务资源，统一调配所需印刷纸张和拓展相关业务，同时对外拓展印刷物资、文化用品等的经营范围和销量，2014 年销售收入要达到 1000 万元。

与此同时，加大对潜在投资项目的调研力度。集团曾先后对电子书包项目、南京广播电视报印刷厂项目、老年期刊项目以及成立出版物发行公司事宜等进行了调研论证，下一步要形成可行性研究报告，具备实施条件的要抓紧落实，实现项目调研及储备工作有序推进。

（六）完善组织结构，储备人才资源

一是完善集团中层干部和各下属单位新领导班子的选拔、配备，初步形成一个阶梯式年龄结构、以老带新的干部队伍。

二是根据集团本部岗位人员职数和发展需要，采取公开招聘的方式，选拔、引进符合集团发展需要的各种高层人才。

三是建立健全绩效考核机制，逐步形成以培养、评价、使用、激励为主要内容的人才措施和制度。建立和完善干部能上能下，员工能进能退的机制，确保让想干的人有机会，能干的人有平台，干成事的人有回报，引导全体员工"把矮板凳坐高，把短板凳坐长，把窄板凳坐宽，把冷板凳坐热"。

区域篇

Regional Reports

BLUE BOOK

B.16
抢抓机遇 谋发展——"文化鼓楼"
建设开启新篇章

中共鼓楼区委宣传部*

摘 要:

2013 年区划调整后,新鼓楼区立足"争创首善之区、建设幸福鼓楼"及"苏南现代化示范区建设"的目标要求,着眼于整合资源,融合推进文化产业聚合发展;着眼于文化引领,全面提升文化事业发展水平;着眼于统筹推进,双轮驱动文化鼓楼跨越发展,实现文化产业和文化事业繁荣发展新跨越。

关键词:

整合资源 文化引领 双轮驱动

2013 年区划调整后,新鼓楼区立足"争创首善之区、建设幸福鼓楼"及

---

* 执笔人:邵珊珊、夏志芳、黄姝。

"苏南现代化示范区建设"的目标要求,结合全区"七大功能板块"打造建设,瞄准新目标新任务,整合资源、融合推进,在新起点上实现文化产业和文化事业繁荣发展新跨越。

一 整合资源,融合推进文化产业聚合发展

鼓楼区作为南京市中心城区,具有丰富的文化、科教资源。区委、区政府历来高度重视文化创意产业发展,特别是 2013 年区划调整后,资源互融、优势叠加,文创产业迎来新一轮发展契机,取得显著成果。2013 年全区文化产业增加值占 GDP 比重预计达 8.2%。

(一)组织机制创新,强力保障工作推进力度

依据(鼓委发〔2012〕193 号)文件精神,鼓楼区文化创意产业发展服务办公室(以下简称区文创办)于 2013 年 1 月正式运行。区文创办为区政府专门机构,在全省同类城区中首次设立,下设综合管理科、项目推进科和企业服务科三个科室,承担全区文化创意产业的规划、协调、监督、服务、指导和管理等职责。组织机制的创新,有力保障了全区文创产业长足推进与加速发展。

(二)规划政策引领,有力增强文创产业发展内力

结合苏南现代化示范区目标任务,依托全区"七大功能板块"整体规划,鼓楼区组织修订了"1 + 7"文创发展政策体系。制定《鼓楼区推进全区文化创意产业发展的意见(征求意见稿)》,确立文创产业发展新目标、新格局。重点发展新媒体产业、数字出版产业、创意设计产业、文化休闲业、文化演艺业、文化艺术品服务、文化艺术培训七大产业;重点建设南京鼓楼文化创意园、南京鼓楼历史文化街区两大集聚区。在全面贯彻落实国家、省、市政策的同时,根据鼓楼区实际情况,研究制定了《鼓楼区文化产业发展专项引导资金管理办法》。

(三)资源优化配置,积极筹谋历史文化街区建设

根据市委市政府"空间重构、资源重组、品质重塑"的工作要求,认真

调研鼓楼区历史文化街区建设发展情况，研究制定了《鼓楼区历史文化街区建设发展实施意见（征求意见稿）》。鼓楼区历史文化街区，主要指中山北路（鼓楼至中山码头）两侧、北京西路两侧、石头城文化产业带、滨江历史文化带为主的历史建筑、文化遗产及自然人文景观所构成的遗存遗产风貌片区。按照产业定位的原则，形成"一轴两带多片区"分步骤阶梯式并行推进。到2020年，建成彰显南京吴文化、明文化、民国文化特质的历史文化街区，形成以文化创意产业为主导，文化休闲旅游产业为补充，总部经济繁荣，文化与科技并存，文化与商业融合，开发与保护并重的文化产业集聚区。

（四）力推项目建设，着力打造特色载体园区

按照"储备一批、规划一批、竣工一批"的原则，确定全区重点文化产业项目建设，全方位服务项目规划、项目立项、土地置换、后期招商等环节，协调相关部门力量积极为园区排忧解难。"艺术金陵"文化产业园、留学生文化创意产业孵化园于2013年底顺利开园，招商工作取得阶段性成绩。同时，鼓楼区"鼓楼文创园"、"英发比高微电影产业园"、"北京西路72号地块"、"石榴财智中心文化产业园二期建设"等重点文化创意产业项目正有序推进。

（五）贴心服务企业，积极搭建公共服务平台

定期走访区域内重点文创企业，切实了解企业需求。立足企业在资金、人才、市场等方面的需求，积极组织驻区企业参与省、市文化产业引导资金申报，共辅导申报优秀项目60个，获得资金140万元；建立"鼓楼区文创企业沙龙"QQ群，促进企业间交流合作，目前QQ群成员有130余人；启动"创意鼓楼"网站建设，网站开设"创意之窗"、"文创星河"、"需求发布"等特色栏目，将网站互动与日常交流相结合，线上宣传与线下推介相结合，着力在提升网站的公共服务平台功能上下功夫，受到企业的好评。

二 文化引领，全面提升文化事业发展水平

（一）以提高公共文化产品质量为抓手，不断提升公共文化服务水平

以为部门、基层和百姓服务为己任，着力在服务形式和服务质量上下功夫。图书馆实行全年365天无休息日免费开放服务，每周开放60个小时。文化馆定期组织业务骨干深入街道、社区，对文化干部和社区文艺团队进行面对面辅导，开办"鼓楼区社区艺术学校"，免费为社区培训各类文艺骨干1000名。积极组织开展文学艺术创作，推出了情景表演节目《中国节》、摄影作品《欢腾》等一批深受群众喜爱的获奖文艺创作精品。

（二）以展示"新鼓楼、新景象"为主题，积极开展群众文化活动

积极组织开展健康向上、丰富多彩的群众文化活动，让社区百姓切身感受到新区成立后鼓楼区文化事业的进步和发展。成功举办"新鼓楼新景象"——2013鼓楼区"五一"文化旅游活动周暨2013"南京妈祖庙会"、"幸福鼓楼"2013社区文化艺术节、"书香鼓楼"全民阅读节等系列活动。加强与国外和省、市、区内外文化组织和团体的合作与交流，成功举办了"2013南京·大田中韩书画交流展"，"2013幸福鼓楼国际爵士音乐周"活动。全年开展各类群众文化活动1511场，惠及群众100万人次，让鼓楼的百姓群众在自己家门口就能享受到丰盛的文化大餐，极大地满足辖区群众日益增长的多层次、多方面、多样化的文化需求。

（三）以迎亚洲青年运动会"百日安全行动"为契机，加大文化市场监管力度

全面分析梳理全区983家文化经营场所，结合迎亚洲青年运动会"百日安全大检查"活动，对市场安全管理情况进行全面大排查；结合文明指数测评工作的深入推进，积极开展打击非法卫星电视接收、出版物市场、娱乐场、校园周边等各类专项整治7次。加大对文化市场举报案件受理查处力度，重点

完善以"12345"为核心的举报监督体系。累计出动人员 3002 人次，检查各类文化经营场所 1095 家次，取缔无证经营摊点 16 家，收缴非法音像制品 2.3 万张，非法书报刊 1300 余册，拆除非法安装的地面卫星接收设施 7 个，查处办结案件 3 起，罚款合计 1.3 万元。有效地净化文化市场，营造文明健康、繁荣有序的文化环境。

（四）以加强文物安全工作为重点，有序开展文物保护与利用工作

为确保各级文物保护完好率100%，积极开展迎"亚洲青年运动会"百日安全文物集中整治专项行动。认真做好明城墙遗址防汛工作，先后完成颜鲁公祠修缮改造工程、静海寺议约场景门楼白蚁防治工作和三宿岩消险加固工程；指导产权单位完成金陵协和神学院大门改造和院内环境整治；督促指导鼓楼、苏联大使馆、高家酒馆、法国大使馆、谷正伦故居的修缮保护。深入开展历史文化资源挖掘工作，两区合并后，对历史文化资源进行全面梳理整合，完成了扬子饭店历史资源的挖掘工作。加强文博宣传工作，组织开展了"5·18 国际博物馆日"、"文化遗产日"广场宣传活动、"鼓楼文博之夏"夏令营活动。成立了全国首家小型博物馆协会，完成第一次全国可移动文物普查第一阶段工作。

三　统筹推进，双轮驱动文化鼓楼跨越发展

（一）营造政府、企业、市场"三力合一"良好发展环境

一是不断完善确立区文创产业发展规划、历史文化街区建设规划，推进落实文创产业"1+7"政策体系，在顶层设计层面规划引领到位，政策扶持到位。二是继续坚持市场化运作，充分整合并发挥区域文化资源和文化人才的集聚优势，以加快经济转型升级发展、推进苏南现代化示范区建设为主题，优化文化资源配置，精心打造文化创意产业园区。三是进一步完善全区文化创意产业工作组织架构和网络建设，推进区文化创意产业创投机制，通过政府引导、市场运作，激励区内文创企业发挥主体作用，在市场的推动下"自主增长"。

（二）搭建"资本＋人才＋载体"产业自生长发展体系

一是抓牢"资本"重要元素，引导设立鼓楼文化创意产业创业投资基金，鼓励和引导更多的社会资本参与文化创意产业投资建设，努力建立较为完善的资本投资体系。二是"育才"与"引才"双剑齐发，聚焦高端人才引进，吸引文化创意产业领军人才及项目入驻鼓楼发展。加强与高校、研究机构和企业的交流合作，充分利用驻区高校资源，拉动人才、培育人才，引导企业与南京大学、河海大学、南京工业大学、南京师范大学、南京财经大学、南京邮电大学等高校的人才合作，搭建"产学研"联动平台。三是强推重点项目载体建设。积极引进文化创意企业总部，形成总部经济集聚效应；深度挖掘大学老校区空间资源、充分利用改制后的企业闲置厂房，积极引导，打造特色文化创意产业园区。

（三）突出"金融活化、平台优化、多元支撑"等产业链重点节点建设

一是鼓励和引导更多的社会资本参与文化创意产业投资建设；通过担保制度创新，构建信贷市场和资本市场的桥梁，努力破解小微文化创意企业融资瓶颈问题；鼓励和引导企业面向资本市场融资，助推条件成熟的企业上市；加大优质小微企业扶持力度，综合用好产业专项资金、风投基金、孵化器等扶持工具，强化引导培育。二是重点建设公共性服务平台，进一步完善"创意鼓楼"网站，搭建信息共享、政策发布、企业交流等信息平台；推进艺术品拍卖行业集聚，以项目化运作搭建拍卖交易、收藏展示等文化艺术品市场运作平台；依托"留创园"搭建孵化加速、人才交流等功能平台。三是实施"文创精品"战略，加速推进"文化＋科技"融合发展，发挥"1＋1＞2"的叠加效应。精心打造鼓楼文创工作名片，以市场运作模式筹划并组织实施"创意鼓楼"主题活动，丰富鼓楼文创工作实质内涵。

（四）建立以双基工程为核心的现代公共文化服务体系

一是围绕基础文化设施建设和基本公共文化服务设置"两大工程"，统筹

区、街、社三级文化服务设施网络建设，充分用好已有文化设施，推广公共文化服务标准化，建设现代公共文化服务体系，进一步提高服务全区百姓的水平。二是全力打造全省一流区级文化艺术中心，积极指导街道争创省市示范文化站，依托特色场馆建设完善基层社区文化设施配置。三是广泛开展群众喜闻乐见、形式多样的文化活动，唱响幸福快乐的社区文化主旋律。确保全年组织各类群众文化活动不少于1500场。

（五）构建以市场监管为重点的现代文化市场体系

一是坚持"一手抓繁荣、一手抓监管"的工作方针，构建科学管理体系，加强巡查和管理，及时发展和消除隐患，确保文化市场的繁荣稳定、安全有序。二是加强市场日常巡查，积极开展各项专项集中整治行动，加大对违规违法经营场所的处罚力度，严厉打击各类违法经营现象。做好文明创建迎查工作，依据文明指数测评指标，重点抓好创建示范点的管理，建立高效整改落实机制。三是保障广播电视信号安全优质传送，确保青奥会等重大活动、会议期间广播电视安全播出。

（六）完善文化资源挖掘、文物保护利用工作机制

一是加强文化事业与文化产业、文化工作与旅游工作的融合推进，充分挖掘鼓楼区丰厚的历史文化资源，科学规划文物的保护利用及文化事业的发展。二是完善文物日常管理，加强文保员队伍建设，进一步加强对全区599处不可移动文物的执法巡查，做好文物古建筑消防安全、城墙防汛工作，确保各级文物保护完好率100％。三是全面开展全国可移动文物普查工作，充分发挥小型博物馆协会作用，举办文博宣传教育义务进机关、进社区、进校园、进单位、进景区、进工地等"六进"活动，提高全社会对文化遗产保护利用的认识和参与度。

全面推进文化强区　开创
玄武文化繁荣新局面

中共玄武区委宣传部 *

摘　要：

2013 年，玄武区大力实施创新玄武、文化玄武、品质玄武、绿色玄武、幸福玄武"五个玄武"发展战略，深度挖掘历史文化资源，着力打造历史文化街区，积极推进文化产业和文化事业发展。一是建立健全机制，完善政策规划，不断增强文化产业发展的科学决策力；二是培育重点项目，壮大骨干企业，不断增强文化产业发展的综合硬实力；三是引进培养人才，坚持创新发展，不断增强文化产业发展的重要助推力；四是以文化服务惠民生，以文化服务塑形象，不断推进文化事业繁荣发展。

关键词：

创新玄武　文化玄武　品质玄武　绿色玄武　幸福玄武

近年来，玄武区依托境内独特的山水城林风貌和丰厚的历史人文禀赋、发达的科教人文资源，在精心保护历史风貌和传统空间肌理的同时，大力实施创新玄武、文化玄武、品质玄武、绿色玄武、幸福玄武"五个玄武"发展战略，深度挖掘历史文化资源，着力打造历史文化街区，积极推进文化产业和文化事业，2013 年全区文化产业增加值占 GDP 的比重达 13.28%，连续 4 年领跑全市。

---

* 执笔人：陈乙华、高洁、夏星草。

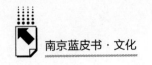

一 建立健全机制，完善政策规划，不断增强文化产业发展的科学决策力

发展文化产业对转变经济发展方式、增强城市核心竞争力具有重要意义，是城区破解资源环境约束，发挥自身独特优势，开辟科学发展新局面的突破口。

（一）强化组织领导，凝心聚力

成立了由区委书记、区长任组长，区委副书记和宣传部长任副组长，23个部门主要负责同志为组员的全区促进文化产业发展领导小组；出台了《关于深入实施文化玄武战略，加快建设文化强区的意见》、《关于加快文化产业发展的实施意见》等有关文化建设的"1+5"系列文件。2013年召开了全区促进文化产业发展领导小组工作会，起草了区文化及相关产业发展绩效考核工作实施办法，加强了文化建设目标管理中对文化产业工作的考核，优化了考核内容、细化了考核标准，有效推动了文化产业目标任务的落实。

（二）强化产业调研，明晰方向

根据玄武文化资源的特点，以创意为核心，探索"文化+科技"、"文化+旅游"的发展方向。促进文化与科技有机联姻，利用玄武区数字技术、互联网、软件等科技产业的优势与传统文化产业融合，推动文化生产方式、营销方式、传播方式的创新，让文化插上科技的翅膀，提高文化产品和服务的科技含量。推动文化与旅游深度融合，充分利用玄武现有的历史文化资源，完善环中山陵、玄武湖、明城墙文化休闲旅游配套设施，对长江路、钟岚里、百子亭、江宁织造府等历史文化街区保护性开发利用，推动文化旅游产业发展壮大。

（三）强化发展平台，营造环境

利用徐庄全国版权示范基地版权保护平台，搭建了集宣传、推广、服务、管理为一体的版权管理服务网络，积极与银行、风投、担保公司合作，推出版权质押融资、集合票据（信托）等产品；以国家知识产权培训（江苏）基地徐庄分中心为支撑，建立了知识产权评价机制和保护体系，以江苏长三角技术交易市场为平台，建立了无形资产评估体系和交易平台，为企业提供专利代理、知识产权流转、知识产权人才培训等多种服务。结合《南京市文化产业投融资体系建设计划》的下发，充分用好南京市文化金融服务平台，建立玄武区文创企业资源库，帮助企业解决融资难题。

二　培育重点项目，壮大骨干企业，不断增强文化产业发展的综合硬实力

发展文化产业是提升区域经济品质的内源性力量。带动重点项目，有利于发挥优质文化资源和文化企业向园区聚集的作用。

（一）突出项目引领，以优秀项目推动文化产业发展

项目是文化产业发展的重要支撑，决定着文化产业发展的潜力、质量和后劲。2013 年以来，玄武区根据玄武科技产业发达和传统文化元素丰富的资源特点，以创意为核心，探索"文化＋科技"、"文化＋旅游"的发展方向，分批次打造重点文化园区和项目。实现对现有载体的整合、打造和提档升级，其中包括：整合历史文化资源打造环总统府中央文化区，构建集六朝文化、民国文化、现代文化于一体，融合文化企业总部、文化艺术品收藏与交易、创意设计和金融服务等功能高度集中的文化综合体；放大"民国古都、休闲玄武"的品牌优势，策划打造百子亭最民国记忆文化商业街区；进一步做优徐庄国家版权示范基地，加强基地内涵建设，加快软件研发、互联网信息服务、新媒体、数字技术企业的集聚；借助创意中央文化园、江苏文化产业园二次招商的契机，对园区提档升级，将其打造成为创意型、文化型企业的孵化器和产业集聚区。未来 2～3 年将规划打造新街口高端文化艺术 Mall、红山艺术中心、王家湾文化产业园等重点项目，与一批高端专业园区运营团队合作，科学规划、参与建设和精准定位，着力打造全服务型 3.0 版本的文化产业园区。2013 年，全区 25 个项目共获得省、市文化产业发展专项资金 2410 万元。

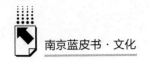

（二）培育市场主体，以骨干企业带动文化产业发展

文化企业是文化产业发展的基础，决定着文化产业发展的整体水平。强化省、市属文化龙头企业在助推玄武文化产业争先进位中的关键地位，在全区 2384 家文化企业（其中涉及信息服务、动漫游戏、创意设计、现代传媒、艺术品、艺术培训、文化休闲娱乐等 8 个产业）中梳理了 100 多家文化骨干企业，明确重点关注与扶持的文化企业梯队；发挥南京水木动画设计有限公司、南京水晶石数字科技有限公司等一批文化骨干企业的示范、辐射和带动作用，形成产业链条贯通、项目集中发包分包的集群发展方式，聚合发展。在 2013 年首届南京市文化产业"金梧桐奖"评选中，玄武区共有南京市文化投资控股集团有限责任公司、南京垠坤投资实业有限公司、南京途牛科技有限公司、南京水晶石数字科技有限公司、南京德乐科技股份有限公司、南京名城文化发展有限公司、南京市金陵文化科技小额贷款有限公司、南京华泽广告传媒有限公司、江苏大唐灵狮广告有限公司等 9 家企业获奖，数量居全市第一。

（三）助推产业集聚，以特色园区引领文化产业发展

产业园区是推动文化产业集聚集群集约发展、形成规模效应的重要载体。着力打造长江路历史文化休闲旅游产业、徐庄—紫金（玄武）特区现代科技文化产业、中央公园核心配套产业、沿明城墙创意休闲文化产业和环东南大学文化创意设计产业 5 个集聚区，充分发挥它们对文化创新的先导性、产业升级的引领性和集约发展的示范性作用，扩大玄武文化产业的影响力和辐射力。提档徐庄数字文化产业园，加快软件研发、互联网信息服务、新媒体、数字技术企业的集聚；提升创意中央文化园，将创意中央文化园打造成为创意型、文化型企业的孵化器和产业集聚区。整合历史资源，构建集六朝文化、民国文化、现代文化于一体，融合文化企业总部、文化艺术品收藏与交易、创意设计和金融服务等功能高度集中的环总统府文化综合体。截至 2013 年底，全区共有市级以上文化园区 4 家，分别是：徐庄国家版权示范基地（国家级）、1912 街区（省级）、南京数码动漫创业园（省级）、创意中央文化园（市级）。

三　引进培养人才，坚持创新发展，不断增强文化产业发展的重要助推力

发展文化产业对社会发展具有方向性的引导作用，高端人才的引领，有利于文化产品和要素向高端流动，形成品牌效应。

（一）强化招才引智，积蓄增长潜力

注重建立人才培养选拔和奖励制度，2013年举办的玄武区321文化人才大赛为全市首创。大力引进通晓国际通行规则和熟悉现代管理的高级文化产业人才，仅2013年，全区共引进了杨骏等领军型文化人才8名，获评非遗传承人32名；充分发挥经济利益和社会荣誉双重激励作用，努力创造让各类人才充分施展才干的良好环境；多层次、多角度地大力宣传文化创新创业人才的典型事迹，通过舆论推介，营造文化人才宝贵、从事文化工作光荣的良好社会氛围。

（二）突破资金瓶颈，打通融资路径

利用南京文化金融中心平台，帮助12家企业积极争取银行基准利率贷款。采用战略联盟的形式，成立了注册资金2亿元的南京市金陵文化科技小额贷款有限公司，并以其为纽带，引进、整合一批高水平的专业策划运营机构，使其成为文化企业发展壮大的助推器。支持江苏亚奥科技有限公司、江苏幸福蓝海传媒有限责任公司、江苏好享购物有限公司、南京德乐科技有限公司等一批产业带动力强、有一定知名度的文化企业上市或进入上市辅导期，提升玄武区文化企业的影响力。

（三）塑造文化品牌，提升发展软实力

文化品牌是文化进入高级发展阶段的表达形式，是文化的精神价值与经济价值的双重凝聚。徐庄数字文化产业园105家企业中，已集聚科技文化类企业91家，"科技＋文化"已经成为徐庄文化产业的核心品牌，同时逐步打造出集"创、研、销"于一体的文化科技产业链，较好地解决了文化科技产业创新与

创意、开发与研发及市场营销等从源头到末端市场的一系列问题。"金陵竹刻"作为非遗特色品牌项目，在有效保护传统技艺的基础上，不断开发新技术、新工艺、新产品，加快了传统工艺与创意设计、现代科技以及时代元素融合，提高了产品的附加值。1912 街区经过多年的打造，已与中山陵、玄武湖一样成为南京文化旅游的符号。

四 以文化服务惠民生，以文化服务塑形象，不断推进文化事业繁荣发展

2013 年玄武区积极发展文化事业，通过文化惠民，让百姓生活更精彩。

（一）扩大公共文化服务体系覆盖面

积极构建"都市十分钟文化圈"，提前完成了每万人拥有 420 平方米的文化场馆的指标任务。区少儿图书馆通过了文化部一级馆验收，第五次获得国家一级馆称号。红山街道省级公共文化服务示范街道、孝陵卫街道南京市示范文化站创建目标全部完成，58 个社区全部建成"文化信息共享工程"基层网点，文化服务实现全覆盖。

（二）扩大文化活动品牌的影响力

启动了"玄武文化行"主题文化惠民活动，2013 年全区共举办各类文化活动 1132 场次、送图书近 2000 册，免费放映电影近 500 场，形成周周有演出，月月有活动。先后举办了"四进社区、三下乡"、第十七届"玄武之春"、第十届长江路文化艺术节——声乐、戏剧票友大赛等大型广场文艺汇演，开展了第十一届"文博之夏"系列活动，第七届玄武摄影论坛、"美丽玄武"摄影作品展、"百汇园"杯玄武区美术书法作品大赛暨优秀作品展，"梦圆钟山情"民乐专场音乐会等系列活动。

（三）加大团队培育促进文艺创作

加强与南师大音乐学院、"钟山民乐团"、玄武中专艺校、姊妹艺术团、

九洲残疾人艺术团、小天鹅、小百灵、蔚洲工作室等文艺团体的合作，创作出了少儿舞蹈《我们一起过家家》、《亲亲小羊》等一批深受群众喜爱的文艺作品。其中少儿京剧《贵妃醉酒》荣获全国少儿京剧大赛银奖；《天女散花》、《贵妃醉酒》荣获江苏省第五届戏曲票友大赛优秀"新苗奖"；舞蹈《我们一起过家家》、《莲花童子》，情景剧《喜迎青奥》分别荣获第六届江苏省少儿艺术节大赛金、银、铜奖。

（四）文化市场管理成绩斐然

完成443家文化经营场所文化经营许可的审核换证工作，全年共完成34个许可备案项目，举办各类法规教育、安全生产培训、行业会议30余期，培训2000余人次。围绕全国"两会"等重点时期组织开展扫黄打非"清源"、"净网"、"秋风"等专项行动。对200多家印刷、复制、出版物批发、销售等单位进行拉网式检查。重点清理了中山陵景区内非法销售摊点，共取缔游商、非法摊点16处，收缴非法出版物制品80余册。加大对辖区内在册境内外卫星接收单位、户外大屏等单位的执法检查，共拆除7面私自安装的"小耳朵"，收缴非法销售的"网络共享"设备及产品30余件。加强网吧管理，全年共组织网吧专项整治3次近百余天，处理网吧类举报、督办案件4起，警告3家，整改4家，处罚4家。运用"净网先锋"技术，加强对网吧"在线率"和上网内容的监管，监控数据连续两年保持全市首位，网吧类案件举报率全市最低。注重执法人员技能培训，进一步提高业务能力，在南京市文化市场行政执法"大练兵、大比武"技能大赛中，总分名列第一。

B.18

放大优势 释放活力 不断增强新秦淮
文化产业发展核心竞争力

中共秦淮区委宣传部 *

摘 要:

> 2013 年，新秦淮围绕全市区划调整的重大机遇和"空间重构、资源重组、品质重塑"的新要求，立足两区文化经济的"双核"叠加优势，加快推进文化产业发展功能格局的整体谋划，不断增强文化产业核心竞争力；建立新机制，不断增强文化产业工作推进合力；打造新品牌，全面提升公共文化服务水平，各项工作成效显著。

关键词:

> 新秦淮 重塑格局 重塑品质

2013 年，新秦淮围绕全市区划调整的重大机遇和"空间重构、资源重组、品质重塑"的新要求，立足两区文化经济的"双核"叠加优势，加快推进文化产业发展功能格局的整体谋划，不断增强文化产业核心竞争力，全面提升公共文化服务水平，各项工作成效明显。2013 年，全区文化产业增加值占 GDP 比重达 8.6%，超出市目标 0.8 个百分点，文化及相关产业收入在 300 亿元以上，新增规模企业 47 家，新增亿元以上企业 10 家。

---

* 执笔人：张望、张佳年、李路娣。

一　确立新格局，文化产业核心竞争力不断增强

（一）产业发展格局重点明确

按照新秦淮"三中心、一高地"的战略定位要求，立足资源禀赋优势，由区文化改革发展领导小组办公室牵头，对全区文化产业发展格局整体谋划、重新定位，重点对夫子庙老城南7.29平方千米区域进行规划安排。制定《文化休闲旅游中心建设实施意见》，提出历史文化遗存保护、文化产业实力提升和旅游业转型升级三大重点任务，并按照错位发展、高效经营的原则，确立重点文化产业园区、文化街区功能定位、主要业态、发展目标。集中精力、集中政策、集中资源推进老城南区域建设，积极创建江苏省首家国家级文化产业示范园区。目前，南京秦淮特色文化产业园已被评为2013年度省级文化产业示范园，为南京市首家也是唯一一家省级文化产业示范园，并作为全市唯一项目入选文化部2014年度全国特色文化产业重点项目，老城南区域的文化产业集聚优势和辐射效应进一步放大。以德高集团、汇特广告、汉恩动画、首屏科技等重点企业为带动，加快推进新街口现代传媒、白下高新园数字文化等重点产业集聚发展。

（二）"七个一批"项目建设成效显著

科举博物馆、门东街区、国创园等12个市"七个一批"文化产业重点项目推进完成率达91.7%，在全市排名第一。其中，科举博物馆主体工程建设进展顺利，成功举办第十届科举制与科举学国际学术研讨会，科举文化研究基地挂牌落户；门东历史文化街区9月底正式开放，"一院两馆"、北京德云社等一批品牌项目集聚，成为南京文化旅游新地标。11月11日，2013年中国工艺大师作品创新拓展国际论坛在街区成功举办，150位来自全国各地的工艺美术大师参加了这次论坛。

（三）重点园区整体品质不断提升

成立1865园区管委会，加快推进1865园区业态更新，清理置换5000平

方米优质载体，引进摩尔猫猫、流海视频等新兴企业，推动业态在更高水平上集聚；打造 1865 工业旅游特色线路，指导 1865 园区成功申报省重点文化产业园、省文化产业示范基地、江苏省科技企业孵化器，园区企业永银钱币被认定为 2013 年南京市著名商标。国创园 9 月底正式开园，引进了洛可可、兴华设计、浪潮科技等一批品牌企业，进驻了 30 个 "321" 人才项目，南京创意设计中心项目建设完成了方案设计和运营模式论证，园区的研发设计主题效应初步显现。白下高新园云计算创新基地建设，创洽会期间成功举办了由国家工信部参加的云计算 "新秦淮模式" 高峰论坛，园区文化企业南京紫光云信息科技有限公司率先开发出全国首台云计算机——"紫云 1000"。梳理筛选创意东八区置换企业名单并制定工作方案，推动园区资源提效。

二 建立新机制，文化产业工作推进合力不断增强

（一）工作推进机制有力有效

充分借鉴原两区推进机制的有效做法、成功经验，制定下发现代化指标推进、文化发展绩效考核、文化产业统计调查、企业人才服务等四项工作机制，明确职能部门、街道园区的主要任务目标，有效整合和统筹了重点部门、街道和园区的工作职能。细化分解全区文化产业主要指标、重点任务，先后组织召开全区性推进大会 3 场，专项会议 17 场，联合纪委共同督查推进，工作推进的针对性、实效性进一步强化。

（二）统计监测机制及时跟进

建立了文化产业统计监测机制，集中 2 个月时间，对新区文化产业主要园区、重点企业进行了调研走访，开展了覆盖新区的文化产业统计调查，增补 400 余家企业进入名录库。加强对南京报业、南京广电等重点企业的日常统计数据核算和动态监测，及时指导企业做好网上数据填报，通过挖掘，规模以上文化企业全年净增文化产业增加值近 10 亿元。分别在 1865、创意东八区集中举办了两场文化产业园区统计培训会，专门建立 QQ 群指导企业网上填报数据。

（三）为企业服务机制不断完善

集中区域资源、部门力量、社会平台等，为企业发展、人才项目等提供投融资、产权交易、宣传推进等方面的服务，为重点企业和人才发展提供多方面的支撑。2013 年，为品润文化、合谷科技、凡德文化、文旅集团等 25 个项目成功申报省市文化产业引导资金、专项资金 1960 万元；动员 65 家企业进入全市文创资源库，为江苏凡德、永银文化等 9 家企业申报融资贷款近亿元。为江苏联著等 4 名人才申报项目经费 24 万元。组织 14 家文化企业参加市人才专场招聘会，达成用工意向 206 人。组织"五个一批"和"青年文化人才"分别参加了上海和北京的专题培训班。推荐 18 家文化企业参加市第一届"金梧桐"奖评选，13 家企业成功入选。

三　打造新品牌，公共文化服务能力不断增强

（一）公共文化服务水平全面提升

加强公共文化设施建设。在第五次全国公共图书馆评估定级中，区图书馆顺利通过国家一级馆评估定级，完成原白下文化馆搬迁。新建文化信息资源共享工程社区基层服务点 27 个，社区场所、设置、设备等前期准备工作正常推进。大光路街道、双塘街道市级示范文化站创建推进有序，积极做好市、区、街、社区四级图书馆（室）通借通还的"一卡通"建设。截至 2013 年底，全区每万人拥有公共文化设施面积达 623 平方米。打造群众文化活动品牌。创新推出"文化惠民直通车"活动品牌，"第六届和谐大戏园"、"金陵五月风"南京文学艺术节、"石头、剪子、布"民间艺术大师精品艺术展等大型活动；先后组织百场公益演出广场行、第 27 届江苏秦淮灯会摄影大赛暨 2013 年秦淮灯彩创意设计竞赛、"小凤凰"民乐团成立仪式暨秦淮区"金陵五月风"民乐专场音乐会、"古琴艺术·金陵派"的艺术家古琴音乐会、"跃动金陵风、水墨秦淮韵'百花争春'"书画作品联展、"拥亚青盛会，赏大美朝天宫"等群众性文化活动，全年共计开展各类文化活动 2000 余场（次）。塑造特色文化

亮点。在门东历史文化街区成功举办第 27 届江苏秦淮灯会系列活动；推出全新《夜泊秦淮——乌衣巷口夕阳斜》白鹭洲水上实景演出，对原《夜泊秦淮》节目进行重新策划、再创作，使节目更具观赏性、艺术性，全年共演出 160 余场。推进文艺团队建设。区文联成立作家协会、音乐家协会、书法美术协会等 8 个协会，广泛吸纳社会各界文艺工作者加入区文联各协会，25 个区部门和街道 96 名有文艺特长或爱好的机关干部积极报名参加。研究制定文化精品创作生产规划，精心策划"重大题材作品"和"重点创作作品"的生产机制。组织各协会会员开展书法、美术、摄影、文艺等方面创作，创作各类文学艺术作品近 700 件，获市级以上奖项近 400 件，其中，国家 8 件、省 150 件、市 242 件。

（二）历史文化遗存保护力度加大

制定长期规划。结合本区实际，组织专家研讨，初步制定五个国家级项目（2013—2022）中长期保护规划（其中《秦淮灯会》项目是 2012—2021 年），并于 11 月经省文化厅组织专家论证会后形成最终的保护规划。启动编印《秦淮区重大建设项目中文物保护、地下考古和民国建筑保护利用服务手册》；开展非遗申报。成功申报第二批市级非遗代表性传承人 21 名、第四批省级代表性传承人 5 名，组织新一批区级传承人 43 人；金陵大报恩寺遗址、金陵兵工厂旧址、七桥瓮、金陵刻经处、朝天宫五处省级文保单位晋升为国家级文保单位。创新工作机制。与区检察院联合举办历史文化保护论坛，探索建立全区文物保护工作新机制。积极做好区域内重点工程项目建设中的文物保护与开发利用的协调，配合召开中航科技城文物保护专家评审会；积极推进全国第一次可移动文物普查。完成原白下可移动文物（构件）搬移和省级以上文物保护单位数据录入；加大对朝天宫、太平天国壁画馆、午朝门等历史遗存的保护力度，组织文物巡查 276 家次，552 人次。与相关部门联合查处棋峰试馆违法改建等案件，实现了区域文物立案执法零的突破。加大宣传展示。积极参加省非物质文化遗产技艺展，举办了非遗动态表演以及"我来扎花灯"比赛；与中国彩灯专业委员会、台湾花灯国际发展协会和荣获过"灯彩之乡"称号的城市在门东历史文化街区联合举办全国灯彩联展等活动；结合民族传统节日、

"5·18 国际博物馆日"、"文化遗产日"、"南京文博之夏"等节庆时机，举办以文化遗产保护为主题的专场宣传活动。

（三）文化市场健康有序发展

完成行政许可 38 件，演出 2 件。出动执法人员 5334 人次，检查各类文化经营场所 2608 家次，网吧 1779 家次、歌舞娱乐场所 225 家次、游戏厅 328 家次、印刷企业 469 家次、出版物市场 237 家次、音像经营单位 107 家次。收缴非法出版物 6793 本（册）、非法音像制品 9490 张（盘），其中色情淫秽光盘 490 张。取缔地摊游商 18 家，收缴非法安装使用的卫星电视接收设施 69 座。行政处罚 36 件，罚款 150900 元。受理举报 14 件，受理"12345"工单 21 件。对全区 120 家印刷企业和 90 家"三印"企业实施年度审核登记工作，同时办理了外区迁入 2 家，本区内 5 家变更事项；对全区 162 家书报刊亭（摊点）、出版物（包括图书、音像、电子出版物等）零售经销商 100 家进行核查摸底并换发新版《出版物经营许可证》，签订了《出版物守法经营责任书》；变更 7 家歌舞娱乐场所和 2 家游艺娱乐场所的法定代表人和名称，新设立出版物零售经营单位 12 家和"三印"企业 3 家。完成文化市场行政审批大检查，对照文化行政审批 6 项、初审 4 项、备案 3 项权限，认真梳理从 2010～2012 年的文化行政审批、初审和备案情况，分类造册，查找存在的问题，装订卷宗备查，查询网上运行情况，确保权力阳光运行。进行实地抽查和访谈。组织参加全市文化综合执法岗位大练兵活动。

B.19

加快产业集聚　打造文化强区
推动建邺文化大发展大繁荣

中共建邺区委宣传部*

摘　要：
2013 年，建邺区紧紧围绕现代化国际性城市新中心的发展定位，以"迎青奥、办亚青"为重大契机，狠抓项目推进，着力提升文化产业发展规模品质；搭建服务平台，着力优化文化产业发展环境；依托重大活动，着力营造文化产业快速集聚氛围；加快人才引进，着力强化文化产业发展人才支撑；坚持文化惠民，着力打造区域特色文化品牌，推动文化大发展大繁荣。

关键词：
项目推动　搭建平台　依托活动　引进人才　文化惠民

2013 年，建邺区紧紧围绕现代化国际性城市新中心的发展定位，以"迎青奥、办亚青"为重大契机，认真贯彻落实党的十八大精神，充分发挥牵头引领作用，整合各方资源，创新发展举措，助推全区文化产业实现跨越发展。2013 年全区文化产业实现增加值占全区 GDP 的比重达 10.1%，文化产业逐渐成为推动区域经济发展的重要支点与着力点。

一　狠抓项目推进，着力提升文化产业发展规模品质

做优发展理念，坚持重点带动，着力完善市文化产业"七个一批"重大

---

* 执笔人：汤志平、张洁。

项目跟踪服务机制，全力推进重点文化产业工程项目建设，努力打造品质较高、规模适度、特色明显、效益突出的文化产业集群和文化园区。加快推进南京国家广告产业园、中国（南京）游戏谷、南京（建邺）数字文化产业公共技术服务平台等重点文化项目建设。2013年，南京国家广告产业园新引进南京永达户外传媒、江苏传视影视、江苏凤凰广告、江苏光正文化等33家广告创意企业，实现广告营业收入约35亿元，全年广告创意产业累计完成税收约6000万元。中国（南京）游戏谷引进23家游戏企业，实现营业收入约5.5亿元，全年游戏动漫产业累计税收约1700万元。数字文化产业公共技术服务平台推进加速，成立了平台理事会、专家咨询委员会，并由南京新城科技园建设发展有限责任公司出资3000万元，成立了南京新城数字平台管理有限责任公司，发布了运营团队招聘书、载体装修招标书、设备方案招标书。在软博会、海峡两岸知识产权研讨会、上海chinajoy、常州动漫节上积极宣传推介"南京游戏谷"和南京数字文化公共技术服务平台，为平台后期运营奠定基础。

二　搭建服务平台，着力优化文化产业发展环境

通过环境优化和体制建设来扶持和培育市场主体，进一步强化文化产业发展的各类服务平台支撑。一是对重点文化企业和发展前景较好的中小文化企业进行资金扶持。2013年年初完成了2012年度全区文化产业引导资金申报及评审工作，确定资助区内11家文化企业，资金落实到位。启动2013年度区文化产业引导资金申报工作，着重扶持特色鲜明、成长性好的中小型文化企业，鼓励引导初创型文化企业发展壮大。二是做好省、市文化产业专项资金申报组织工作，会同区相关部门和园区积极发动并为企业做好政策解答、申报指导和沟通协调等服务工作。建邺区2家文化企业获得省文化产业引导资金共130万元，4家文化企业获得市文化产业专项资金共610万元。三是加强文化与科技融合，举办奇思汇（南京）创业节，吸引大量优秀科技文化创业团队和创业项目，为投资双方提供良好的交流平台。举办全球创客马拉松南京站活动，通过创意产品开发、展示和评比，鼓励科技文化初创企业成长。组织企业参加文

化科技融合创业家沙龙，为文化科技企业创造学习、交流、项目推荐与成果展示的机会与平台。此外，实施全区文化产业名录库建设及维护工作，系统梳理全区文化企业状况，初步建立完善了全区文化产业名录库。

三 依托重大活动，着力营造文化产业快速集聚氛围

积极筹划并组织开展重大文化产业节会活动。一是成功举办 2013 年第七届中国广告趋势论坛暨第四届中国经典传播虎啸大奖颁奖盛典。虎啸奖作为中国传媒广告领域占据重要地位的综合性奖项，对加速建邺广告产业集聚，打造在全国有较大影响力的广告创意产业中心产生了积极的影响。二是成功举办"第一届中国移动游戏创意峰会暨中国应用游戏大赛"。围绕打造"中国（南京）游戏谷"，建邺区专题向文化部汇报了发展游戏产业的战略构想和举办中国应用类游戏大赛的方案，得到了文化部的充分肯定和大力支持。2013 年 1月，大赛成果发布暨创意峰会成功举办，"中国（南京）游戏谷"现场揭牌，进一步扩大了区域对知名游戏企业的吸引力，有利于集聚国内外优秀游戏行业企业及人才资源。三是借助市文化科技融合专场项目推介暨签约仪式、市文化产业专家委员会成立暨文化产业发展高层论坛、深圳文博会、"软博会"等活动，加强重点项目宣传推介与引进力度。

四 加快人才引进，着力强化文化产业发展人才支撑

全面对接市"321 人才"工作，采取自主引才、委托引才、招商引才等方式，积极整合各类人才引进平台，2013 年共引进"321"文化人才 5 名，一批高质量文化人才创业项目陆续落地入驻。同时，依据《建邺区人才工作指南》、《"建邺国际英才"实施办法》、《建邺区加快科技创新与人才引进的意见》等文件，对动漫游戏、广告文化创意等领域的人才给予优厚的政策扶持。区文化产业专项扶持资金将"文化创意特色人才的引进和培养"作为文化产业资金资助的一项重要范围，并明确了具体的奖励标准与措施。组织重点文化企业负责人、"五个一批"文化人才、青年文化人才等参加省、市宣传文化系

统各项培训，组织申报各类文化人才项目扶持资金。通过加大文化人才引进与培育，着力增强文化产业发展人才支撑，不断增强企业发展内生能力。

五　坚持文化惠民，着力打造区域特色文化品牌

结合"迎亚青、盼青奥"节庆活动等主题，精心策划"精彩365　快乐每一天"活动，全年共组织演出活动600余场。围绕"宜居幸福圈"建设目标，着力打造"十分钟文化生活圈"。2013年，建邺区每万人拥有公共文化设施面积达900平方米，每万人拥有文化机构数增幅超过5%。完成社区文化信息资源共享工程基层服务网点100%覆盖，区图书馆在第五次全国公共图书馆评估定级中通过了国家一级馆评定，文化惠民取得实效。实施文化精品工程，邀请省市20多位艺术家来建邺区开展创作采风活动，创作出一批有质量的文艺作品。组织全区原创作品调演，激发各界创作热情并为文艺作品提供丰富的展演舞台。在2013年第六届江苏省少儿艺术节比赛中，获得1个金奖、2个银奖。

2013年，建邺区尽管文化产业和文化事业发展取得了一定成绩，但任务仍然很重。2014年，建邺区将以筹办青奥会为契机，进一步加大工作协调推进力度，促进全区文化建设实现新的突破。

一是扶持重点文化创意产业加快发展。把文化创意产业作为支柱产业来发展。以功能园区为核心，以国家广告产业园、中国（南京）游戏谷为重点，加强规划引导，优化产业布局，推动集聚发展，联动相关产业，重点扶持广告创意、游戏动漫、会展业、设计产业等若干优势行业，重点推动影视制作播放、演出娱乐、文化旅游等产业升级，精心打造上下游文化产品相互带动、共同发展的文化创意产业链，迅速提升文化产业竞争力。

二是放大重大文化产业项目带动效应。以市文化产业重大项目"七个一批"为重点，进一步完善重大项目推进机制，完善重大文化产业项目储备、培育和扶持机制，全力推进重点文化产业工程项目建设。通过推动大项目引领带动企业大发展，着力培育发展龙头骨干文化企业，推动文化资源有效整合，倾力打造一批有实力、有活力、有竞争力、有影响力的文化企业和企业集团，进一步提升文化产业发展活力与品质。

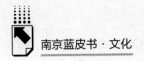

三是发挥文化产业人才引领作用。加快文化领军人才集聚，围绕全区经济社会发展重大战略，深入推进落实"321"人才计划，以主导产业为引领，重点培育和引进各类文化产业人才，形成链式效应，加快培养造就一批具有较强创新能力的文化科技领军人物，推动动漫游戏、数字出版等新兴产业的发展。

四是提升文化惠民活动质量水平。以举办"青奥会"为契机，进一步实施好"精彩365快乐每一天"品牌活动，每月开展一个主题文化活动，全年开展各类活动不少于365场。利用区文联创作资源优势，创作一批紧扣青奥主题、具有建邺特色、群众喜闻乐见的文艺作品。加大对群众文化团队的组建、培育、扶持力度，加强团队的管理和整合。创新街道文化站长、社区文化辅导员队伍管理机制，通过下基层培训、专项短期培训等方式，培育锻炼一批专（兼）职辅导员，充实壮大基层文化人才队伍。

B.20
让雨花的文化味道越香越浓
——雨花台区 2013 年文化发展报告

中共雨花台区委宣传部 *

摘　要：

　　2013 年，雨花台区实施"文化强区"战略，稳步推进文化事业的大繁荣和文化产业的大发展。一是雨花文化特色愈加彰显，体现为雨花文化标志工程全面启动，首届"群众文化艺术展演月"激情上演等。二是雨花文化服务愈加务实，体现为有线电视启动高清互动"云媒体二代"业务、区图书馆成功创建国家一级馆等。三是雨花文化创意产业加速发展，体现为推动文化产业发展的工作机制进一步健全，重点园区、重点项目建设加速推进等。

关键词：

　　文化特色　文化事业　文化产业　发展

　　2013 年，全区深入贯彻落实党的十八大精神，坚持以科学发展观为指导，实施"文化强区"战略，加强社会主义核心价值体系建设，丰富人民精神文化生活，持续提升文化建设对全区经济社会发展的贡献率。加快各类文化设施和文化机构建设，不断扩大文化惠民的受益面；着力提高文化服务供给，积极扩大文化消费；强化重大项目引进和推进，发掘雨花文化传承，打造具有雨花特点的品牌文化载体、文化企业和文化产品；稳步推进文化事业的大繁荣和文化产业的大发展，为建设"文化雨花"打下坚实基础。

＊　执笔人：谢山、徐青。

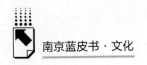

一　雨花文化特色彰显

（一）雨花文化标志工程全面启动

出版发行的"雨花文化系列丛书"之一——《雨花历史文献》，激发雨花人的文化自豪感，通过对弥足珍贵的雨花历史文化充分、系统地挖掘，让碎金零玉般冷藏在古籍文献中的雨花历史文化集大成式地重放光芒，为历史文化资源的保护、开发提供了全面、准确的史料依据。书籍的编辑，对"文化标志"工程起到了助益作用，一批蕴涵历史故事、人文信息的老地名和区保、区控的文保资源借此被挖掘出来，铁心桥、花神庙、毛家巷等70多个老地名呈现在雨花市民面前。

（二）首届"群众文化艺术展演月"激情上演

让群众做主要演员，让群众文化登上殿堂——展演月集中开展了涵盖舞台演出、广场演出、书画摄影、电影放映、读书征文五个门类26场活动。以"放歌雨花、放飞幸福"社区之歌大家唱开幕——全市首创，汇聚群贤，挑选11个文化氛围浓厚的社区试点创作，历时一年精心打磨、修改成型，组织各社区合唱团排练演唱、录音，刻录唱片，部分社区之歌还被改编成广场舞曲，深受群众喜爱；以"我们的生活充满阳光"汇报演出闭幕，精选了展演月中的优秀节目在闭幕式上集中展示，其中音乐、舞蹈、诗歌、绘画受到热捧。展演月活动期间，各街道、园区一方面组织开展板桥广场文化展、丁墙社区艺术节、尹西邻里文化节等活动；另一方面以贴海报、建QQ群等广泛动员社区居民参与和展示；据不完全统计，全程有400多名专业演员、6000多名群众演员参加演出，其中年龄最长的93岁、最小的8岁。整个十月，雨花居民用自己的方式演绎自己的幸福。此外，街道开展的美好雨花艺术节、幸福板桥大家乐、铁心社区文艺队伍精品节目汇演、金色梅山艺术节、莲花湖纳凉晚会、西善民歌传承研讨会等扎根社区的活动深受群众欢迎。

（三）《雨花·娇点好味道》成全市区级台首档美食专题

该栏目于 2012 年 11 月 8 日开办，每周一期，每档 7 分钟。栏目风格轻松有趣，主要通过主厨介绍、菜品展示、主持品尝等几个环节，将雨花餐饮企业特色菜品的"型"、"色"、"香"、"味"等呈献给观众，目前已播出 43 期，在观众中反响热烈，好评如潮。2013 年，市文广新局邀请省市业内专家，专题为该栏目举办了专家评议会，并在《广播电视节目评议》2013 年第 15 期上头条刊登题为《短小精悍、贴近草根》的评论文章。专家认为，栏目体现了服务中心工作与服务百姓的有机结合，有效推荐了本地美食和本地商业。该栏目小巧玲珑、风格清新、定位明确、贴近草根、样式活泼、风趣自然，现场感较强，在提高雨花美食及餐饮企业知名度的同时，也展示出美丽幸福新雨花的良好形象。

（四）雨花文化名人闯出新天地

全区出台《群众文化星级示范团队扶持奖励办法》及《优秀文艺作品创作奖励办法》，打造雨花老百姓认可的特色文化团队和培育雨花自己的文化名人。李凤群《大江边》获省"五个一"工程奖；西善桥街道居民时万发在第八届全国残疾人艺术汇演中获得器乐类三等奖。2013 年 9 月，雨花区西善桥居民时万发、于东波在南京市 520 剧场举办"横笛弄秋月"专场音乐会，这也是区级单位首次为普通的居民实现明星梦想；10 月在北京中国现代文学馆举办雨花区青年作家李凤群长篇小说《颤抖》的作品研讨会，这一做法得到中国作家协会、人民文学杂志社、上海文艺出版社的充分肯定。

二 雨花文化服务务实

（一）有线电视启动高清互动"云媒体二代"业务

完成雨花、赛虹桥片区 5.6 万户互动信号全覆盖；西善、铁心、板桥 3 个街道启动了置换工作，西善桥完成了互动机房建设、信号接入和岱山保障房小区的线路改造；铁心桥完成了互动机房建设和试点小区的改造。开展"确保收看不间断"活动，进一步方便广大用户，成立高清互动电视置换小分队，利用节假日、傍晚开展整转活动 20 余次，共新增互动光节点 681 个，置换7489 台。实现了"移动营业厅"进小区，与 20 多家银行联网，实现银行卡的现场代扣、代缴费业务功能，惠及用户 3.5 万户；并为用户免费提供新机顶盒，将承诺安装工期由 5 个工作日缩短为 3 个工作日。

（二）区图书馆成功创建国家一级馆

开通网上图书馆，对馆藏雨花文史类纸质文献进行信息化录入，完成全文检索数据库；在全市率先完成区、街、社三级 20 多万册馆藏图书条形码制作，到目前为止也是全市唯一的。为贴近大板桥地区的读者需要，板桥新城积极创造条件，在新林社区挤出 75 平方米空间，设立金陵图书馆为雨花区第一个分馆，2013 年 1 月 31 日正式开馆，目前藏有图书 7000 册，全年借阅 6000 册次；梅山街道由主要领导负责协调矿业公司腾出 1000 平方米独栋房子，用于建市级示范街道文化站，并建成区图书馆梅山分馆，于 2013 年 10 月底正式开馆。

（三）紧贴牛首山北坡及板桥市场群项目 做好文保服务

2013 年 5 月联合市博物馆经过三个多月走遍牛首山北侧 15 座山头、6 个村落，面积达 90 万平方米，发现文物点 22 处，撰写《牛首山雨花片区古代遗存考古调查报告》，为下一步雨花区规划、开发打下了良好基础。9 月为板桥市场群项目第一时间协调市考古工作组专家进场勘探地块，出具初探报告，最大限度争取减免考古费用。目前考古勘探面积 20 万平方米，发掘古墓葬 38座，出土文物 120 件。2013 年考古勘探工地 18 个，发掘面积 128 万平方米，发掘古墓葬 55 座，出土了青铜六面印、化石四面印、石门楣、青瓷盘口壶、青瓷碗、陶俑等珍贵文物 150 多件。

（四）认真耐心 圆满完成亚青保障任务

亚青会前，做好接待酒店的培训及方案制定，组织英语和前厅服务技能比赛；开展百日环境专项整治，与区内 16 家旅行社、星级宾馆、景区、亚青接待酒店签订安全质量责任书。会中，由分管 2 位副局长担任区域酒店经理，各带领一名科长 24 小时驻点中兴和泰、戴斯国际 13 天，协调 14 个部门和街道所有的对外对内事务，无差错完成了国内技术官员的接待任务，受到南京市旅游委的充分肯定。

三 雨花文化创意产业加速发展

（一）进一步健全推动文化产业发展的工作机制

全区制定文化产业发展绩效考核制度，将文化项目引进、行动计划落实、政策执行情况等作为评价各街道（园区）、职能部门工作实绩的重要内容，纳入年度差异化考核体系，做到了月有通报、季有点评、半年有总结。区文化产业办积极调整工作职能，在工作推进上，抓统筹，确保市现代化考评体系目标顺利完成；抓协调，内联外引争取各方资源助推产业发展；抓特色，引导培育文化与科技跨界融合的高成长性企业及园区。制定出台 2013 年文化产业主要经济指标考核办法，对文化产业增加值、文化产业名录库新增数量等重要指标进行了分解和考核。继续维护好文化企业名录库，建立区级文化企业资源库，初步梳理出 55 家重点文化企业，为文化企业后续跟踪服务打好基础。

（二）紧紧抓住重点园区、重点项目建设

江苏国家数字出版基地（南京园区）作为市、区重点项目和园区，一直是雨花区关注和服务的主要对象之一。2013 年数字基地园区新建成占地 1000 多平方米的数字文化社区，可提供数字互动娱乐、数字图书馆、协同办公（视频会议、互动论坛）等服务，现已投入运营。数字大厦的内部装修工程已基本完成，目前正在洽谈物业。招商工作进展顺利，广州创显、通付信息等一批线上文化企业初步达成合作意向，在谈项目已占数字大厦可出租面积的50%。数字大厦外部环境改造设计方案基本完成。园区 26 条主次道路改造提升及周边企业外立面出新即将启动。公共服务配套项目也在加速引进，数字基

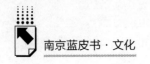

地园区已洽谈十几家餐饮公司、快捷酒店，园区内部"微循环公交"体系已初步成形，可根据园区企业入驻情况配备交通班车。

（三）不断强化服务企业、服务发展的能力

区委、区政府出台《关于进一步加快软件及信息服务业发展的政策意见（试行）》，提出了"区级财政每年安排 1 亿元专项资金"等 27 条优惠扶持政策，意见中明确提出数字出版企业可参照执行。区财政设立 1000 万元的文化产业专项资金。区委、区政府还特别重视对知识产权的保护和文化人才的培养，首创全国第一个区级知识产权法庭，知识产权保护的系统服务全国领先；引进领军型科技创业人才 81 人（其中文化创意人才 13 名），培养科技创业家 15 人，集聚"国家千人计划"专家 9 人，自主培养"国家千人计划"创业类人才 2 人，另有多名文化人才入选南京市"五个一批"文化经营管理人才、专业技术人才和青年文化人才。2013 年全年预计完成文化产业销售收入 60 亿元、文化产业增加值 12.84 亿元。为辖区文化企业争取市级以上专项资金、扶持资金累计达 1183 万元，同时为"五个一批"专业技术人才和青年文化人才争取了 10 万元资助。9 月，区委、区政府与软件谷联合策划组织了文化创意产业精品沙龙，为文化企业交流合作搭建平台。

（四）打造雨花文化创意产业新亮点

雨花作为南京中国软件名城的核心区和标志区，在发展文化产业时坚定走"文化＋科技"的道路，鼓励文化企业提高科技含量，引导科技企业向文化跨界，积极聚焦数字出版和网络文化服务两大板块，帮助企业做品牌、做特色。江苏华博实业集团有限公司，由科技向文化跨界发展，4 年多时间其产值就"从零到亿"，其自主开发的 10 多款产品，服务全球数亿用户。其中中华万年历，装机用户超过 6000 万，成为全球第一日历、时间管理应用。随手优惠，是业内排名第一的淘宝网第三方 App，月交易额超过 2000 万元。卖家助理，淘宝网唯一卖家管理 app，超过 200 万卖家用户；艾迪亚数字影画有限公司，代表南京游戏和影视制作的国际水平，2013 营业收入将达到 1000 万美元；江苏华博创意产业有限公司从事城市设计在华东地区享有盛誉，其作品多次在全

国获得金奖；安讯科技（南京）有限公司从事大数据处理，多项专利技术全行业领先。此外，雨花区委、区政府还挖掘推出了凤凰优阅、中数媒介、青牛信息等潜力企业，协助企业找准定位，打响品牌，争取省市相关部门支持企业做大做强。2013 年，雨花成功申报了江苏省文化科技产业园 1 家（全省共 18家），首批江苏省重点文化产业园 1 家（全省共 22 家），首批江苏省重点文化科技企业 1 家（全市共 9 家）。2013 年年底，由市文化产业协会主办的南京首届"金梧桐"奖揭晓，评出了南京"民营文化企业 10 强"和"文化创意企业10 佳"，雨花区分别有 1 家企业入选。全年文化产业增加值占 GDP 比重继续保持高速增长，预计将提高到 4.7%。

B.21
栖霞区文化工作发展报告

中共栖霞区委宣传部 *

摘　要：

2013 年，栖霞区大力实施文化引领战略，不断丰富人民精神文化生活，包括以文化民生服务为主题，大力加强基层文化阵地建设；强化"文化为民、文化惠民、免费开放、服务群众"的服务理念，丰富和活跃社区群众文化生活；成功举办了第三届中国南京栖霞山文化节等。文化产业发展成绩显著，初步形成了以新型显示产业为核心，以紫东创意园、南京大学科学园、金箔产业园为重要载体，以出版发行、文化旅游、创意设计、印刷复制为支撑的集聚集群发展新格局。

关键词：

文化引领　服务群众　集群集聚

2013 年，栖霞区文化建设工作坚持以邓小平理论、"三个代表"重要思想和科学发展观为指导，深入学习贯彻党的十八大、十八届三中全会和习近平总书记一系列重要讲话精神，大力实施文化引领战略，不断丰富人民精神文化生活，不断解放和发展文化生产力，有力推动了全区文化大发展大繁荣，为全面建设现代化美丽栖霞提供坚强有力的思想引领、舆论推动、精神激励和文化支撑。

---

* 执笔人：陈华、罗正斌。

一 以科学发展观统领全区文化事业，着力提高公共文化服务水平

栖霞区文化事业围绕建设文化强区目标，大力实施"文化引领"战略，坚持以科学发展观统领全区文化事业，扎实推动社会主义文化大发展大繁荣，圆满完成了各项工作目标和任务。

（一）公共文化基础设施

以文化民生服务为主题，大力加强基层文化阵地建设。全年开展各类演出、培训、讲座、辅导等文化活动 1000 余场，送电影进村（社区）450 场，送图书到基层 4000 册，组织基层文化培训服务指导 400 余人次，文化惠民小分队到基层送演出 20 场。创建八卦洲街道为市级示范文化站，龙潭街道长江村、马群街道宁康苑社区、仙林街道仙林新村社区等 10 个社区（村）为市级文化活动室示范点。每万人拥有公共文化设施面积达 599 平方米。面积达 1.2 万平方米的区文化艺术中心预计 2014 年上半年投入使用。

区图书馆推进"一卡通"服务建设，实现市、区、街、村（社区）四级图书馆（室）通借通还的"一卡通"服务，提升了区图书馆网络数字化服务水平。进一步推动农家书屋建设，根据农民读者需求，做好送书下乡的配送工作。全年为七家农家书屋更新了出版物，共配送图书 1385 册、杂志 86 册、音像制品 20 套。全区共有四星级农家书屋 3 家、三星级农家书屋 1 家，共有农家书屋 30 家，申报创建四星级农家书屋 2 家，并通过省级验收。

（二）群众文化活动

强化"文化为民、文化惠民、免费开放、服务群众"的服务理念，丰富和活跃社区群众文化生活。建立 64 个基层群众文化活动辅导点，开展公益演出进社区（村）活动。每月派专业文艺骨干进行 1~2 次辅导，提升基层文艺骨干和群众艺术水平。区文化旅游局组织书画家赴马群、龙潭、八卦洲义写春联近千副。精心策划、组织第十四届"金秋栖霞"艺术节的各项文化系列活

动。各街道还举办文化节9场次，近万余人次参与。协助区残联做好栖霞区第二十三次全国助残日活动；协助区团委做好"迎青奥——栖霞区小主播"选拔赛；协助马群街道策划"发扬龙马精神、共建美好家园"2013年马群文化月群众文化项目大赛、组织栖霞区庆祝建军86周年文艺演出、石埠桥村中秋晚会等各类文化活动20余场。开展未成年人、老年学校、外来务工人员、业余文艺骨干等各类文化艺术培训服务指导400余人次。由区文化馆选送的京剧《英台抗婚》、越剧《谍海情缘、一丝情缘盼知音》、黄梅戏《十五的月亮》、京剧《诗文会》参加南京市第二届戏曲票友大赛并分获一等奖、二等奖和三等奖。

区文化馆在2013年各类比赛和省市重大文化活动中屡获殊荣。男声独唱《江南永远故乡》、《永远的栖霞》、《望秋月》获得南京市文艺创作调演创作奖。相声《夫妻日记》获得江苏省第十届"五星工程"奖铜奖。区文化馆创作的《惠民欢乐颂》，包含了舞蹈、声乐、器乐、曲艺等多种表现形式，获得南京市文化馆业务干部技能展演团体二等奖。邀请市群众艺术馆、南京理工大学的专家、教授，举办"公共文化服务社区实践"、"非物质文化遗产与群众文化"、"摄影基本技巧漫谈"等公益讲座。

2013年通过送文艺下基层、民族舞推广周等活动，以歌舞、戏曲的文艺形式走进社区（村）、农民工子弟学校、部队军营，区文化部门共为群众演出20场，观众达3万人次。尤其是亚青会运动员村栖霞专场文艺演出期间，栖霞区还专门在演出现场周边设置了帐篷体验区，主要有风筝制作、泥塑、书画表演、金陵折扇、剪纸、金箔切割、葫芦烫画等多项内容，民间艺人向来自世界各国的运动健儿们展示中国传统文化，并耐心地教有兴趣的运动员和参观者参与制作，充分展示了栖霞文化内涵。

（三）大型文化活动

成功举办（9月22日至11月30日）了第三届中国南京栖霞山文化节，文化节延续上届"上善栖霞，秋风禅韵"主题，突出勤俭办节和注重实效的原则，其间，开展了首届栖霞区青年创业大赛、移动互联网产业论坛、文化创意集市、世界音乐节、仙林大学生文化艺术节、"美丽栖霞"摄影书画大赛等一系列旅游、文化、经贸、体育活动。其中经贸活动的数量和规模达到历史新高，21 个总投资额约为 238 亿元的项目签约落地，为全区转型发展，率先在江苏省建成苏南现代化建设示范区注入更强动力。

同时，栖霞区还举办了中国南京第十三届"金秋栖霞"艺术节开幕式暨"美丽燕子矶，同演绎共精彩"主题活动。历时两个月的中国南京第十三届"金秋栖霞"艺术节以"文化的盛会，群众的节日"为主题，其间，集中举办了 50 多场文艺活动，让社区群众能在家门口欣赏到精彩的演出。

（四）艺术创作生产

艺术创作活跃，举办了众多的文艺创作比赛，有主题征文、诗歌、散文、歌曲创作、舞蹈创编、曲艺、小品、楹联等，并邀请有关专家学者举办各种创作、表演培训班。栖霞区文化馆创作编排的广场文艺类节目《欢乐鼓娃》、《来自家长会的报道》同时参加 2013 年第六届江苏省少儿艺术节比赛而分别获得金奖、银奖。11 月上旬栖霞区 120 人的代表队参加南京市的社区舞蹈大赛并获金奖 1 件，银奖两件，区文化馆获优秀组织奖。通过组织文艺活动，开展文明诗歌征集，参加"金陵五月风"第七届南京文学艺术节，并走进栖霞摄影书画作品展，特邀麦家、苏童、刘醒龙、周梅森等 20 位全国知名作家代表来栖霞采风，评选 2013 年栖霞区十大文化创作精品等活动，促进栖霞区文艺的繁荣和发展。一批文艺作品在国家、省、市报刊发表、出版、获奖；栖霞区两人入选"市青年文化人才"；区文联编印会刊《栖霞山》文艺杂志 4 期。

（五）文物与非物质文化遗产保护

开展全国第一次可移动文物普查工作，第一阶段工作已全部完成。将第三次全国不可移动文物普查中的 20 处新发现文物申请公布为第二批区级文保单位，4 处新发现文物申请公布为不可移动文物。这是自 1983 年栖霞区公布第一批文物保护单位以来，30 年后，区政府又公布的一批文物保护单位。

积极推进栖霞寺环境整治及局部修缮工作，完成明征君碑碑亭和江总碑碑亭重建工作。非遗传承成效显著，成功申报南京金线金箔总厂为第一批省级非遗生产性保护示范基地；成功申报栖霞区 2 名非遗艺人为第四批省级非遗传承人，7 位非遗艺人为第二批南京市非遗传承人；编写国家级非遗项目南京金箔锻制技艺的中长期规划编制提纲；正式启动栖霞区第一批非遗传承人申报工作。

对国家和省、市级文物巡查 90 余家次，完成栖霞区 19 处省保以上文物单位的信息管理系统录入工作。全区现有地面文物保护和地下文物上报率均达 100％。重点对萧暎墓神道石刻进行抢救性保护。完成对千佛崖石窟及大小佛龛的普查工作，并协助出版《佛光——南京栖霞山千佛崖瞻礼》一书。

（六）文化市场与新闻出版日常监管

以促进文化市场繁荣发展为目的，加强文化执法队伍建设，不断优化文化市场结构，认真抓好文化市场与新闻出版日常监管工作。依法设立的各类文化经营场所共 420 家，其中，网吧 136 家，歌舞娱乐场所 24 家，游戏艺室 21 家，音像制品经营场所 43 家，书报刊经营场所 55 家，印刷制品经营场所 125 家，电影放映场所 2 家，地面卫星接收设施单位 14 家。

由区文化旅游局牵头组织公安、工商等部门，开展文化市场日常监管，取得阶段性成效。全年开展非法卫星地面接收设施专项整治，共拆除非法安装和使用的"小耳朵"638 个，配合工商部门取缔非法销售点 15 个；与 168 家场所逐一签订相关责任状；推进城市综合管理文化类场所标准化。确定 30 家网吧和 10 家游艺娱乐场所为标准化示范点；对地下的非法出版物进行了明察暗访，首次立案查处一起侵犯著作权案及破坏文物案。区文化旅游局被国家版权局授予查处侵权盗版有功单位，并荣立三等功；栖霞区被省"扫黄打非"办授予 2013 年全省"扫黄打非"先进区，被省广电局授予 2013 年全省"无小耳朵"先进区。

（七）广播电视发展

将发展广电事业作为重点民生工作，以数字网络覆盖为目标，推进体制改革，继续加快、完善网络整合、企业管理、优质服务促进全区广电事业发展。全年共完成 32 个小区的数字电视整转，新发展有线电视用户 12200 户，整转数字电视用户 65700 户，置换 70200 户，截至 2013 年底，全区投入 1.2 亿元，加速推进有线电视数字化工作，数字化率达 81%，创历史新高。

二 大力实施文化引领战略，积极推动文化产业快速发展

文化产业发展成绩显著，初步形成了以新型显示产业为核心，以紫东创意园、南京大学科学园、金箔产业园为重要载体，以出版发行、文化旅游、创意设计、印刷复制为支撑的集聚集群发展新格局。文化产业发展呈现导向更加鲜明、支撑更加有力、机制更加完善、成效更加显著的良好发展态势。

（一）文化产业发展在全区经济发展中呈现亮点

1. 体量规模迅速扩大

南京市统计局统计数据显示，栖霞区文化产业增加值由 2011 年的 35.8 亿元跃升至 2012 年的 57.64 亿元，文化产业增加值占 GDP 比重也由 2011 年的 6.8% 跃升至 9.21%。2013 年文化产业增加值达 65 亿元，占 GDP 的比重为 9.7%。

2. 载体建设稳步推进

紫东国际创意园被省科技厅等单位命名为首批"江苏省文化科技产业园"，并经重新考核认定，入选首批 8 家"南京市文化产业园"。9 月，成立"中国（南京）工业设计谷"，重点围绕产品设计、环境设计、传播设计和设计管理，打造绿色设计瑰谷园、国际绿色设计园、未来新媒体设计园、紫东国际规划设计园。金箔产业园年内完成黄金珠宝交易中心、金箔展示中心建筑的桩基工程，预计 2014 年年底建成、投运。南京大学科学园文化产业园 1～4 号楼 4.1 万平方米已经封顶，正通过中国出版总署的政策支持推进"中国游戏数码港项目"。《栖霞山风景区总体规划》向社会公众公示，成立栖霞山文化休闲旅游度假区管委会，整合栖霞山及其周边资源，全力打造文化休闲旅游度假区和文化创意产业集聚区。全区已基本建成一批定位明晰、载体优良、配套完备、具有较好发展前景和较强竞争力的文化产业园区（基地）。

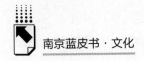
3. 产业体系逐渐清晰

在发展层级上，形成了以南京经济技术开发区新型显示产业为核心，以错位发展的各文化产业园区为载体，以各有侧重的各街道产业定位为特色支持的多层次发展体系。在产业类别上，形成了以装备制造业、出版发行业、文化旅游业、工艺美术业、印刷复制业、创意设计业6大行业为主，动漫游戏业、演艺娱乐业、教育培训业3大行业为辅的发展格局。

（二）文化产业在全区创优发展中实现突破

1. 进一步健全体制机制

在2012年成立由区委书记、区长挂帅、四套班子分管领导与各职能部门及各功能园区主要领导共同参与的文化产业改革发展领导小组的基础上，栖霞区进一步明确各成员单位的职能，及时召开文化产业改革发展领导小组联席会议，细致谋划部署文化产业阶段性工作任务，明晰文化产业的组织领导机制、扶持引导机制、考核奖惩机制，切实解决文化产业发展过程中遇到的问题和困难。

2. 进一步摸清产业底数

根据国家统计局《文化及相关产业分类（2012）》标准，全面梳理辖区文化及相关产业，开展"全区文化及相关产业名录库"建设工作。截至2013年底，栖霞区（含南京经济技术开发区）共有文化及相关产业单位1034家，占全区企业总数的10.9%。同时，从文化及相关产业名录库中的企业筛查出达到一定规模以上的文化产业单位200家，在此基础上，建立区级重点文化企业库。

3. 进一步强化人才支撑

全面对接市"321人才"工作，实施文化高端人才引进计划。积极整合各类人才引进平台，采取自主引才、委托引才、招商引才等方式，开展高层次文化人才推介会等品牌活动。邀请以厉无畏为首的南京市文化产业专家团考察调研紫东国际创意园，为园区的发展出谋划策。邀请上海社会科学院文化产业研究中心花建主任兼任栖霞区文化产业发展工作专家，并就文化产业发展模式等内容做专题报告会，进一步提升全区领导干部对文化产业的认识。南京文化艺术产权交易所有限公司总裁周军入选南京市宣传文化系统第三批"五个一批"人才，其"中国文化产品交易模式创新研究项目"获得南京市首批文化人才项目资助 4 万元。南京财经大学新闻学院周根红老师、南京师范大学音乐学院沈阳老师入选南京市宣传文化系统首批青年文化人才。

（三）文化产业在全区创新发展中形成特色

1. 在特色发展上出实招

秉持做大、做强、做优发展理念，坚持重点带动，全力推进重点文化产业工程项目建设。按照"策划一批、签约一批、开工一批、竣工一批、落地一批、产出一批、做优一批"的发展原则，筹划、论证、筛选出 20 个 2013 年区级重点文化产业项目，明确了每个项目的推进时序和责任主体，定期督查落实推进。其中，12 个项目入选南京市"七个一批"重点文化项目，在各区中数量最多。

2. 在文化科技融合上出真招

借助南京市申报第二批全国文化和科技融合示范基地的契机，积极推进新兴产业核心技术的研发应用，围绕 3D 打印、云计算、新型显示、现代广告、新一代移动互联网等关键技术，加强重点研发、自主研发。承办由亚洲制造业协会、中国 3D 打印技术产业联盟主办的中国 3D 打印技术与产业发展研讨会，与中国 3D 打印技术产业联盟签订战略合作协议，共同推进 3D 打印技术的研发、工业创意、设计等。中电熊猫液晶显示科技有限公司、江苏可一文化产业集团股份有限公司 2 家企业被评为首批"江苏省重点文化科技企业"。2012 年底在南京开发区落户的中科院上海光机所南京先进激光技术研究院，已成功孵化激光企业 10 家。其中，中科煜宸激光技术有限公司 2013 年销售收入突破 5000 万元，10 家企业研发的激光电视、虹膜支付、虹膜安保等技术取得突破性进展。通过先进科技的支撑，得以不断提升表现方式、制作手段、传播方式、产品形态的发展水平，培育新兴业态，促进结构优化，进一步提升产业层次。

3. 在服务企业上出新招

积极组织符合条件的文化企业参加省市文化产业发展资金项目申报，扶持重点骨干、特色鲜明、成长性好的各类文化企业发展壮大。2013 年，春雨教

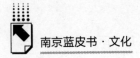

育集团"云霓"数字出版交互应用平台、"南京文化艺术产权交易中心"等5个项目获得省、市文化产业引导资金补贴320万元。在服务和推动企业争取中央、省、市各级扶持政策的基础上，积极创新思路，打通文化企业融资路径，设立每年1000万元栖霞区文化产业发展专项资金，专项扶持"区重点文化企业资源库"中的成长性及市场前景好的各类文化企业。2013年上半年，经书记办公会研究，已先期从区文化产业发展专项资金中拨出400万元用于扶持可一集团，帮助企业做大做强，推动可一集团上市。2013年年底，有12个资助和奖励项目获得区级文化产业发展专项资金。

突出产业引领　营造品牌效应
努力推进文化建设战略

中共江宁区委宣传部 *

摘　要：

2013 年，江宁区注重挖掘区域优势资源，文化产业不断壮大：
一是加大载体建设力度，发挥集聚效应；二是加大引导扶持力
度，优化发展环境；三是把握关键环节，强化业务支撑。注重
深化文化惠民服务，文化事业繁荣发展：一是构建公共服务体
系，保障文化服务；二是丰富群众文化活动，提升惠民水平；
三是文艺创作成果丰硕，艺术精品涌现；四是坚持保护利用并
举，遗产保护不断创新。注重完善机制保障，为产业发展提供
动力：一是抓好文化产业扶持政策落实和管理；二是创新文化
产业园区（基地）建设；三是建立文化产业创新支撑平台。

关键词：

挖掘资源　文化惠民　保障创新

2013 年，江宁区着眼于推进落实文化强区建设战略，积极打造特色文化
品牌，加快发展文化产业，注重挖掘、传承和利用现有的文化资源，坚持文化
与科技、金融、旅游相融合，一手抓传统产业升级发展，一手抓新兴文化业态
创新发展，加快构建现代文化产业体系，加快由文化资源大区向文化产业强区
转变的步伐，努力开创文化产业大发展的新局面。

---

* 执笔人：李滨、吴仁成、王兰英、吴海东。

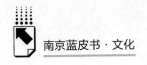
一 挖掘区域优势资源，文化产业不断壮大

（一）加大载体建设力度，发挥集聚效应

以骨干企业带动发展。2013年，重点抓好文化产业名录库建设，通过摸清家底，分类施策，积极培育和打造一批有实力、有活力、有竞争力的文化企业，并把做大做强做优一批骨干文化企业作为主攻方向。牛首山文化旅游发展公司、南京欢乐水魔方旅游有限公司、爱涛文化产业有限公司、南京金箔集团、南京爱德印刷有限公司等一批龙头型文化企业在各自行业和领域成长和发展得较好，南京爱德印刷有限公司通过推荐成功申报为"江苏省重点文化科技企业"，"金箔"品牌入选"江苏符号"。以重点项目推动文化发展。2013年，江宁区重点推进牛首山文化旅游区一期工程、南京方山文化艺术创意产业园、"彩虹玫瑰园"婚庆文化主题公园等7个文化与科技、旅游、创意、新媒体融合产业项目，并使其入选市级"七个一批"重点项目库，同时还梳理出了区级重点文化产业项目17个。在2013年南京"创洽会"文化科技融合专场项目推介暨签约仪式活动中，有2个项目现场签约，投资总额近3.6亿元。文化产业项目按照时间、节点和要求建设推进，完备的文化产业项目库动态建设、推进落实，保证了产业的可持续发展，文化产业发展做到了有抓手、有体量、有成效。以特色园区引领发展。加快现代集聚区式综合型文化产业园区建设速度，重点推进汤山温泉文化旅游集聚区、牛首山文化旅游集聚区、方山文化创意产业园、J6软件创意园、婚庆文化创意产业园等重点园区建设。J6软件创意园区成功创建"江苏省文化产业示范基地"，文化产业园区发展中的比较优势、集聚优势不断凸显。

（二）加大引导扶持力度，优化发展环境

强化政策扶持。2013年，江宁区出台了《关于促进江宁区文化产业跨越式发展的意见》，正式发文设立了2000万元的区级文化产业专项（引导）资金也将尽快制定《江宁区文化产业发展专项资金管理办法（暂行）》（以下

简称《专项资金管理办法》），通过专项资金的导向作用、激励作用和示范作用，把区内一批优秀的企业和好的项目梳理出，进行重点关注、重点扶持，把钱用在刀刃上，助推全区经济转型跨越发展。突出新业态导向。考虑到专项资金毕竟数量有限，其目的主要是导向和激励，所以在使用上重点突出了文化科技导向、杠杆拉动作用、项目孵化功能，扶持重点放在重大文化产业项目、重点文化产业园区（基地）、文化企业贷款贴息、创新研发和文化创意产品、文化服务、文化人才创业等。《专项资金管理办法》实施后，重点是放在引导辖区文化企业、文化产业园创优路径，走文化与科技、旅游、创意、艺术、金融等产业门类融合发展的新路径，鼓励和扶持企业增强自主创新能力，积极引进新业态、新行业、新项目，推动传统文化产业和企业项目运用科技手段推动产业提档升级，并提供政策支持。加快服务平台建设。以方山文化创意产业园和J6软件创意园为重点，突出专业型园区的平台建设，加大以公共技术平台、公共投融资服务平台、产品展示交易服务平台、文化创业孵化平台、文化人才服务平台等为重点的公共服务平台建设力度，两个园区累计投入资金数千万元搞平台建设，为文化企业提供了更加完善的配套服务，很好地服务和扶持了企业发展，为吸引文化企业和项目入驻进一步优化了发展环境。

（三）把握关键环节，强化业务支撑

强化统计工作。自2012年底开始，江宁区就认真地抓了文化产业名录库工作，专门下发了《关于做好文化及相关产业名录库建设的紧急通知》，根据江宁的实际，明确提出了3项政策、举措：一是对调整后纳入文化产业名录库的企业，将视同当年新增文化企业纳入全区文化建设考核加分项目；二是对调整后纳入文化产业名录库的企业，原享受的各类优惠政策不变，同时根据规定享受各级文化产业优惠政策；三是对名录库的建设工作将严格实行责任制，对工作不落实、误时上报信息、漏报文化企业的单位和个人，将视情况予以通报。同时，要求各单位主要领导亲自过问，分管领导和宣传干部与所在单位统计部门对接，一起抓，全面做好名录库企业的梳理、数据统计、录入等工作。经过一个阶段的有力推进，目前江宁区名录库企业数增加了3成多，达1485家，确保了文化产业统计全范围、全

覆盖，基本准确地反映区域内文化产业发展的成绩。健全工作组织。及时调整区文化改革发展领导小组，由区委书记亲自任组长，各街道、园区、相关的国资平台分别成立了二级文化改革发展领导小组。通过进一步完善文化改革发展领导小组的组织架构，增强了文化产业发展的领导力量和工作力量，进一步明确了街道和园区作为文化产业发展责任主体的相关制度和工作重心，明确了各街道、开发园区的产业发展定位，更加突出区域特色重点，为统筹安排和落实好市、区两级文化产业发展各项工作任务奠定了扎实的基础。实施专项考核。制定出台了《江宁区文化及相关产业发展绩效考核工作实施办法（试行）》、《关于进一步加强全区文化人才队伍建设的意见》，准备对街道、园区实行专项考核，相关工作正在进行中。由于涉及街道、基层的文化产业统计工作实际和数据核算的一些困难和具体问题，目前的专项考核是根据全区各地文化产业发展的实际基础和产业结构特点，突出项目推进、组织推进、人才培育、文化活动等几个方面，而适当淡化增加值的数据考核，考核的目的还是以激励为主，推进目标任务落实，助推全区文化产业跨越发展。

二　深化文化惠民服务，文化事业繁荣发展

（一）构建公共服务体系，保障文化服务

区内文化部门辖属的文化馆、图书馆、博物馆等文化设施全部实现免费开放，图书馆改造完毕并对外试营业，图书馆、文化馆现为国家一级馆，博物馆为国家三级馆，文化馆改造方案正在制订，杨家圩市民文化中心正在建设。通过以奖代补措施，推进湖熟街道、横溪街道、淳化街道等基层文体中心启动建设。2013年，共新建农家书屋18家，打造1个五星、1个四星、5个三星"省级星级农家书屋"，驻区15所高校与区级图书馆结成图书资源共享联合体，较好地推进了全区图书资源共享工作。继2012年江宁区被评为江苏省公共文化服务体系示范区，2013年江宁区又被江苏省推荐参评国家公共文化服务体系示范区。

（二）丰富群众文化活动，提升惠民水平

围绕打造"不谢幕的剧场"、"不停演的广场"，扩大"和谐江宁大舞台"、"江宁之春"两大群众文化品牌影响力，举办"百场公益演出广场行"、"文化进社区"、"金陵五月风"等各类文化惠民演出达千场。全年送戏下乡100场、送书下乡20万元、送电影下乡2500场。同时，制定出台了《关于打造特色文艺团队的实施意见》、《关于文艺人才下基层的实施意见》，并安排数十名文艺骨干到基层一线指导培训，为全区12个街道各打造一支特色文艺团队，极大地丰富了群众文化活动。文联系统上下联动开展"金陵五月风——江宁之春"系列文化活动，并组织广大文艺家走进企业、乡村、社区、军营和学校，全年举办了50余场的文化惠民活动。

（三）文艺创作成果丰硕，艺术精品涌现

以《江宁区文艺作品发表（入展）奖励办法》和签约机制带动、激发创作，2013年在《人民日报》、《中国作家》、《书法》、《美术》、《诗刊》、《钟山》、《文学报》、《第一收藏》、《青春》等报纸杂志发表作品逾百篇，获奖层次和档次越来越高。全年先后与诗画集《粉墙的留影》、诗歌集《大美江宁》、长篇小说《十五里河》等四部作品实施了签约，部分作品已正式出版。作品签约机制激发了江宁作家的创作热情，本土文史作家、影视剧本研究者半岛、爱琴海的评论集《群岛的呼唤》，首版15000册。东山诗社张泰霖的诗歌《大自然的圣洁盛宴》荣获"全国金融文学奖"。许宏亮的长篇小说《幸福在路上》、熊初保作曲的作品《雨花石》荣获南京市"五个一工程奖"。实力派女画家丁明创作的工笔花鸟画《晨曲》在中国美协主办的庆花博——纪念恽南田诞辰380周年暨全国花鸟画作品展上，荣获最高奖（优秀奖）。葛志文的《竹韵·文房十三件套》获第三届东方工艺美术之都博览会"迎春花"奖、《一叶清果》获第三届东方工艺美术之都博览会金奖、《历史的遗存砚》获2013年艺博杯江苏省工艺美术精品大奖赛金奖。

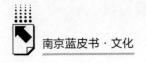
（四）坚持保护利用并举，遗产保护不断创新

以打造文化遗产保护样板区为契机，大力配合推进汤山阳山碑材、南京直立人化石地点、牛首山三大遗址公园等工程建设，做好考古勘探和调查发掘工作。完成横溪疏云桥、油坊桥和窦村四方井的保护修缮工程。启动洪保墓、东吴大墓保护修缮工程。协调推进孙家祠堂保护修缮工作。组织实施可移动文物普查工作。制作设立第三批区保文物保护碑。编制全区文物保护规划、南唐二陵、牛首山弘觉寺文物保护规划及遗址公园规划；组织申报第二批江苏大遗址项目和历史文化名镇名村，南京直立人化石地点、南唐二陵成功申报为第二批江苏省大遗址，湖熟街道杨柳村被评为江苏省历史文化名村。

三 完善机制保障，为产业发展提供动力

2014年，江宁区将认真贯彻落实党的十八大和十八届三中全会精神，研究制订推进江宁文化大发展大繁荣的一系列政策保障措施，积极为推进文化产业向更深层发展提供动力。

（一）抓好文化产业扶持政策落实和管理

尽快出台《江宁区文化产业发展专项资金管理办法（暂行）》，按照《区委、区政府关于加快文化强区建设促进文化大发展大繁荣的决定》"设立文化产业专项资金2000万元，用于扶持重点文化产业项目"的具体要求，从资金来源及管理、使用范围、资助方式及标准、申报和审批程序、监督和检查等方面做出明确规定，按照"扶优、扶强"的总体原则，在重点文化产业项目、重点文化产业园区（基地）、规模文化企业、创新研发和文化创意产品方面给予倾斜。同时，研究探索设立"文化产业股权投资基金"，依托市金融办与区政府科技创投资源优势，为文化科技创业企业和小微文化企业提供一条集母基金管理、直接股权投资、担保、科技小额贷款、融资租赁、P2P金融网等业务的完整文化金融产业链服务平台。

（二）创新文化产业园区（基地）建设

根据《南京市文化产业园认定和管理办法》要求，进一步整合全区现有文化产业聚集地、聚集区的产业资源和服务资源。分析研究具有区域特色的文化产业园和文化产业基地发展和管理措施，以产业集聚、辐射和示范带动效应为重点，全面推进区级文化产业园区和文化产业基地认定、管理工作，加大江宁区的文化产业园区（基地）建设力度，分区域、分特色、分重点、分步建设一批文化艺术、文化科技型产业园区和基地，力争有更多的园区申报成为国家、省、市级文化产业园区（基地）。

（三）建立文化产业创新支撑平台

根据市委宣传部、市经信委、市科委、市文广新局的有关要求，研究筹建"南京未来网络与文化融合创新产业联盟"，依托江宁区南京无线谷科技园发展有限公司，依托南京未来网络产业在网络技术研发领域的核心优势，发起并组建创新联盟，共同推动南京市未来网络与文化产业融合发展。将创新联盟打造成"突破关键技术的研究中心"、"文化科技企业的培育中心"、"文化科技融合产业的集聚中心"。此外，依托江宁区"南京增材制造研究院"（3D打印研究院），成立"全国增材制造（3D打印）产业技术联盟"，积极开展"3D打印技术、装备及应用"等相关产业化技术研究，力争建设成为中国3D打印领域最强的研究基地，培育和带动高端装备制造、文化创意、生物医药、数据处理、工程应用等相关领域的领军型企业入驻、发展。

B.23
抢抓江北新区建设机遇 推动
文化产业事业并举

中共浦口区委宣传部*

摘 要：

2013 年，浦口区围绕文化产业、文化事业各项中心工作任务，努力打造"文化浦口、创新高新、品质新城"。一是加强资源培育，创新服务管理，推动文化产业跨越发展；二是面向群众需求，突出市场监管，实现文化事业繁荣有序；三是紧扣目标任务，科学系统规划，理清文化发展思路，实现文化产业与文化事业共同繁荣发展。

关键词：

资源培育 市场监管 科学规划

2013 年，浦口区抢抓江北新区建设、青奥盛会等重大历史机遇，围绕文化产业、文化事业各项中心工作任务，不断开拓进取，努力真抓实干，为加快建设"生态、现代、幸福"新浦口，打造"文化浦口、创新高新、品质新城"奠定了坚实的工作基础。

一 加强资源培育，创新服务管理，文化产业跨越发展

在文化产业方面，浦口区加快文化与科技融合，狠抓项目推进，注重企业培育，加快人才引进，全区文化产业工作取得明显成效。2013 年浦口区预计

---

* 执笔人：王良柱、王春山、刘晓曦。

实现文化产业增加值 27.39 亿元，同比增长 37.8%，文化产业增加值占 GDP 比重达 5.15%。

（一）加强分析研究工作，全面调查摸底

一是对全区文化产业的情况开展调查摸底，包括资源、资产情况和发展现状，据此提出了优先发展书画、创意设计、文化旅游、动漫游戏等行业门类，有条件适时发展佛教产业、体育产业。二是开展专题调研。对创意设计产业进行专题调研，邀请南京大学、南京工业大学专家给予指导，形成系统报告，提出浦口应当重点聚焦工业设计、软件设计、工艺设计等三个重点，并明确空间布局落点、公共服务平台等建设内容，接下来将逐一落实。三是加强宣传策划。为提高文化产业项目建设质量，浦口区建立了宣传推介策划会制度，定期或不定期围绕特定主题，组织邀请相关领域专家给予指导。

（二）突出重大项目支撑

一是推进重点项目建设。对项目实行分类梯度管理，重点关注市"七个一批"项目，将其纳入全区重点项目目标责任体系，实行"月分析、季通报、年底考核"制度，及时协调解决问题，确保完成建设任务。截至目前，全区 33 个重点项目，在建 18 个（新开工 8 个），签约 8 个，在谈 7 个。其中，列入市"七个一批"的 10 个项目中，有 8 个项目完成或基本达到计划进度。产出一批，如四方当代美术馆已开馆营业。竣工一批，如青花瓷青少年体验活动中心陶艺中心建成并试营业。开工（在建）一批，如网络视听基地一期建设完毕，二期已开工建设；漫城动漫软件研发项目一期施工已全部结束，二期开工前各项手续备案；绿创文化总部研发项目围挡已架，正在动工建设。签约一批，如泰山文化传媒创意产业园已运营，南京 ACC 泉创意谷已签订正式协议，正在确定规划设计要点；南京惠通文化创意产业园三期前期手续已办理完毕，即将开工建设。

二是积极开展招商引资。充分借助"金洽会"、"创洽会文化产业专场"及区内专场招商平台，引进海峡两岸文化创意示范区、雨润商务休闲度假中心等一批项目，其中童话森林部落，总投资约 5.8 亿元，项目占地约 3700 亩，

由上海永翔投资集团投资，将建设：可供儿童探险、绘画写生的童话森林部落及西周遗址展览馆、大地艺术走廊；尚智科技产业园，占地 35.5 亩，建筑面积 8.6 万平方米，目前已与中央电视台签约，拟在园区内创办电影文化产业中心，发展电影文化产业；北大光华创意园，占地面积 196 亩，规划建筑面积 32 万平方米，是集办公、研发、孵化于一体的园区。同时，积极抓好项目储备，与苏州博济集团主动洽谈协商，拟利用其招商、运营优势，盘活闲置资源，建设文化产业园。

三是全力争取上级支持。积极做好各类扶持项目申报服务工作，全年有 6 个项目获得省市扶持资金 230 万元，惠通获批首批重点文化科技企业，高新区软件园被评为江苏省首批重点文化科技基地，国家动画基地获批江苏省首批重点文化园区。

（三）强化创新服务举措

一是推动文化金融工作。及时成立由区委区政府分管领导任组长的金融支持文化产业发展工作领导小组，由区委宣传部、区金融办牵头，相关单位负责人为成员，加强协作。各街道也成立相应组织机构，明确分管领导和联络人，总体上形成了上下左右联动的工作网络和机制。同时，积极推进任务落实。通过网络宣传、企业群、上门一对一服务等措施，做到政策宣传全覆盖，并成功组织全区第一批纳入市文创企业资源库的 44 家重点企业参加浦口区文化金融政策宣讲会。及时组织企业入库、对接融资需求，现入库企业 169 家，惠通获得 3000 万元银行授信，平实秋投资公司上报 100 万元融资需求。

二是引进培育文化企业。全年引进文化企业 84 家，如广告设计领域的壹亩田公司、传媒领域的云福文化传媒等优质企业，并正在接洽游戏领域的上海九城、数字媒体领域的万丰文化及拟在浦口打造两岸文化交流中心的台湾义美等企业。同时，利用第三次经济普查的有利契机，新增文化企业 268 家，并拨付 10 万元专项资金保障名录库动态更新。积极培育本土企业，加大财政投入力度，年初兑现了 2012 年区级专项资金承诺，共扶持 13 个企业 175 万元，完成了 2013 年专项资金组织申报、评审环节工作，扶持 16 个项目 400 万元。

三是集聚创新创业人才。全力做好"321计划"文化领军型创业人才申报工作，2013年有李刚（现代陶瓷艺术）、韩立光（异轴纤维笔研发）等7人入选。同时，强化对前几批"321"文化人才跟踪培养和项目落地服务，现项目公司已全部完成注册，部分项目进入实质运作阶段。继续加强文化专业人才队伍建设，成功申报1名市青年文化人才。

此外，浦口区整合校地文化产业资源，通过建立联络机制、召开座谈会、搭建信息平台等方式，嫁接合作。同时，草拟了《浦口区文化产业校地合作扶持办法》，正在征求各方面意见，将于2014年出台实施。

二 面向群众需求，突出市场监管，文化事业繁荣有序

在文化事业方面，浦口区努力在公共文化服务体系建设、特色文化发展、文化市场监管、文物保护等方面真抓实干，较好地完成了全年各项工作任务。

（一）突出文化创建，进一步加强公共文化服务体系建设

积极争取区委区政府对文化工作的重视与支持，制定出台了《浦口区公共文化服务体系建设三年行动计划》，建立公共文化建设专项资金，纳入全区一体化目标管理考核，定期召开全区公共文化创建工作推进会，确保按时保质完成市区下达的各项任务。桥北文化中心、区图书馆和文化馆新馆建设工程按时序进度推进，2013年已完成地下基础建设；继沿江街道之后，泰山街道通过省级公共文化示范镇街的验收，汤泉街道2014年积极争创省级公共文化示范街道，永宁街道建成市级示范文化站，9家社区（村）建成市级示范文化室，新建群众文化活动广场9处。扎实推进区、街道二级图书通借通还"一卡通"建设，新增"一卡通"服务点55个；新建共享工程基层点27处，实现全区113家社区共享工程基层点的全覆盖；打造三星级以上农家书屋6家；区图书馆顺利通过国家一级馆复评。区、街道、社区（村）三级公共文化服务网络覆盖率达100%，全区每万人拥有公共文化设施面积达701平方米（2013年指标数为620平方米）。

（二）落实文化惠民，进一步丰富群众文化生活

一是开展亚青会专题系列活动。组织开展"我与亚青有个约会"等系列文化活动27场。亚青会期间，精彩的文化活动周周呈现，特别是亚青村专场文艺演出，既充满地方文化特色，又有互动环节，给小运动员们留下了深刻印象。二是办好第六届艺术节。组织开展"美丽浦口"文化旅游、"幸福浦口"等系列文化活动92场，与相关街道共同举办葡萄节、莲藕节等节庆活动，全市百场公益演出启动仪式在浦口拉开帷幕。三是加强文艺创作和特色团队建设。制定《浦口区精品文艺创作扶持和特色文艺团队命名表彰奖励办法》，新创作了一批如《我的墨香家园》、《墨韵》等文艺精品，促进全区舞台艺术的繁荣与发展。在第六届江苏省少儿艺术节上，浦口区荣获少儿书法金奖2个，摄影金奖1个，舞蹈类银奖1个，舞蹈《七彩雨季》参加了艺术节闭幕演出；顶山街道红枫艺术团在《放歌中华》第二届全国大型音乐展评中，王荷波组歌《走向革命》荣获银奖。《江浦手狮》被邀请参加苏州、无锡等地演出，并赴美国、荷兰等国进行文化交流。编辑出版了《浦口文韵》、《高二适手札典藏》。

（三）打造文化特色，进一步扩大书法圣地品牌效应

一是承办第七届全国书法新人新作展。新人新作展是由中国书法家协会主办的国家级书法展览，在当代书法界有重大影响，对于培养和发掘优秀书法人才具有重要推动作用。本届新人新作展共征集18126件作品，中国书法协会组织专家评选出409件入展作品（包括30件优秀作品），其中浦口5件。11月9日，展览在求雨山文化名人馆开幕。展览期间，来自全国各省市区的有关领导、书法爱好者近2万人前来观展。本次展览被中国书法家协会赞为征稿量最多，服务保障评审最好，展品质量最高的一次活动，体现了新人不新、新人不俗的新特点。承办新人展，既弘扬了书法传统文化，又扩大了浦口的对外影响力，被评为2013年浦口区创新项目。

二是举办纪念高二适诞生110周年系列活动。由区政府承办的"高二适书法精品展"开幕式和《高二适手札典藏》首发式，在省美术馆举行，共展出高二适手札200多件，为广大市民提供了高质量的文化盛宴。

（四）强化依法行政，确保文化市场健康安全有序

坚持专项检查和日常监管相结合，做好公众聚集娱乐场所的管理。2013 年重点围绕亚青会、文明城市创建、省级无"小耳朵"先进区创建等，联合公安、工商、消防、房产等部门分别开展了"网络淫秽色情信息专项治理"、"无证照文化娱乐场所专项整治"、"医药虚假广告清理专项治理"等 10 项专项行动，破获了一起非法设置电台的要案。同时，加强文物保护宣传与巡查，全面启动第一次全国可移动文物普查工作。开展联合执法大检查 19 次，出动检查人员 716 人次，检查经营场所 6291 次，查处网吧 15 家、娱乐场所 3 家，取缔 51 家无证照经营场所（摊点），拆除收回非法安装使用的卫星地面接收设施 51 套，有力地净化了浦口文化环境，荣获了全省"无小耳朵"先进区称号。

三　紧扣目标任务，科学系统规划，文化发展前景广阔

2014 年，浦口区将深入贯彻党的十八届三中全会精神，抢抓江北新区规划建设机遇，紧紧围绕南京市的重大工作和浦口区的重点工作、薄弱环节，以创新为动力，突出产业发展方向，繁荣文化市场，聚焦项目、人才、企业、活动，努力推动各项工作再上新台阶。

在发展理念上，大胆探索一切有利于发展的新理念、新机制、新举措，强化政府在规划布局、产业引导、政策扶持、平台建设、市场管理等方面的服务功能，充分发挥市场在文化资源配置中的决定性作用。

在空间布局上，全力推进文化资源整合和改造升级，加快沿江组团推进，打造总部创意经济、体育赛事、先进文化产品制造集聚区；实施沿山开发，打造文化休闲养生、创意研发休闲度假区。发挥沿河资源优势，打造生态休闲带、宗教禅修、体验特色休闲区。

在发展方向上，按照南京市对浦口区的产业规划定位，把握浦口区城市发展规律和节奏，结合现有产业基础和资源优势，加快文化和科技、旅游融合，推动校地合作，鼓励企业增强自主创新能力，重点支持动漫游戏、书画、创意设计、网络视听传媒、文化旅游等产业发展。

B.24

强化品牌引领　突出产业融合
全力提升六合文化发展总体竞争力

中共六合区委宣传部 *

摘　要：

2013 年，六合区坚持以"提升文化总体竞争力"为目标，加快实施"文化六合"战略，突出品牌引领，特色文化魅力进一步彰显；突出文化为民，文化惠民水平进一步提升；突出产业发展，文化产业质量进一步提升；突出顶层设计，文化发展机制进一步建立，文化总体实力显著提升。

关键词：

品牌引领　文化为民　顶层设计

2013 年，六合区坚持以"提升文化总体竞争力"为目标，加快实施"文化六合"战略，突出特色文化内涵挖掘，突出公共文化功能提升，突出优秀传统文化传承，突出新兴文化业态培育发展，文化总体实力显著增强。

一　突出品牌引领，特色文化魅力进一步彰显

（一）"四乡"文化有效传承

进一步打响中国"民歌之乡"、"观赏石之乡"、"现代民间绘画之乡"、"美食文化之乡"等"四乡"文化品牌。组织开展"四乡文化进校园"活

---

* 执笔人：孙宇瑾、陆德祥、李萍、罗广涛、任晓勇。

动，引导广大小学生了解六合历史、熟知六合文化。举办全国法治农民画展，编辑出版《首届全国法治农民画展作品集》，农民画文化在促进社会和谐方面的功能得到更大发挥。举办中国南京雨花石名石评选活动，与江苏电视台体育频道联合举办雨花石与青奥文化周活动，雨花石的影响力和知名度得到更大程度提升。创办六合区首家公益性展馆——凤凰山艺术馆，自2013年6月开馆以来共举办了6期个人雨花石藏石展览，打造了群众家门口永不落幕的展馆品牌。

（二）节庆活动华丽转身

2013年的节庆活动，更加突出勤俭办节，更加注重群众参与性，实现了办节主体、办节模式的华丽转身。以"多彩竹镇天天乐"为主题的第四届"多彩竹镇、欢乐大泉"乡村文化旅游节，从9月28日持续到10月28日，走进竹镇、发现竹镇、体验竹镇、品味竹镇、欢乐竹镇和寻觅竹镇等六大特色板块，欣赏原生态自然风光、体验原生态民俗文化、品尝原生态特色美食等三大特色活动，让广大游客切身感受到了原生态乡村文化旅游的独特魅力。作为第十三届中国美食节的组成部分——第十三届中国南京龙袍蟹黄汤包美食节，一改往年政府唱主角、一切都由政府操办的办节模式，而是将决定权、操办权交给了龙袍江畔蟹黄汤包合作社，十余家合作社企业抱团张罗，从策划到筹备，事无巨细，真正成了社员企业"自己的事"，彻底打破了以往政府主导的办节模式，也成为本届汤包节的创新之举。

（三）文物保护成效显著

六合文庙大成殿、南门清真寺礼拜大殿、六合城墙维修工作有条不紊推进。完成第一次全国国有可移动文物普查调查工作，设立省级文保单位保护标志碑1处、市级18处、区级35处。8名传承人入选"第二批南京市非物质文化遗产代表性传承人"，"方巷人走北"荣获南京市非物质文化遗产保护项目，长芦"留左吹打乐"非遗传承保护基地建设和"留左吹打乐"申报国家级保护项目加快推进，六合区被评为"南京市非物质文化遗产保护工作先进区"。

二 突出文化为民，文化惠民水平进一步提升

（一）基层文化设施加快完善

加快推进城市"15分钟文化圈"和农村"10公里文化圈"建设，文化馆、图书馆、博物馆和城建展览馆等"一城五馆"主体工程已封顶，目前正在进行外装施工和内装设计，预计2014年底建成，建成后将打造成为六合演出活动集中、环境品质一流、人文气息浓郁的城市文化娱乐中心和文化地标。第二文化馆综合楼主体工程完工；第一图书馆提档升级为国家一级馆；第二图书馆顺利通过省市考核组一级图书馆评审；第一图书馆建成文化信息资源共享工程支中心。另外，大厂街道创建成为省级公共文化服务体系示范街镇，2家"农家书屋"创建成为省四星级"农家书屋"，葛塘街道创建成为市级示范文化站，新建文化信息资源共享工程村（社区）基层服务点64个，实现村（社区）100%全覆盖。所有街镇文化站按标准建成公共电子阅览室，初步建成城乡三级公共文化服务网络体系。全区每万人拥有公共文化设施面积达790平方米，超额完成市政府下达的年度目标。

（二）重点文化活动深入开展

以重大节庆日为契机，成功举办多项全区性重点文化活动，组织承办亚青会文化交流演出"青年的节日——青春Style"音乐专场，精心编排6个特色节目参加演出，得到组委会的高度评价。省文化厅原创话剧《枫树林》来六合区巡演2场次，取得圆满成功。积极打造"百姓戏剧广场"、"社区大舞台"、群文大课堂等文化惠民品牌，"百姓戏剧广场"被市委宣传部、市文广新局评为文化惠民"百千万行动计划"优秀案例二等奖。开展"百场公益演出广场行"活动，配合市各专业剧团送演出5场，区交流演出2场，区自办演出9场。全年完成群众文化活动1028场，送书8100册，送电影1514场，送演出110场。

（三）文化市场健康有序发展

突出校园周边环境整治、网吧禁止未成年人进入、"扫黄打非"三个重点，加强文化市场行政执法监管力度，配合开展"18 广场法制宣传日"活动，强化政策法规宣传，深化"五老"义务监督，全年共出动行政执法人员 800余人次，检查各类文化场所 2283 家次，共处罚网吧 9 家，罚款共计 6.4 万元；查缴各类非法出版物 4000 余册（盘），取缔非法游商 15 家次；及时停播 9 条违规医药广告。加快农网改造步伐，稳步推进农村数字电视整转工作，全年新增有线电视用户 10516 户，数字电视整转 30000 户，成功创建江苏省有线电视"户户通"区，顺利通过"省有线电视先进县（市、区）"的检查验收。

三　突出产业发展，文化产业质量进一步提升

（一）各项指标实现突破

2013 年，全区预计实现文化产业增加值 33.5 亿元，比"十一五"末期的6.8 亿元增长 3.9 倍；增加值占 GDP 比重由 2010 年的 1.64% 预计提高到4.8%；限上文化企业由 2011 年底的 34 家增加到 237 家，增长了近 6 倍；文化服务增加值占全行业比重首度突破 50%，产业结构进一步优化。

（二）重大项目强力驱动

坚持把重点项目建设作为文化产业转型升级、增强发展后劲的重要抓手，狠抓项目跟踪推进，5 个市"七个一批"项目和 17 个投资额在 1000 万元以上的区级重点项目加快建设。江苏三步网络 App 研发基地大楼主体已完工，正进行内部装修，预计 2014 年投入运营；六合文化城项目已封顶，正进行内装设计招投标；冶山国家矿山公园项目于 2013 年 6 月正式开园；苏体产业园基地项目于 2013 年 9 月开工建设，主体厂房已建设至第三层，预计 2014 年竣工；白马山文化旅游集聚区待江北新区规划出台后再做相应规划修订，2014年计划开工建设游客接待中心。17 个区级重点文化产业项目中，除凤凰通达

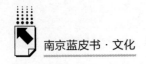

彩印项目因规划调整暂不推进外，16 个项目推进顺利，竣工 5 个，其余的 11 个项目均完成年度建设目标。

（三）规模企业发展壮大

新增规模文化企业直观反映了一个地区文化企业培育和成长的状况。2013 年，全区新增注册资本 300 万元文化企业 19 家，新增纳税 200 万元以上文化企业 8 家，新增营业收入超过 5000 万元的文化企业 6 家，文化企业发展的规模不断扩大，质量不断提升，市场活力不断迸发，凸显了六合文化产业发展的后劲。

（四）文化旅游深度融合

全面打响"休闲乡村、悠游六合"区域旅游品牌，以大泉人家、长江渔村、石林画苑、茶香平山、茉莉花乡、雨花石坊为代表的首批"六合茉莉花园"全面开园；策划组织以金牛寻芳、春赏桃花、平山踏青、味美江鲜、乐游农家为主要内容的"春之华"，以及为期 2 个月以舌尖消夏、水韵消夏、森林消夏和禅修消夏为主题的"清凉一夏，休闲六合"、"夏之韵"系列乡村旅游节，促进全区乡村旅游产业升级和美丽乡村建设。全年预计实现接待游客量达 480 万人次，同比增长 41%，旅游总收入近 58 亿元，同比增长 32%。

四　突出顶层设计，文化发展机制进一步建立

（一）顶层设计机制日趋完善

成立区委、区政府主要领导任组长的全区文化建设发展领导小组，健全区委、区政府统筹，宣传部门牵头，职能部门分工协作，社会力量积极参与的工作格局。把文化产业纳入率先基本实现现代化考核评价体系，制定《六合区文化产业发展绩效考核实施办法》和《2013 年六合区文化产业发展考核细则》，建立起了严格的月跟踪、季点评、半年总结、年度奖惩机制，文化产业

发展活力得到激发。持续推进文化发展改革，区文化发展改革列入全区十项综合改革同步实施，第一阶段任务已于2013年6月底全面完成。

（二）资金扶持机制逐步建立

进一步完善文化建设发展资金扶持机制，区财政设立1000万元扶持资金，在创业资助、贷款担保、贷款贴息、项目补贴等方面，对市区重点文化产业项目、重点文化企业、文化创意产品等进行重点资助扶持，切实把扶持资金投向那些对全区文化产业发展起到重点示范、引导带动作用的项目或企业。江苏三步网络有限公司、凤凰传奇影业公司等获得省市文化资金扶持，六合区同时给予了相应配套资助。

（三）考核奖惩机制力度加大

区委区政府安排专项资金，用于文化产业发展的专项奖励，每年对指标任务完成较好的街镇园区及文化企业进行表彰奖励。同时加大文化产业发展考核奖励力度，除了区千分制考核25分之外，设立了市区重大文化产业项目、文化产业园区、新增规模纳税企业、新增规模营业收入企业、领军型文化创业人才等6项单项奖励项目。

（四）企业服务机制持续推进

以文化产业商会为纽带，推进企业与政府、企业与企业之间的信息沟通，实现企业与政府之间的信息实现互通。区文化投资公司为区内文化企业提供商标注册保护、中小企业孵化等特色服务，推动小微企业发展壮大。充分利用区内外媒体资源，加大文化园区、文化企业形象、品牌和产品的宣传策划，扩大企业或园区的影响力和知名度，对先进文化企业，在区内媒体上进行连续宣传报道。

（五）基础平台机制陆续搭建

搭建专项统计平台，通过对文化企业的全面梳理和核查，建立区、街镇园区两级文化企业库和定报库，入库文化企业达973家，定报文化企业达223

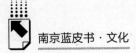

家。搭建文化项目库平台，区和街镇园区两级重点文化项目库建设，在建好区级重点文化项目库的同时，各街镇、园区均建立起本辖区重点文化项目库，适时掌握项目进度，及时进行考核验收。搭建文化人才库平台，人才库囊括了文化产业专家、领军型文化人才、民间文化人才、专业文化人才、基层文化人才等各个门类，聘请北京石景山青创园总经理刘刚等担任六合文化产业发展顾问，为文化产业发展提供了有力的人才支撑。

B.25
溧水区文化发展报告

中共溧水区委宣传部 *

摘　要：

2013 年，溧水结束县级建制，被批准设立为溧水区，全区文化工作抢抓历史机遇，突出重点，真抓实干，文化工作取得新成绩。一是服务群众，公共文化服务效能提升：文化设施建设得到加强，群众文化活动日益丰富，文化遗产得到有效保护。二是服务文艺家，文艺创作硕果累累：营造优越创作环境，一批成果获奖。三是营造环境，服务企业，完善机制，进一步增强文化产业发展动力。

关键词：

公共文化　文艺创作　文化产业

2013 年，是溧水发展史上具有里程碑意义的一年。溧水结束了 1422 年的县级建制，被批准设立为溧水区，开启了区域城市化、城市现代化的新纪元。全区文化工作抢抓溧水撤县设区、融入主城和苏南现代化建设示范区上升为国家战略两大历史性机遇，突出重点，真抓实干，文化工作取得新成绩，为率先基本实现现代化、建设绿色美丽幸福新溧水提供了强大的精神动力。

一　服务群众，公共文化服务效能提升

（一）文化设施建设得到加强

建成区体育公园、文广大楼等公共文体设施并投入使用，区图书馆、博物

---

* 执笔人：张伟、王连荣、张柏生、张敏。

馆、文化馆、镇文化站、村文化活动室、农家书屋、文化共享工程基层服务点等全部免费开放。镇、村的市民文体广场等基础条件得到改善，组织实施了市、区、镇、村图书资源共享工程，农家书屋开始向自然村延伸。有线电视户户通工程和数字化整转工程深入推进，全区新增有线电视用户5300户，新增数字电视整转15500户。

（二）群众文化活动日益丰富

组织实施文化惠民"百千万行动计划"，全区开展群众文化演出及各类文化活动1100多场。其中，成功举办"幸福溧水"首届文化艺术节，推出了"精彩溧水"民间文艺展演、"溧水好声音"歌手大赛、首届戏曲票友大赛等一系列文化活动，取得很好的社会反响。公共文化服务形式多样，开展了以梅花节、草莓节开幕式大型演出为主的节庆表演活动，以广场文化宣传月为主的夏季纳凉文艺演出活动；开展送书下乡、送戏下乡、2131工程公益电影下乡等活动；举办了读书征文、读书演讲、座谈会和特价图书销售等读书节系列活动；邀请各类专家学者开展市民大讲堂和《印象溧水》讲座等活动；组织文化沙龙成员学习交流和考察观摩各类群众文化活动；指导乡镇和社区开展形式多样的群众文化活动，扶持了农村特色文艺团队建设，50多个民间剧团、鼓队、舞龙队等文艺团队活跃在城乡，200多家琴行、声乐、舞蹈、美术、书法等文艺培训机构覆盖城乡。广场公益电影获得市级文化惠民优秀案例奖，李素琴获得市级群众文化活动先进个人称号，区委宣传部被表彰为2013年全省文化科技文化"三下乡"先进单位。

（三）文化遗产得到有效保护

蒲塘桥被国务院公布为第七批全国重点文物保护单位。胭脂河·天生桥环境整治、宋瑛墓环境整治、大金山遗址环境整治及刘氏宗祠的维修工作等顺利完成。认真开展了全国第一次可移动文物普查工作，结合蒲塘桥保护级别提升、石湫镇蟹塘盗墓事件、"5·18"博物馆日，开展了文物法律法规的普及宣传工作。非物质文化遗产传承工作有序开展，制定了国家级非物质遗产项目骆山大龙十年保护规划并出版《骆山大龙》一书，在春节期间开展了骆山大龙演出。完成了"打社火"申报 2013 年省级非物质文化遗产资金项目，申报"跳当当"、"打社火"传承人为省级非遗项目传承人。

（四）文化广电市场有效监管

严格监管文化市场，始终坚持"一手抓繁荣，一手抓管理"的原则，以网吧整治、知识产权保护等专项行动为抓手，坚决打击各类违法、违规经营行为。截至目前，共出动执法人员 644 人次，执法车辆 122 台次，检查各类文化场所 329 家次，行政处罚 13 家。稳步发展广电市场，全区各广播电视播出机构严格遵守安全播出规定，全年未发生一起安全播出事故。加强了对广播电视广告播出的监督和管理，对违规播出的广告节目进行了整改，对不符合规定的节目一律叫停。在全国两会和亚青会期间，全区各播出机构荧屏、声屏广告播出规范，未出现违规现象。

二　服务文艺家，文艺创作硕果累累

（一）营造良好的文艺创作环境

春节前组织慰问区内文化名人和青年带头人，组织区文联无固定工作单位的文艺家体检。创设新的展示交流平台，激发文艺家荣誉感，举办了濮存周、朱宽利、李赣宾三人美术作品联展，溧水区美术家协会（春季）中国画展、"秦淮河源头杯"摄影作品大赛、邱德仑书画艺术研讨暨个人画展、走近经典——溧水区首届临帖展，在洪兰镇陈卞村举行送文化下乡惠民活动。加强文艺人才培养，举办文化专题沙龙，引导文艺家观察生活、融入生活、体味生活，善于发现和勇于表达社会生活中的真善美，创作了打动人心的作品，把积极向上的正能量传递给社会公众，充分发挥了文艺工作引领风尚、教育人民、服务社会的作用。溧水土生土长的"农民作家"曹华出版了长篇小说《神都梦》三部曲中的前两部《风波》和《风雷》上下集等共 3 本 120 万字，中国作家网等媒体给予积极关注和宣传报道。组织动画电视片《石头娃》、动画电影《猎犬白驹》、动画电影《乌骓马》积极申报市级文艺创作专项资金扶持。

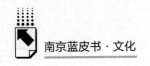

（二）一批作品在市级以上大型活动中获奖

姜明灯、王平、刘东等共 10 余件作品在中国摄影家协会举办的摄影大赛中获奖，姜明灯的《冥思》获得中国摄影家协会举办的 2013 年中国古建筑摄影大赛江苏赛区一等奖。陈欣耘的书法作品杜甫《客至》诗一首（草书）获江苏省第七届青年书法篆刻展金奖。范镇鸣的原创魔术节目《茗》获得长三角"金手杖"魔术比赛金奖，还获得江苏省第六届魔术比赛金奖。陈涛在第二届江、浙、沪锡剧票友大赛中获铜奖。储国华、诸培弘、邱德仑在全市"为民、务实、清廉"主题书画摄影展中分别获得书法类和美术类一等奖。

（三）一批作品获得市级以上常设性重要奖项表彰

2013 年 11 月溧水海豹幽默艺术团创作的《耍花坛》在文化部举办的第九届全国杂技比赛中获得铜奖和编导奖，同年 12 月该团的《Dream 餐厅》赢得中国杂技最高奖"金菊奖"评委会特别奖，并连续摘取 3 个全国性常设奖项，实现溧水区文艺创作在全国性常设重要奖项的重大突破。诸荣会的《最后的生命之花》在中国散文学会举办的华文散文大奖——第四届在场主义散文奖评选中获得"新锐奖"，实现溧水区文学创作新突破。电视剧《欢乐元帅》获江苏省第七届精神文明建设"五个一工程"入选作品奖，填补了溧水区省级"五个一工程奖"的空白。电视剧《欢乐元帅》、动画电影《沧海桑田》分获南京市第七届（2010～2012 年度）精神文明建设"五个一工程"荣誉奖和入选作品奖，区委宣传部获组织工作奖。诸荣会的散文集《生怕情多》获第八届"金陵文学奖"。诸荣会、谢建华入选南京市宣传文化系统第三批"五个一批人才"，实现溧水区宣传文化系统"五个一批人才"零的突破。

三 服务企业，文化产业发展动力增强

紧扣"文化产业强区"目标，通过抓项目、抓招商、抓考核、抓服务，不断强化载体和功能建设，着力提升企业规模和质量，推进文化与科技、旅游等融合发展，全区文化产业发展取得了新业绩。预计全区 2013 年文化产业增

加值为 17 亿元，占 GDP 比重 4%，较上年提高 1.2 个百分点，超额完成市下达的计划任务。

（一）重点项目加快推进

大力推进周园工艺品展销中心等 7 个市文化产业"七个一批"重点项目建设，明确责任分工，主动协调服务，动态跟踪管理，加快项目建设。南京万驰国际汽车公园建成了江苏省首条国际汽车赛道，周园工艺品展销中心项目建成营业，大金山国防园、创维平面显示等重点项目顺利完成建设任务，江苏（国家）未来影视文化创意产业园公共服务平台基本建成投入使用，被命名为江苏省首批重点文化产业园区。推进文化旅游融合发展，2013 年，溧水区共接待游客 362 万人次，同比增长 30%。注重文化旅游品牌打造，南京天生桥文化旅游发展有限公司被评为南京市 2010～2012 年文明单位，山凹村长兴农家乐餐饮、迎客农家乐被评为南京市农家乐文明经营示范户，石湫环山河焦赞石农家旅馆、山凹村如意农家乐被评为南京市农家乐旅馆示范户，南京一蕺梅农业发展有限公司、南京牧乐农副产品开发有限公司被评为南京市乡村旅游商品开发先进单位，旅游市场示范引领氛围逐步形成。鼓励晨光艺术制像、万德游乐设备等企业跨界融合发展，石湫影视基地和晨光艺术制像纳入"南京市文化科技融合发展规划"。晨光艺术制像新采用三维建模、3D 打印机等技术，开始向艺术型建筑幕墙迈进，全年公司在手的 3 亿元以上大型工程达 14 个。万德游乐设备的青少年文化园等 4 个文化项目立项，营销由传统的"利润效益"转型升级为"生活方式"推销，赋予了传统健身产品新的附加值。南京创维平面显示有限公司自 2013 年 7 月 1 日投产 3 条整机生产线以来，液晶电视机月产能 11 万台，至年底实现销售收入 12 亿元，贡献税收 2600 万元。加强创意型中小文化项目的扶持，区内 3 家动画企业的 3 部原创动画影视作品正抓紧制作。

（二）引资引智提升实效

借力各级官方和文化产业有关行业协会等非政府文化产业平台资源，重点围绕溧水区特色文化产业和网络服务产业、数字文化产业等高附加值的新兴文化产业，加强产业链招商，招大商、引大资，聘能人、请高人。分解落实招商责任，精选招商引资项目，拓展引资引智渠道，招商引资效果良好，引进了上市公司——中南建设集团联合建设胭脂河天生桥。组织赴北京开展文创专题招商，引进南京道格等影视项目50家，引进4部影视剧进驻拍摄。全区新增文化产业单位130家，完成年度计划的130%。海豹幽默艺术团柔性引进了获得华表奖和金猴奖的导演高毅、美国著名幽默滑稽导演斯戴芬等，编创的幽默杂技剧《Dream餐厅》获得第八届中国杂技最高奖"金菊奖"评委会特别奖。溧水区文化企业与江苏省作协副主席著名作家赵本夫合作，成功举办了大型动画电影《猎犬白驹》剧本研讨会暨新闻发布会，省委宣传部副部长梁勇，广电总局副局长罗舒泽，江苏省作协主席范小青，副主席黄蓓佳、赵本夫，上海复旦大学文学院院长陈思和，中央新影微电影部主任和导演郑子等来自海内外文学界、动漫影视界、评论界等数十位专家，纷纷为这部刚刚开拍制作的《猎犬白驹》献计献策。申报的3位文化创业人才入选南京市"321"人才。

（三）绩效考核步入正常轨道

紧抓第三次经济普查契机，强化责任分工，细化工作要求，提升了名录库建设和维护水平。截至2013年底，全区文化产业单位达640家，占全区法人单位总数的10.8%；限上文化企业110家，占区文化企业总数的17%。4月召开了全区文化及相关产业调查统计工作会议。8月，区委宣传部、区统计局联合督查了各镇区文化产业名录库建设工作。10月召开了全区文化产业统计工作现场推进会，常务副区长洪礼来和区委常委、宣传部部长张伟出席并对文化产业统计工作提出了明确要求。结合全区年度千分制考核，年初将文化产业发展指标二级分解下达到各镇区，建立文化产业发展核心指标完成情况的月度统计通报制度，及时督促各镇区文化产业的发展，区镇两级同步工作体系进一步完善，文化产业绩效考核步入正常轨道，有效激发了各级各地发展文化产业的动力，全区文化产业连续两年实现60%以上的增幅。

（四）服务企业环境优化

召开重点文化企业座谈会，协调相关部门和乡镇，构建多位一体的综合服务体系，及时为企业、项目、人才解决困难和问题。组织企业参加申报省市专项资金培训会议、全市文化人才专场招聘会、全市文化产业专题沙龙、全区文化金融政策宣讲会等活动，为企业搭建学习沟通交流平台，促进政策、资源、需求的有效对接。加强文化旅游宣传工作，邀请江苏电视台旅游频道摄制组到溧水区旅游景点进行专题拍摄，制作了时长60分钟的节目。依托梅花节、草莓节等旅游节庆活动，结合宁杭高铁开通，加大网络、广播、报纸等宣传工作力度，向宁杭沿线城市市民宣介溧水，拉动高铁旅游及自驾游消费。整合了大金山、周园、博家边、天生桥景区资源，制作发行了"2013溧水梅花节旅游套票"。召开了溧水文化旅游推介会，共组织省内外近80家旅行社参会，提升了溧水区文化旅游知名度。石湫影视产业公共服务平台投入使用，支持漫通传媒等3家动画企业的原创影视作品制作，天生桥遗址公园等5家企业获得省市文化产业专项资金扶持，近50名文化宣传干部和重点文化企业代表参加了为期3天的文创专题培训，组织企业参加第一届南京文化产业"金梧桐"奖评选，南京晨光艺术制像被评为全市"文化创意企业10佳"企业，南京周园、南京万德游乐设备获得全市"民营文化企业10强"入围奖，多家市级以上新闻媒体进行了宣传报道。

B.26

彰显文化特色　创新工作思路
推动高淳文化产业快速发展

中共高淳区委宣传部*

摘　要：

2013 年，高淳区以建设"文化灵秀之城"为目标，依托高淳突出的生态、文化资源优势，完善推进机制，加强规划指导，加强政策扶持，深化产业融合，狠抓项目推进，注重企业培育，全区文化产业工作取得明显成效。

关键词：

规划引领　政策支持　人才引进　园区建设　产业融合

2013 年，高淳区认真贯彻中央、省、市关于文化建设的一系列方针政策，以建设"文化灵秀之城"为目标，围绕"南京都市圈副中心城市，江南现代生态休闲科技新城"的定位，依托高淳突出的生态、文化资源优势，完善推进机制，加强规划指导，加强政策扶持，深化产业融合，狠抓项目推进，注重企业培育，全区文化产业工作取得明显成效。2013 年实现文化产业增加值17.2 亿元，同比增长 53.6%，文化产业增加值占 GDP 比重达 4.07%。

一　2013 年主要工作回顾

（一）加强组织机构领导

高淳区成立了由区主要领导任组长的文化改革发展领导小组，在区委宣传

---

* 执笔人：陈春花、马亦军。

部新增设文化产业推进办公室，下设高淳区文化产业改革发展中心，具体负责全区文化产业发展的具体事务，使得文化产业第一次由专门的机构来抓，由专门的人员来管。

（二）加大文化产业政策扶持

在区财政不太宽松的情况下，高淳区第一次设立了区文化产业发展专项资金，额度为每年 1000 万元。出台了《高淳区关于扶持文化产业发展的若干政策意见》，为推动文化产业发展提供了政策依据和资金保障。

（三）坚持文化产业规划引领

高淳区聘请了国内著名文化产业专家、文化部——南京大学文化产业发展中心常务副主任顾江教授领衔的规划团队，制定了《高淳区 2013—2020 年文化产业发展规划》，进一步明晰高淳文化产业的发展目标、实现路径、重点领域。规划的制定，将为全区文化产业的发展提供科学指导，促进高淳区文化产业在正确的轨道上快速发展。

（四）积极开展文化产业招商推介

高淳区积极组织高淳陶瓷、高淳印刷、高淳老街等企业参加市创洽会和文博会两项重大文化产业交流会，组织高淳陶瓷相关负责人赴深圳参加文博会，组织文化人才赴北京大学培训。

（五）积极开展文化人才引进工作

会同区人才办下达人才引进目标任务，全年引进"321"文化人才 2 名。

（六）积极争取上级资金项目支持

在 2013 年南京市文化产业专项资金申报工作中，有 5 家企业的 5 个项目获得扶持，扶持资金由 2012 年的 30 万元发展到 140 万元，获支持企业数量、资金额取得历史性突破。

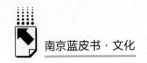
（七）加快重点文化产业项目建设

对全区重点文化项目进行梳理。按照"策划一批、签约一批、开工一批、竣工一批、落地一批、产出一批、做优一批"的要求，高淳区确定全区 18 个重点文化产业项目，其中华夏游子文化创意园、慢城小镇、高淳陶瓷博物馆和展销交易平台、薛城遗址文化旅游产业园等 7 个项目被列为市重点文化产业项目。2013 年，全区各旅游项目累计接待游客 452 万人次，实现旅游总收入 40.04 亿元，同比增长 31.4% 和 30%。

（八）加大文化产业园区建设力度

一是加强高淳陶瓷文化创意产业园区建设。作为市级文化产业园，2013 年高淳区加快推进了中国古陶瓷标本博物馆、陶瓷文化展销交易平台的建设。目前，中国古陶瓷标本博物馆已完成主体建筑建造，中国古陶瓷修复鉴定中心正在与南京艺术学院进行洽谈、筹建，拟引进国际先进的陶瓷科技鉴定设施。总投资达 5000 万元的陶瓷文化展销交易平台，建成后集创意陶瓷、文化陶瓷展示、销售于一体，将极大地丰富陶瓷展示产品品种，提升产品附加值，推动产品的提档升级。园区成功引进"321"创业人才 1 名，设立了 8 个由知名艺术家创立的艺术工作室，已成为省内十多家知名高校大学生艺术实践基地。园区大学生创业园建设步伐不断加快，已成立 20 个大学生创业企业，力争建成 100 个微小规模企业的孵化器。二是春东湖创意文化产业园建设步伐不断加快。一期 26000 平方米已经建设完成，高淳非遗展览馆、新四军驻淳办事处、"乐购"高淳馆、陶瓷展销中心等一批项目和文化企业开始入驻。小河沿民国风情街、筑城圩水街等项目已开工建设，园区建设已初具规模。

（九）文化企业规模得到壮大

通过努力，全区文化企业由 2012 年的 387 家增加到 2013 年的 770 家，新增 383 家，规模以上文化企业由 34 家增加到 50 家，新增 16 家，与上年相比有大幅度增长。

在各方面共同努力下，高淳区文化产业发展取得一定成绩。在取得成绩的同时我们也要看到自身的不足之处，如龙头型文化企业较少、骨干企业的拉动作用不强、产业结构不尽合理、文化产业效益有待进一步提高等。2014年，是高淳全面实现"十二五"规划又一重要之年，文化产业增加值占GDP比重与上年相比又增加1个百分点。面对新的形势、新的任务，我们需要积极探索新的发展思路和发展路径，不断开创高淳文化产业发展的新局面。

二 今后工作思路和措施

（一）完善扶持政策，驱动产业发展

将进一步完善高淳区扶持文化产业发展的相关政策，充分发挥区文化产业发展专项资金的杠杆作用，引导和鼓励企业转型升级、技术改造、新兴项目上马、市场拓展，促进文化企业做大做强。

（二）加大招商力度，壮大产业规模

设立文化产业招商网，编印文化产业招商画册。积极开展规划招商、面向国内外知名文化企业的外出招商、举办文化产业招商会，引进骨干文化企业1～2家。

（三）成立文化产业协会，加强交流合作

通过成立高淳区文化产业协会，加强文化企业之间的联系和沟通，强化文化企业之间的合作互助。

（四）组织外出参观学习，提高管理人员素质

为培养更多文化管理人才，推动高淳区文化产业快速发展，将会同相关部门定期组织区内领导干部、文化企业负责人外出参观学习。

（五）推动文化旅游融合，塑造高淳旅游品牌

旅游是文化的载体，文化是旅游的灵魂，没有文化的旅游是缺乏魅力的。

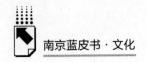

下一步要注重引导旅游项目在建设中注入文化元素，通过提升文化内涵，提高高淳文化旅游项目的品质和知名度，打造高淳文化旅游项目品牌，加快高淳文化的产业化进程，为高淳旅游"三区同创"工作做出积极贡献。

（六）推动文化科技融合，促进产业转型升级

科技创新是文化产业发展的重要基础和原动力，将科技创新融入文化产业中，才能促进文化产业的长远发展。根据《南京市文化与科技融合发展规划纲要》要求，高淳区将进一步积极引进和培育影视、动漫、软件、高端演艺等文化科技类企业。推动传统文化企业引进先进的科学技术，努力实现企业的转型升级。积极引导企业申报省、市级文化科技融合项目和企业。充分发挥文化产业专项资金杠杆作用，努力扶持一批较高品质的文化科技类企业。

（七）推动文化金融融合，为产业发展注入动力

文化产业的发展需要资金的支持，有效扩大文化产业投融资范围和投融资渠道是发展文化产业面临的重要任务。为加大金融对文化产业发展的支持力度，做大产业规模，增强产业活力，提升产业质量，根据《南京市投融资体系建设计划》等文件精神，高淳区将充分发挥南京"文化银行"、担保公司、基金等文化金融平台的作用，努力为文化企业提供金融服务，助推文化企业发展。

（八）大力开展园区建设，推动产业集聚

将尝试建立创意设计类专业化园区，制定专门政策支持园区发展，推动文化企业入驻和产业集聚，为高淳经济发展做出更大贡献。

调 研 篇

Investigation Reports

B.27

探索在苏南现代化建设
示范区中的文化创新之路

徐 宁*

摘 要：

南京市委《关于在苏南现代化建设示范区中带好头建成现代化
国际性人文绿都的决定》中，明确了苏南现代化建设示范区内
含"五位一体"整体推进的总布局。在"五位一体"的总体战
略布局中，文化建设只有与经济、政治、社会、生态等各项文
明统筹谋划、共同推进，才能不断推动文化大发展大繁荣，为
南京"两个率先"提供强大的思想引领、舆论推动、精神激励
和文化支撑。而南京要成为文化建设全省首位市、全国先进市，
必须充分利用现有的资源和优势，加快推进工作各领域各环节
的创新突破，尤其是要在一些重点领域和关键环节实现工作有

* 中共南京市委常委、市委宣传部长。

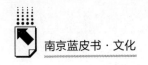

创新、有突破，以一流的业绩和成功的经验为苏南现代化示范区建设做表率、做示范。

关键词：

苏南现代化　示范区　文化创新

南京市委《关于在苏南现代化建设示范区中带好头建成现代化国际性人文绿都的决定》中，明确了苏南现代化建设示范区内含"五位一体"整体推进的总布局，提出塑造文化创意中心等主功能，打造"历史文化名城"等总目标，要在"人的全面发展"等四个方面做示范，要开展"文化遗产保护"、"社会信用体系建设"两个试点，要以"大力实施精神塑造工程"等五个主要措施作为保障，为南京的文化建设如何现代化、如何做示范指明了方向、目标和路径。我们要积极探索一条符合时代要求、遵循发展规律、体现南京特色的文化创新之路，彰显南京文化建设在苏南现代化建设示范区的引领地位、示范作用。

一　当前文化建设面临的形势和挑战

当前，文化建设所处的时代环境、面对的发展形势、担负的历史任务发生了深刻变化，对象从传统群体到新兴阶层、从国内民众到国际人群，范围从国内到国际、从线下到线上，职能从文化事业到文化产业、从文化管理到文化服务，阵地从传统媒体到新兴媒体、从单一媒体到"四屏合一"。文化建设面临前所未有的严峻挑战，必须因势而谋、应势而动、顺势而为，着眼发展、着眼未来、着眼实效，不断增强吸引力、凝聚力、感染力。

1. 文化建设必须落实全面深化改革新要求

党的十八届三中全会提出，坚持以人民为中心的工作导向，坚持把社会效益放在首位、社会效益和经济效益相统一，以激发全民族文化创造活力为中心环节，进一步深化文化体制改革。党的十八届四中全会强调，要建立健全坚持社会主义先进文化前进方向、遵循文化发展规律、有利于激发文化创造活力、保障人民基本文化权益的文化法律制度。我市文化体制改革成效明显但成果还不稳固，一些制约文化科学发展的深层次矛盾和问题还没有完全破题，文化创新环境还有待进一步优化。必须按照中央全面深化改革的部署和要求，拿出更大的勇气和智慧，推进文化体制机制创新，确立新目标、规划路线图、实施新举措，进一步解放和发展文化生产力，为文化建设现代化打下更加坚实的基础。

2. 文化建设必须针对社会个体诉求新变化

社会群体逐步分化，个体诉求多元多样。随着改革的纵深推进，以公有制为主体的多种经济成分蓬勃发展，社会阶层分化的现象更加明显，人们的价值诉求和思想观念也出现了多元化的倾向。一些群众的价值观念趋于世俗化，重利轻义、重个人轻集体的情况日趋严重；一些群众在思想上陷入困惑，甚至对社会主义和党的领导的信念发生动摇；对"实现共同富裕"的社会主义的本质产生疑惑。与之相伴随的，是人民群众的精神文化生活出现了多样化的需求。健康有益的群众文化生活是主流，是大方向，各种广场文化、社区文化、企业文化等极大活跃了群众的文化生活；但同时占卜算卦等封建迷信现象和聚众赌博等落后文化活动在个别角落又有所抬头。

3. 文化建设必须适应媒体融合发展新环境

新兴媒体快速发展，舆论生态深刻变化。信息技术的快速发展和互联网的日益普及，尤其是微博、微信等新媒体的广泛运用，改变了人们的表达方式、话语地位，改变了舆论的生成、演化、发展走向，正在重塑媒体格局和舆论生态。互联网这个阵地，已经成为舆论斗争的主战场，对我们掌握舆论引导主导权主动权形成挑战。处置突发事件、应对舆论监督、加强网络管理等领域面临的问题越来越多，承受的压力也越来越大。面对新媒体时代主体多元、渠道多轨、诉求多向、重心多变、压力多维的传播环境，如何有效地将媒体的使用与管理有机结合，以创新举措开展宣传思想工作，有效提升正面舆论引导力、主流媒体影响力和新兴媒体调控力，进一步巩固主流意识形态的主导地位，责任非常重大。

面对严峻的形势和挑战，南京的文化建设还不同程度地存在欠适应、欠主动、欠科学的问题，主要表现在：相对于坚定共同理想信念的要求，我们的思想理论武装针对性、说服力和影响力还有待提升；相对于壮大主流思想舆论的要求，我们的舆论引导工作前瞻性、主动性和有效性还有待提升；相对于做优公共文化服务的要求，我们的文化服务供给丰富性、贴切性和充沛性还有待于提升；相对于提升文化整体实力的要求，我们的文化产业发展融合度、集聚性和增长速度还有待提升。原因主要在于：一是创新性不足，立足当前工作、解决现实问题多，缺少着眼长远、因势而谋、应势而动、顺势而为地推进工作。二是针对性不足，套用上级做法、完成工作部署多，缺少针对不同区域、不同群体和不同诉求差异化个性化地开展工作。三是广泛性不足，满足基本覆盖、针对主要人群多，缺少对新型组织、新兴群体和特殊领域的全面覆盖和有效管理。四是开放性不足，依靠党委政府、部门单兵作战多，缺少主动整合各种资源，发挥社会力量的联动合作机制。

二 南京文化建设创新的目标、定位和思路

《苏南现代化建设示范区规划》是我国第一个以区域现代化为主题的战略规划，充分体现了国家现代化建设"三步走"战略全局与江苏"两个率先"目标定位在苏南地区的结合，也是指导我市现代化建设的纲领性文件。在"五位一体"的总体战略布局中，文化建设只有与经济、政治、社会、生态等各项文明统筹谋划、共同推进，才能不断推动文化大发展大繁荣，为南京"两个率先"提供强大的思想引领、舆论推动、精神激励和文化支撑。

1. 明确南京文化建设创新的目标和定位

根据市委 2011 年十三届二次全会通过的《关于加快文化建设，提升文化实力，打造独具魅力的人文都市和世界历史文化名城的决定》，南京文化建设的总体目标，是建设文化实力强大、独具魅力的人文都市和世界历史文化名城。实践证明，这一目标符合苏南现代化示范区建设中关于文化建设的总体要求和发展方向，今后一段时期，全市宣传思想文化战线的主要任务就是朝着这个目标不断迈进，更加充分地发挥南京历史文化底蕴深厚，文化人才、教育、创意资源丰富和文化影响力独特的优势，努力打造全国公共文化服务高地、文化创作生产高地、文化产业集聚高地、文化人才荟萃高地、文化遗产传承高

地、文化创新引领高地，在文化建设的质量上、水平上、效益上不断精益求精，创造经验、做出示范。

2. 南京文化建设创新必须处理好四个方面的关系

党的十八大强调了中国发展阶段、主要矛盾、国际地位的"三个不变"，也强调了世情、国情、党情的继续深刻变化。宣传思想文化工作要在这种复杂形势中增强前瞻性、把握规律性、提高有效性，必须处理好三个方面的关系。

一是继承与创新的关系。文化建设既要在纷繁复杂的变化中始终保持清醒坚定，继承和坚守以往的丰富经验，确保根本任务不变、前进方向不变、优良传统不变；又要顺应新形势新环境新要求，锐意改革创新，用新思路解决新问题，用新方法产生新成效，用新格局确立新优势。

二是务虚与务实的关系。文化建设既要切实转作风、正学风、改文风，坚持真抓实干、求真务实，让群众享受到文化建设的成果；同时也要在形势的把握、工作的推进、问题的解决中加强对发展方向、实践经验、工作规律的认真研究和理性思考，以问题为导向、以实践为动力，推动理论创新，并以理论务虚的前瞻指引实际工作的务实。

三是大众与分众的关系。文化建设必须面向社会大众、实现广泛覆盖，以接地气、大众化的内容和形式凝聚广泛共识、引起普遍认同；同时也要适应社会阶层分化的形势，充分考虑不同对象的不同需求，以分众化传播、精准化传播提高工作的针对性、科学性和有效性。

3. 坚定南京文化建设创新的基本遵循

文化建设有其自身的工作规律，在指导思想、主要任务、工作导向、依靠力量、主要抓手、动力源泉等各个方面都必须主动掌握、自觉遵循这些规律。

一是要以科学理论为指引。文化建设必须坚持以邓小平理论、"三个代表"重要思想和科学发展观为指引，深入学习贯彻以习近平总书记系列重要讲话精神，引导人们牢固树立理论自信、道路自信、制度自信，坚定不移沿着中国特色社会主义道路奋勇前进。

二是要以两个巩固为根本。坚定的信仰信念始终是党员干部站稳政治立场、抵御各种诱惑的决定性因素。这就决定了即使文化建设的环境、对象、范围、方式发生了变化，但巩固马克思主义在意识形态领域的指导地位，巩固全

党全国人民团结奋斗的共同思想基础这个根本任务不能变。

三是要以人民需求为导向。文化建设要把实现好、维护好、发展好最广大人民根本利益作为出发点和落脚点，坚持以民为本、以人为本，着力解决群众最关心、最直接、最现实的问题，解决好"为了谁、依靠谁、我是谁"这个根本问题，把服务群众同教育引导群众结合起来，把满足需求同提高素养结合起来。

四是要以全党动手为依靠。在我国社会深刻变革和对外开放不断扩大的条件下，只有调动各方力量、运用各种资源，形成上下互通、横向联合、齐抓共管的大宣传工作格局，实现工作共融、资源共享、发展共赢，才能把宣传思想工作做得更好。

五是要以改革创新为动力。文化建设必须在总结和坚持以往宝贵经验和有效做法基础上，牢固树立创新意识、努力创新工作方法，不断丰富工作内容、手段和载体，切实增强工作的针对性、有效性和吸引力、感染力。

三　全市探索文化建设创新的重要着力点

南京要成为文化建设全省首位市、全国先进市，必须充分利用现有的资源和优势，加快推进工作各领域各环节的创新突破，尤其是要在一些重点领域和关键环节实现工作有创新、有突破，以一流的业绩和成功的经验为苏南现代化示范区建设做表率、做示范。

1. 深化理论武装，在坚定共同理想信念上创新示范

巩固马克思主义在意识形态领域的指导地位，巩固全党全国人民团结奋斗的共同思想基础，是一项面向全市、着眼全局的系统工程，也是一项重大而长远的政治任务。南京有强大的理论队伍，雄厚的研究实力，众多的媒体网站，为开展理论研究和理论宣传，巩固共同理想信念提供了有力支持。要充分利用这些资源，开拓深化理论武装的新方法、新路径，把坚定建设中国特色社会主义和实现中国梦的共同理想与推进南京"两个率先"的具体实践结合起来，凝聚干部群众的智慧和力量。

一是要在夯实理论根基中求深化。一方面，要进一步围绕党的十八大、十八届三中全会和习近平总书记提出的一系列新思想、新观点、新论断，围绕中国特色社会主义的丰富内涵和内在要求，围绕谱写中国梦南京篇章的生动实践，开展"新型城镇化战略与南京建设国家中心城市研究"等重大课题研究，推出一批有深度、有分量、有价值的研究成果；另一方面，要把研究成果贯穿到理论武装、新闻宣传、文化出版、主题教育、社会宣传、文明创建等各项工作中，让群众在参与文化建设、分享文化成果中激发对中国梦的热情向往，把科学理论的内在张力转化为润物细无声的教育引力和个体成长的持续动力，营造深化宣传教育活动的良性机制和浓厚氛围。

二是要在分层分众推进中求深化。根据不同群体的不同特点，分层次分类别开展教育引导，重点抓好几类人群。抓好党员干部尤其是领导干部群体，以学习型党组织和学习型领导班子建设为龙头，进一步健全各类学习制度、考评体系，强化理想、信念和党性教育，发挥他们的示范带动作用。抓好知识分子和青年学生群体，通过思想政治教育、社科规划引导、学校课程设置等，引导他们主动参与中国特色社会主义建设，并发出积极健康向上的声音。抓好基层群众群体，通过百姓宣讲、社区课堂、市民体验等形式，开展形象化、具体化、生活化的宣传，真实反映基层现状、生动展示社会风貌、有效回应群众诉求，激发群众坚定实现梦想的信心，扎扎实实做好自己的事情。抓好新经济组织和新社会组织群体，更加关注并注重发挥他们的引导作用，扩大宣传教育的覆盖面。

三是要在完善落实机制中求深化。建立健全宣传教育工作的考核、评价与协调机制，通盘考虑，科学谋划，有序推进。健全统筹协调机制。把宣传教育活动放在党委工作大局中来谋划、设计、推进。宣传部门要会同组织部门，吸纳工会、共青团、妇联等部门，协调关系民生的一线部门，形成党委统一领导、部门齐抓共管、社会支持配合、市民自觉参与的强大合力。健全激励保障机制。把开展理想信念教育作为学习型党组织建设等的重要内容，及时总结提炼好经验好做法；大力提升基层宣传干部、骨干整体素质，开展宣传业务、文化知识和大型活动策划等专题培训，增加必要的工作经费投入，充分调动积极性和主动性。健全监督评价机制。进一步规范理想信念教育的内容、标准、时机和方法，把目标任务和标准要求细化到每个阶段、每个环节，进行多形式、多层系、多方面的综合性检查指导和督促评估，切实使软指标变成硬任务，形成按级负责、分级管理、积极参与的常态运行机制。

2. 加强遗产保护，在打造历史文化名城上创新示范

文化遗产保护和传承，是延续城市历史文脉，增强市民城市认同，促进文化多样发展的重要基础。南京拥有丰富的历史文化资源，文化遗产门类多、样式多、层次多，在完善保护规划、严格保护制度、细化保护举措、提升保护水平等方面做了长期、有效地探索。要坚持文化为魂，深入发掘南京优秀历史文化，突出立法保护、原真保护、整体保护和信息保护，使文化遗产真正成为城市的活的灵魂和市民的生活需求，成为保障和提高文化民生的重要推动力量。

一是突出立法保护。按照《世界文化遗产保护管理办法》、《世界文化遗产申报工作规程》等规定要求，围绕南京城墙、海上丝绸之路南京遗迹、中山陵及附属民国建筑、南京大屠杀史档案等申遗项目，开展保护立法和规划编制工作，建立完备的遗产监测体系、数据库和有效反应机制，严格控制和逐步调整保护范围（遗产区）和建设控制地带（缓冲区）内的建设活动；建立基本准确、全面、强大、生动的阐释与展示体系和设施，制定科学合理的游客管理和服务措施。

二是突出原真保护。对大遗址保护项目严格论证、规范程序，保持文化遗产和文物本体的真实历史信息。完成大遗址保护的规划编制和行动计划，建成一批国家和省、市级大遗址保护项目，打造一批有国际影响、有地域文明特色和旅游开发潜力的大遗址公园，形成南京大遗址保护体系；申报国家考古遗址公园以及江苏省大遗址保护项目；与国家、省文物部门共同举办大遗址保护高峰论坛等学术研讨活动，确立南京在全国大遗址保护工作中的重要地位。

三是突出整体保护。坚持以改善人居环境、惠及人民群众为宗旨，突出重点、兼顾一般，统筹开展重要近现代建筑（民国建筑）保护、工业遗产保护和老城南复兴等工作，利用历史轴线、文化脉络、道路系统、山体水系、开敞空间等要素，串联整合各类历史文化资源，规划和实施历史文化游览步道系统，保持南京特有的古都格局、历史风貌和文化尺度，实现历史文化资源本体保护和周边环境整治的有机统一，推动文化遗产的功能转换和保护利用的利益共享。

四是突出信息保护。成立南京文化遗产保护信息中心，建立文化遗产数据库和资源管理系统，实现文化遗产保护、管理和利用数字化、信息化。运用虚拟现实技术、三维图形图像技术、计算机网络技术、立体显示系统、互动娱乐技术、特种视效技术等，逐步建立网上博物馆、数字博物馆和多功能查询平台，将实体博物馆呈现于网络空间，将传统博物馆的业务工作与计算机网络上的活动紧密结合起来，构筑博物馆大环境所需要的信息传播交换桥梁。

3. 加快产业发展，在提升文化整体实力上创新示范

充分发挥南京资源禀赋优势，坚持以先进文化为内容，以现代科技为手段，以重大项目为带动，以培育龙头企业和创新品牌为重点，引导金融资本、社会资本、文化资源相结合，推动文化与科技、金融、旅游相融合，进一步创新发展路径，培育新兴业态，促进文化消费，加快构建统一、开放、竞争、有序的现代文化市场体系和布局合理、重点突出、关联度大、竞争力强的现代文化产业体系，提高规模化、集约化、专业化水平，建设全国重要的文化创意中心。

一是促进文化与科技融合，建设"国家文化与科技融合示范市"。落实《南京市文化与科技融合发展规划纲要》。制订国家文化科技融合示范城市建设方案，全面推进基础技术研发、全媒体资源整合、园区企业跨界融合等八大工程，重点发展数字影音娱乐、现代创意设计、新兴网络传媒、智慧旅游休闲等四大产业领域和十二个产业方向。推动集中集聚集约发展。排出 2014 年度全市文化产业发展"七个一批"重点项目，打造一批占有资源少、科技含量高、产出效益好的文化产业园区（基地），扶持骨干文化企业做大做强，支持市属集团瞄准趋势、围绕主业、盘活资源，以大项目为抓手加快产业发展。高标准建设公共技术平台。按照国际一流标准完成中国（南京）数字文化产业公共技术服务平台一期建设，初步发挥"培大树"和"育小苗"功能。依托中国（南京）未来网络谷，成立未来网络与文化融合创新产业联盟，推动以移动互联为重点的网络文化产业发展。

二是促进文化与金融融合，建设"国家文化金融实验区"。强化政策引导和支持。落实《全市文化产业投融资体系建设计划》，完善财政资金支持文化发展的投入机制，健全文化信贷风险补偿机制，创新符合文化企业成长规律的资金评审机制。建立全市优质文化企业数据资源库和重点文化企业征信体系。构建文化金融服务链条。发挥第一批"文化银行"作用，建立专门团队，开发创新产品、加大信贷投入，支持文化企业发展。整合各方资源，组建总规模10亿元的南京文化产业发展基金，为成长期文化企业和重大文化项目融资服务。建立拟上市文化企业库，争取2013年1家文化企业上市，1~2家进入辅导期。搭建专业化服务平台。发挥全市文化金融服务中心的复合金融优势，对接银行、创投、小贷、担保、保险等机构，组建评审专家团队，快速收集融资信息，提供全方位、差异化的金融、信息、培训等服务支持。发挥省市文化产权交易所功能，为文化类产权交易提供市场服务。

三是促进文化与旅游融合，建设"国际著名旅游城市"。重视规划引领。加大对文化旅游资源的挖掘梳理，加强对文化旅游项目的创意策划，推动文化旅游名街、名镇、名村建设，打造文化旅游特色产业集聚区、特色区、示范区。实施创意驱动。应用最新科技，结合一流创意，打造彰显南京文化、视觉效果震撼、水平国际一流的大型演艺节目。建设南京创意设计中心，打通南京旅游文创商品的需求、创意、设计、生产、销售产业链，带动旅游业发展。推进重大项目。加快牛首山文化旅游区、金陵大报恩寺遗址公园、栖霞山文化产业集聚区等重大项目建设，加快明城墙整体申遗、明故宫遗址公园等文博项目推进，以青奥会为契机，完善旅游软硬件建设，提升服务水平，向国内外展示南京城市形象。

4. 健全激励机制，在激发文化人才活力上创新示范

文化建设领域的评奖活动，是对文化理念的肯定、精神劳动的尊重和文化生产的扶持，具有激励、启发和引导作用，也是实现文化管理的重要途径。我市现有各类文化评奖基础较好，具有评奖主体多元、兼顾事业产业、模式丰富多样、综合效益初显等特点。要进一步完善奖项设置，规范奖项运作，打造奖项品牌，充分发挥各类文化奖项对激励文化生产、培育文化人才的促进作用，辐射带动文化活动，丰富群众文化生活。

一是加强资源统合，完善奖项设置。统合规范关于文艺、新闻、社科等各类奖项设置，充分发挥评奖工作的激励效应。在文化创作生产各个领域，与文艺评论奖等中央和省级奖项对接，完善全市各门类奖项设置。对于文化部文华奖和群星奖、江苏"紫金文化奖章"等无法对应设置的奖项，建议将"十大文化名人、十大文化精品"与"金陵文学奖"合并为"金陵文化奖"，下设不同的子项，分别对高层次的文化名人、名品和基层的文化工作者、群文创作给予表彰奖励。对于一些名称上不统一的奖项，要尽可能统一起来。例如新闻奖，省委宣传部设了江苏省新闻出版政府奖，省广电局设了江苏广播电视新闻奖，省记协设了江苏新闻奖，我市由市委宣传部等部门联合设了"南京新闻奖"，建议调整范围或者更换名称，与省里的奖项全面对接。

二是优化评奖程序，规范奖项运作。建立客观、公正、科学的评奖机制，加强对奖项运作各个环节的规范。奖项的设置与评奖程序的设定中，都必须明确以人民为中心的工作导向，坚持市场效益和社会效益兼顾，服务群众与教育引导群众相结合。健全以政府为主导，由第三方机构独立运作的工作机制。建设文化评奖专家库，完善有利于评委独立评判的程序设计，科学设置评价指标体系。建立专门的文化评奖参与、宣传和推广网站，在评奖的各个环节都建立群众参与的机制、畅通群众参与的渠道。重要奖项评选，必须接受公证机关监督，并尽可能设置社会监督环节，主动公开评委、规则、结果等相关信息，接受群众的监督和举报。

三是加强引导管理，打造奖项品牌。着眼我市文化建设长远发展的需要，加强管理，打造品牌，推动各类文化评奖活动有序、有效地开展。制定实施关于各类文化评奖活动的管理办法，明确办奖资格、申报程序、主管部门和管理细则，规范体制内外各类评奖活动的设置。以公共财政投入为引导，吸纳社会资金参与，重点打造以市委市政府名义颁奖，立足南京本地、辐射全省全国，覆盖不同层次文化建设者的文化奖项品牌，制定长期的品牌推广计划。同时，积极争取国家级文化大奖落户南京。对于无法由党委政府设立奖项，但属当前文化建设中亟待扶持和培育的领域，例如文化创意设计、微电影制作、文化公益创意项目等，整合资源、加强管理，鼓励和引导行业协会和民间的评奖活动。对于公共文化服务领域设置的奖项给予更大力度的扶持，设立以公共文化服务活动项目为对象的奖项，以鼓励公共文化领域的工作者。

B.28

拓展国际视野　传承南京文脉
构筑现代格局　加快推动南京文化
创意产业大发展

——赴港澳台学习考察文化创意产业调研报告

中共南京市委宣传部*

摘　要：

港澳台文化创意产业的发展为我们提供了很多有益的经验和启示。加强与港澳台文化创意产业界的合作交流，应成为南京文化创意产业未来跨越式发展的重大契机和战略举措。一是要积极打造高层次的文化产业国际化交流平台，二是要加大对港澳台文化创意产业项目的政策扶持力度，三是要加强与港澳台在文创人才培养方面的交流合作。

关键词：

港澳台　文化创意产业　基本经验　基本启示

2013 年 2 月 18～27 日，市委宣传部随省市委访问团赴澳门、香港和台湾学习交流。在十天的考察活动中，通过举办专场交流推介会、举办文化创意精品展，参观园区企业、拜访重要客商、洽谈合作项目等一系列活动，广泛接触了港澳台文化创意产业界人士，深入学习了三地文化创意产业先进经验，宣传推介了南京文化产业重大项目，签订了多个文化产业项目合作协议，进一步深化了两岸四地文化产业交流合作。本次交流考察活动开阔了我们的视野、学习

---

* 执笔人：潘谷平、诸敏。

了经验、找到了差距，对开辟南京文化产业发展新空间，推动南京文化产业跨越式发展具有重要的意义。

一　印象与感受

十天的学习考察，让我们对澳门、香港和台湾文化创意产业的基本情况有了一定的认识和了解，尤其是台湾的文化创意产业起步较早、经验丰富、管理先进，不仅有着巨大的经济体量、享誉世界的品牌企业，还在政策扶持、产业孵化、创新机制、人才培养等方面有着较强的优势。文化创意不仅使台湾的产业发展获得新生，还把"台湾代工"催化为"世界创造"。港澳台三地依托历史文化，挖掘区域特色，运用市场机制，整合社会资源推动文化创意产业发展取得了丰硕成果，给人留下了深刻印象。

（一）高位的政府规划设计和政策支撑体系

台湾对文化创意产业发展进行高位规划，给予强力推动。台湾"行政院"2009年通过了《创意台湾——文化创意产业发展方案》，2010年"立法院"通过《文化创意产业发展法》，对创意产业发展给予有力的政策支持。同时将《文化创意产业发展计划》列入重点项目，整合文化与创意资源，将新的运作模式应用于发展实践，有力推动了台湾地区经济社会发展。2010年"行政院文化建设委员会"颁布《文化创意产业补助作业要点》，向研发生产组、品牌行销组、市场拓展组每年提供资金补助。启动250亿新台币的文化创意产业优惠贷款，贷款最高额度为1亿新台币，贷款范围为有形资产、无形资产、周转资金、新技术研发、人才培训五个方面。香港也把发展创意产业作为应对经济危机、重振香港经济的重要引擎，专门成立"创意香港"办公室和文化创意督导委员会协调相关部门和重大项目，先后出台了一系列政策措施，包括投资兴建必不可少的基建设施、提供投融资及各类服务支持。

（二）鲜明的区域资源和特色文化融合模式

台湾文化创意产业发展非常注重挖掘地方优势资源，凸显地域特色文化，在多元文化的激荡交融下，传统文化韵味和多元文化风情并存。台湾注重对烟厂、酒厂等载体的活化利用，建设了以创意生活为核心的华山文创园、以建筑设计和艺术为核心的台中文创园、以传统艺术创新为主的嘉义文创园、以发展文化观光产业为主的"东部文化橱窗"花莲文创园和具有"南部生活风格品牌"的台南文创园"五大创意园区"，通过先进的规划、精准的定位和务实的推进，逐步打造成为功能全面的区域文化艺术中心、创意中心和消费中心。澳门则充分依托博彩业及其带动的旅游业，将文化创意产业充分嵌入本体支柱产业体系，延伸拓展博彩产业链，定期举办大型旅游节庆活动，设计推广主题旅游线路，加强文创与博彩业的融合互动，形成以旅游为载体，与博彩业相结合的特色文创产业体系。

（三）健全的市场运作和社会合作互动机制

港澳台三地都具有较为健全的市场经济制度和运作机制，在文化创意产业领域，政府、商界、业界和社会力量各司其职，形成了比较成熟的市场运作模式。如香港2002年实施香港水警总部活化改造计划，本地企业长实集团中标后，在政府的原则规范和先进的商业理念指导下，投入巨资将其改造为香港经典文化和现代潮流风尚完美结合的综合街区，让来此观光的游客既充分感受老香港的独特风貌，又享受到别具风味的文化盛宴，成为全球文物古迹活化改造的典范。台新金控和富邦金控都是台湾的商业金融机构，却分别成立了文化艺术基金会和文教基金会，其对推动文化发展倾注的热情之高、运作手段之专业、眼光之长远、效果之显著，给我们留下了非常深刻的印象。三地在各大文创行业门类和领域都有相应的商会和协会，承担着规范行业发展、整合业界资源、提供专业服务、举办大型活动、培训创意人才的重要职责。通过这些大型企业、非政府组织和民间法人社团的积极参与，既充分整合了社会资源支持文创产业发展，又保证了文创产业自由市场机制的良性运行。

（四）宽广的发展视野和卓越精致的追求

我们考察所到之处，都能深深感受到，港澳台地区政府、文化企业家和从业者，对于文化项目运作规律的充分尊重和有效把握，文化企业无论大小，都展现出强烈的品牌意识和良好的企业形象，文化产品无论贵贱，都坚持原创，追求格调，品质上追求卓越，细节上尽善尽美，值得我们认真学习和借鉴。澳门的大型水上汇演《水舞间》，总投资超过 20 亿港元，聘请世界级制作和演出团队，历经 7 年谋划排练，精彩的剧情、震撼的效果吸引了 150 万人次观看，赢得了良好口碑。台湾积极倡导"生活创意化、创意生活化"，推出"生活美学运动"，一块肥皂的外包装和表面图案，都要经过精心的创意；"台华窑"的设计师团队愿意花费一个月的精力对一个酒瓶的设计进行反复琢磨。正是这种在国际化视野下对标准和品质近似苛刻的追求，使得台湾的文创产业走上了国际化的舞台，打开了文创产业发展的广阔空间。

二　启示与收获

澳门、香港、台湾拥有不同的文化背景和发展模式，文化创意产业也走出了不同的发展路径，但是通过对三地的考察，能够发现在表象差异中存在着一些共性的东西，正是对这些深层次要素的尊重、坚守和执行，才有力保障和推动了港澳台三地文化创意产业的蓬勃发展。

（一）发展文化创意产业要牢固树立和坚持本土化、特色化和国际化的高位追求

本土化、特色化和国际化的完美结合是三地文化创意产业发展取得突出成效的重要因素。从台湾深厚的中华传统文化烙印和浓郁的本土风情，澳门独特的历史文化元素和博彩娱乐业特有的奢华格调，香港鲜明的多元文化烙印和国际化风格，均可以看到以上三个方面的充分融合。南京的文化创意产业发展应该借鉴港澳台成功的经验，将丰富的历史文化底蕴、特色精华元素和国际化的理念视野相结合，特别是要加强与港澳台文化创意产业界的沟通交流，认真学习消化三地的先进理念和做法，将其作为南京文化创意产业"走出去"、迈向国际化的"跳板"，在更大范围更高层面上整合融通各类资源，形成文气、大气、洋气兼具的风格，打造高品质国际化的文化创意产业。

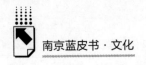

（二）发展文化创意产业要认真遵循城市发展、文化发展和产业发展的基本规律

在考察中我们感悟到，文化创意产业是承载、传承、弘扬文化的经济活动，其发展必须遵循一定的规律。对港澳台三地文化创意产业的发展进行思考，文化创意产业的发展首先要遵循城市发展的规律。城市的历史底蕴的挖掘为文化创意产业的发展提供内容，现代城市精神的树立为文化创意产业发展确定了定位，城市未来的发展方向为文化创意产业的发展明确了目标，文化创意产业发展要更好地服从和服务于所在城市的战略定位和发展目标。另外，文化创意产业的发展要遵循文化发展的规律。内容是文化创意产业的核心，在发展文化创意产业过程中，要坚持对本土文化的敬畏尊重和科学创新，彰显文化传承的张力；要坚持"见物更见人"的原则，既要重视建设物化载体，更要积极培育文化内容，关注文化创意发展中最重要的要素——"人"的培育和提升。文化创意产业的发展还要遵循产业发展的规律。通过引入产业规划的原则和方法来规划和凝练产业方向，通过运用市场化的机制和手段来运营文化创意园区和培育文化创意企业，通过践行全面服务的理念来优化发展环境，培养文化创意企业家。尤其注意发展文化创意产业不能仅仅追求增加值、园区、项目、企业的简单增加，更要使产业投入转化为有效产出，通过提供空间、创造产品、打造环境，鼓励、引导和促进广大老百姓进行各种形式的文化消费，推动文化再生产和文化大繁荣。

（三）发展文化创意产业要努力形成和巩固政府引导推动、企业主体实施和社会各方参与的工作机制

政府要找准自己的角色定位，做到"有所为有所不为"，"有所大为有所小为"，在方向把握、规划引导、政策服务、市场规范方面要下大功夫，在推动重大项目实施，发挥引领示范作用上要下大力气。要尊重文化创意企业的市场主体地位，充分发挥市场在文化产业资源配置中的基础性作用，鼓励社会资本和企业主体以各种规范形式投资进入文化创意产业，走产业化和市场化的发展路径。要"跳出产业看产业"，充分发挥各类企业、行业协会、中介组织的作用，将社会各界尊重文化、重视文化的意愿和分散在各个主体、各个层面的资源，通过有效的机制和平台，转化为推动文创产业发展的动力和行动，调动社会各界的积极性，形成文化创意产业发展的"大格局"，构建活跃的要素市场和环境，多管齐下构建人才、技术、项目、资金有效融合的生态系统。

（四）发展文化创意产业要积极推动与科技、旅游的深度融合

无论是精彩刺激的澳门《水舞间》文化演出，生动传神的台北故宫馆藏文物精品的数字活化，还是华丽精美的法兰瓷、莺歌台华窑等世界级高端瓷器，或是奢华壮观的1881街区，到处都体现出文化创意与科技、旅游的深度融合。通过对港澳台文化创意产业发展的考察，我们更加深刻地认识到，发展文化创意产业一定要有大视野，要积极推动产业跨界和融合，通过创意的手段焕发活力，插上科技的翅膀展翅高飞，借助旅游的平台更快速地产生价值。重点发展数字影音娱乐、现代创意设计、新型网络传媒和智慧旅游休闲等重点产业，推动文化创意与科技、旅游的深度融合发展，做大规模，做强产业，做出品牌。

三　对策与举措

近年来，在市委市政府的正确领导下，南京文化产业取得长足发展，2012年文化产业增加值335亿元，比2011年增长25%以上，占GDP的比重达4.7%；连续三年在全省文化绩效考核中排名第一；2012年再次被评为"全国文化体制改革工作先进地区"。在亚太文创产业协会新近公布的2013年两岸城市文化创意产业竞争力排行榜上，南京位居北京、上海、台北、杭州之后，名列第五。但是南京的文化创意产业和先进地区相比，在产业规划、平台运营、品牌打造、机制创新等方面仍然存在一定差距，需要进一步找准发展标杆，创新发展机制，加快科学发展。

（一）规划与设计

要在近几年出台的文化大发展大繁荣"1+5+1"文件体系基础上，科学分解细化阶段性目标，聘请国内文化产业知名专家，成立全市文化产业发展专

家指导委员会，围绕文化科技融合等重点领域，尽快编制完成前瞻引领、重点突出、切实可行的产业发展规划和空间布局规划，将议论、谋划落实到具体的地域和载体上，将人才、资金等资源投入到重点发展的领域和方向上，将目标、思路物化到具体的项目、园区和企业上，集中力量，聚焦重点，防止同质无序竞争，提高资源配置效益，做到建成一个，带动一批，示范一片。

（二）项目与平台

按照策划一批、签约一批、开工一批、竣工一批、落地一批、产出一批的"六个一批"原则，近期南京市委宣传部正在牵头对全市2013年度的重点文化项目进行认真梳理。要将这次赴港澳台签约的文化项目和有关项目信息纳入项目管理体系，加强跟踪对接，重点加以推进。加强对港澳台企业界的文化招商工作，重点引进时尚设计、工业设计、影视制作、动漫创作、数字出版、音乐制作、视觉艺术、创意教育培训等行业领域内的大项目。借鉴港澳台发展文化创意产业的长远眼光，不要局限于就产业谈产业，积极鼓励更多的大型企业跨界投资文化创意项目，运用其在其他产业领域积累的经济资本、运作经验，推动文化创意产业发展。

（三）特色与品牌

南京文化内涵丰厚、历史文脉昌盛，要在世界城市之林中保持鲜明个性和独特光彩，必须要从数千年的文化积淀中提炼出最能体现南京特点的文化元素，如"天下文枢"、"大明盛世"、"金陵佛都"、"民国印象"等，通过借助科技、创意的力量，将特色文化元素转化为现代的文化产品、文化服务和文化消费。可以借鉴香港"创新设计中心"和台湾"台创中心"的建设理念和运作模式，选择合适地域和载体，建设"南京文化创意设计中心"，引导全市的高层次文化创意和设计人才集聚，打造集设计、展示、活动、消费功能为一体的高品质园区。在此基础上引导和鼓励龙头企业打通产业链上设计、研发、生产和销售等环节的梗阻，成立全市创意设计师联盟、评选"南京印象设计奖"，推出"最南京"文化品牌，开设南京文创精品专卖店，建设综合性、高端化、一体化的综合功能平台，使得南京大到城市形象、重大活动和重要展会，小到旅游文创产品等，都能够在表达形式、技术水平、包装设计、营销手段、推广渠道等方面，与国际接轨，向高端看齐，进一步打响文化名片，彰显古都魅力，让南京的文化生产力释放巨大活力，产生新的飞跃。

（四）机制与活力

加强对全市文化产业发展资源的整合协调，打通政策、资金、载体、信息等资源要素的分割瓶颈和沟通渠道，使南京市的行政资源和产业资源能够更高效地服务文化产业发展。充分发挥文化企业主体作用，调动企业家的积极性和活力，定期评选"南京文创企业十强"，努力培育"三个一批"，即培育一批有实力、有竞争力的规模文化企业，培育一批潜力大、成长性好的中小文化企业，培育一批有活力的合格市场服务组织。加强对南京市已成立的10余个文创类行业协会的指导，加强与港澳台文化产业协会的沟通交流，学习借鉴先进运作模式，全年举办不少于50场文化产业互动交流活动，打造"不落幕的文交会"。

（五）传播与培育

抢抓2013年亚青会、2014年青奥会机遇，充分借助各类传播媒体、文化交流、体育比赛和名城会等活动载体，架起南京与港澳台文化产业领域交流合作的便捷桥梁，积极输出南京的文化元素，以港澳台为窗口，增进国际社会对南京的认识和了解。积极鼓励南京文化创意企业走出去，以资本等为纽带，积极参与国际市场竞争，磨砺打造国际化的龙头文化创意企业，树立国际化的文化创意品牌。注重营造整个社会的文化氛围，培养民众的文化消费习惯，将文化事业发展和文化产业发展有机地结合起来，在交融中更好地寻找商机、培育主体和营造环境，营造健康繁荣的文化市场环境，为发展文化创意产业搭建最好的孵化器。

四　几点建议

港澳台是南京文化创意产业追踪国际化的窗口、走向国际化的桥梁。加强与港澳台文化创意产业界的合作交流，应成为南京文化创意产业未来跨越式发展的重大契机和战略举措。为更好、更快地推动南京市文化创意产业的发展，建议市委、市政府继续加大对文化创意产业的投入和扶持力度，建立和港澳台地区开展文化交流、项目合作的长效机制，促进南京市文化创意产业的国际化、高端化发展。

（一）积极打造高层次的文化产业国际化交流平台

本次省委文化交流团赴台湾交流访问后，省委宣传部明确提出今后每年3月都要组织各市赴台湾开展文化产业交流，形成稳定的沟通长效机制，并筹备在"紫金山峰会"期间举办宁台文化产业交流活动，建议南京市主动对接省委宣传部和省台办等有关部门，争取将文化创意产业交流列入2014年"紫金山峰会"内容，在此期间以市委、市政府名义主办"紫金山·全球华人文化创意峰会"，将港澳台三地以及全球华人界的文化创意资源整合到南京这个平台上来。从现在开始，每年定期梳理南京与港澳台和世界各地开展以文化创意产业为主的国际文化产业交流的"十大活动项目"，通过积极开展多种方式、多种渠道的交流合作，提升南京文化创意产业的知名度和影响力。

（二）加大对港澳台文化创意产业项目的政策扶持力度

在之前南京和港澳台在文化相关产业良好的合作基础上，这次交流期间共有9个项目正式签约，内容涵盖了园区建设、人才培养、活动举办、媒体合作等多个领域，其中包括了一批重大项目，如法兰瓷总裁陈立恒先生拟牵头在南京建立全球华人文创品牌总部园区，规划建设面积55万平方米，包括品牌营运中心、孵化中心、人才培训中心、展演销中心、活动中心和服务中心六大功能模块，打造两岸乃至华人文创品牌的旗舰型培育和集聚平台。台湾盛杰通公司牵头，在江宁汤山建设海峡两岸文化遗产创新设计育成特区，围绕南京"大明盛世"文化品牌，建设十个博物馆和一批文化设施。台湾商玛公司与南京市惠通公司合作建设南京惠通创意文化产业园。近期这批项目的合作方将陆续来宁洽谈相关项目推进工作，建议市委市政府进一步加大对港澳台在宁投资文化项目的政策支持，通过财税优惠、贷款担保、用地支持等方面的扶持措施，鼓励港澳台企业家关注南京、投资南京、宣传南京，推进项目加快落地，尽快建设。

（三）加强与港澳台在文创人才培养方面的交流合作

文化产业经营人才队伍的眼光、素质和能力，是决定南京文化产业尤其是文化创意产业发展层次和水平的关键要素之一，也是目前的重要制约瓶颈。建议市委市政府一方面继续加大对"五个一批"中文化产业经营人才的培养力度，引进台湾、香港的文创培训课程，举办南京文化企业家高级研修班，运用专家培训、案例分析、实地考察、体验演练等方式，培养一批懂文化、善经营、会创新、高素质的文化企业家，打造南京文创企业界的"黄埔军校"。同时以"321"人才计划为抓手，加强对前三批"321"领军型文化创业人才的跟踪培养和项目的落地服务，在2014年第四批创业人才申报工作中，考虑到文化人才和科技人才的差异性，进一步完善"321"领军型文化创业人才的认定和引进政策，特别是加大对港澳台文化创业人才的宣传和引进力度，做到引进一个人才，建设一个团队，推进一个项目，并为他们发挥作用营造良好环境。

B.29
南京文化产业"空间"拓展问题研究

南京文化产业研究中心*

摘　要： 文化产业的发展，关系到南京经济转型、经济增长和维持就业率。南京拥有丰富的文化资源，且已步入中等收入阶段，进入了文化产品消费市场加速膨胀的新阶段。从产业政策、文化消费市场、产业园建设、国有文化集团四个关键维度研究南京文化产业的拓展"空间"，促进南京文化产业的发展十分必要。

关键词： 南京文化产业　产业政策　产业集聚　文化消费市场　国有文化集团

南京文化产业的发展，关系到南京经济转型、经济增长和维持就业率。调查显示，有效的文化产业政策能够更好地促进资源的合理分配和有效利用；南京文化消费市场正加速膨胀，市场空间巨大；文化产业园促生产业集聚效应，降低交易成本；四大国有文化集团是南京文化产业建设的重要组成。因此，从产业政策、文化消费市场、产业园建设、国有文化集团这四个关键维度研究南京文化产业的拓展"空间"，促进文化产业发展十分必要。

一　南京文化产业亮点纷呈

文化产业的已有绩效，既是文化产业进一步发展的基石，也是分析文化产

---

* 执笔人：郭霖、方辉振、黄科。

业空间拓展的基础。2012~2013 年，全市文化企业达 14700 家，文化产业增加值达 366.7 亿元，占 GDP 比重达 5.1%，是全省唯一超过 5% 的地区。其中文化产品的生产增加值为 243.54 亿元，占比 66.41%，文化相关产品的生产增加值为 123.18 亿元，占比 33.59%。从总体上看，南京文化产业亮点纷呈，特别突出的是以下几个方面。

1. 政策文件密集出台

在现有体制下，政府的产业政策对产业发展仍有重要作用。近年来，南京市各级政府和各相关部门对文化产业建设日趋重视，其重要表现就是扶持性政策密集出台，2012 年以来，其出台政策内容涉及广泛，既有综合政策，也包括体制改革、国资监管、金融、科技、文化人才等各方面政策。同时，政策供给部门也出自各部委办局，显示出前所未有的重视。

2. 产业园建设独具特色

文化产业园区是孵化文化企业，形成文化产业集群的基地。园区内文化企业依靠产业集聚效应降低交易成本，获得外部规模经济，形成竞争优势。2012 年，南京市出台了《全市文化产业园认定管理办法》，重新评出第一批 8 个市级重点园区，努力打造业态先进、功能完善的示范性文化产业集群。截至 2013 年底，南京市已有 9 个国家级文化产业园区，7 个省级园区和一大批特色园区，载体面积超过 300 万平方米，投资总额超过 300 亿元，入驻企业超过 2000 家。

3. 四大集团体制改革风生水起

骨干企业一般实力雄厚，规模较大，是产业建设的重要组成部分，它们串联于上下游企业，拉长产业链条，对于稳定产业市场有重要作用。近年来，南京经过体制改革，组建成南京报业传媒集团、南京广播电视集团、南京市文化投资控股（集团）有限责任公司和南京出版传媒（集团）有限责任公司这四大骨干企业。四大集团的体制改革使这四家企业更能接受市场调节，更贴近于市场需求，更易激发其创新和竞争能力。

4. 文化创意与金融、科技多元融合

文化产业的发展之魂是文化创意，但文化创意的产品化、产业化和市场化还有赖金融支持和科技支持。近年以来，南京市已经在文化创意和金融科技的融合中做出了新的尝试。2013 年，南京市为了重点打造"国家文化金融试验区"，大力整合资源。11 月，全国首家综合性文化金融服务机构——南京文化金融服务中心成立，江苏省文化产权交易所、南京市金陵文化科技小额贷款公司、南京市文化艺术产权交易所揭牌，南京银行、北京银行、交通银行、中国银行等四家银行正式成为南京市首批文化银行，南京市第一只文化类天使基金也顺利签约。2013 年，由南京市江宁区科创投集团建设的南京市首家科技金融超市正式运营，表明科技与金融融合正在成为南京文化产业发展的新动向。

二 南京文化产业拓展"空间"探讨

自我纵向比较，南京市文化产业已经初见绩效，但若与北京、上海、深圳、广州、杭州等城市横向比较，则差距明显。用国家发改委政策研究室的九条考察指标来看，南京文化产业还不能完全被称为支柱产业。要想进一步拓展南京文化产业发展空间，就需要探寻南京文化产业建设中的制约因素和缺陷。

1. 南京文化产业政策空间探讨

有效的产业政策能够更好地促进资源的合理分配和有效利用，促进产业超常规发展，在短期内达到仅仅依靠市场机制无法达到的水平。2012 年以来，南京出台的文化产业政策不可谓数量不多，但是这一政策体系仍然有完善的空间。具体表现在以下几个方面。

（1）政策供给和政策需求存在错位。现在南京市涉及推进文化产业发展的政策和规划数量很大，但由于政策是各个职能部门依据职权分别制定，存在不同程度的政策和规划制定部门化、部门利益制度化的倾向，而且，政策制定部门的自身利益与企业利益存在差异，由此也就产生了政策供给与企业对政策需求的对接差异问题。据调查，即使目前政府扶持政策层出不穷，但高达90％以上的文化企业仍然对南京文化产业政策存在盲点。文化企业认为，他们最需要解决的贷款担保问题、创意人才和管理人才匮乏问题、税收问题等都缺乏相应可执行政策。因此，制定有针对性的文化产业政策并把它们细化、落实是当前文化产业政策的关键环节。

（2）产业政策有待优化。目前，南京文化产业政策存在着较严重的适用选择性，即，有些政策并不普适于各类企业。由此产生的结果是政府在扶植重点的同时，也就充当了"圈定赢家"的角色。有选择对象的政策的更大危害在于破坏了自由贸易、公平竞争的市场环境，造成市场信号直接或间接的扭曲。例如，《南京市文化产业发展专项资金管理办法》这样的政策所规定的专项资金获得门槛相对较高，中、小、微企业几乎无法得到资金资助。

（3）文化消费政策欠缺。虽然在根本上文化市场的繁荣，文化产品的消费实现于个体的选择，但实践证明，政府行为对引导居民增加文化消费，营造文化产业发展氛围，从而撬动文化潜在市场也有很大作用。2013年6月，上海市出台了《上海城市文化氛围营造三年行动计划》，积极实施文化与商业、旅游、交通、科技等融合发展战略，以全新的文化理念、视角和举措，从城市文化氛围上促成文化消费市场的繁荣。与此比较，南京市还欠缺相关方面的政策。

2. 南京文化消费市场空间探讨

2012年，南京人均GDP已达14039.25美元，步入了中等收入阶段。2009~2012年，南京市人均GDP、人均可支配收入呈现稳步增长的势态，人均消费总支出、人均文化娱乐支出的增长幅度也基本稳定，但是南京文化消费市场仍然存在如下问题。

（1）与国际社会文化消费需求相比，南京人均文化娱乐支出占人均消费总支出的比率偏低。根据国际经验，当人均GDP达到或超过3000美元时，文化需求在个人消费中将占23%。表1表明，2009~2012年，南京市城市人均文化娱乐支出不断增加，占南京市城市人均消费支出的比率依次为10.10%、12.12%、11.90%、13.22%，基本呈现稳定增长的态势，但距离国际经验水平的23%还存在明显差距。这表明，南京文化消费存在着巨大潜在市场。

表1 南京市城市人均文化娱乐支出与城市人均消费总支出比值

单位：元，%

项目 \ 年份	2009	2010	2011	2012
南京市城市人均文化娱乐支出	1650	2200	2471	3106
南京市城市人均消费总支出	16339	18156	20763	23493
人均文化娱乐支出/人均消费总支出	10.10	12.12	11.90	13.22

资料来源：《2013年南京文化发展蓝皮书》；2010～2013年的《南京统计年鉴》。

（2）南京人均文化娱乐支出的增长率存在较大波动。从图1可见，2010～2012年的3年间，南京人均文化娱乐支出的增长率波动较大，表明市场发展并不稳定。不稳定市场对于企业收益预期有负面影响，在风险预防意识指导下，将导致厂商创新动力下降，投资趋于谨慎，文化产业的供给品种和数量不稳定甚至是下降。这也从反面表明，如果文化市场得以稳定发展，南京文化产业就仍有发展空间。

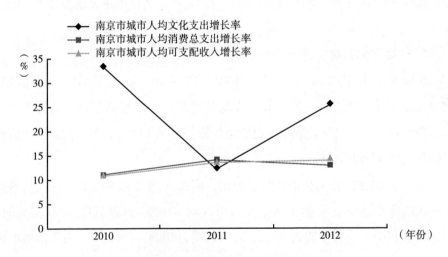

图1 南京城市人均文化支出增长率、人均消费
总支出增长率、人均可支配收入增长率比较

资料来源：《2013年南京文化发展蓝皮书》；2010～2013年的《南京统计年鉴》。

（3）劳动所得占GDP比重逐年下降，人均GDP的增长、人均政府财政收入的增长快于城市居民可支配收入的增长。用表2的数据可以计算出，2009～

2012 年，南京城市居民人均可支配收入占人均 GDP 的百分比分别为 37.81%，35.65%，33.24%，32.48%，呈现逐年下降的趋势。表 2 还表明，从 2009 年到 2012 年，南京市城市居民人均可支配收入增长率、人均财政收入增长率、人均 GDP 增长率依次为 43.90%，55.82%，67.49%，城市居民人均可支配收入增长率远慢于人均财政收入和人均 GDP 的增长率。这些数据表明，南京城市居民人均可支配收入偏低。城市居民人均可支配收入的增长与文化产业市场的空间拓展成正比，因此，如果收入分配政策能有所调整，提高城市居民人均可支配收入的比重，则南京文化产业的市场将仍有拓展余地。

表 2　2009~2012 年南京城市居民人均可支配收入、
人均财政收入、人均 GDP 及增长率

单位：元，%

项目 ＼ 年份	2009	2010	2011	2012	增长率（2012 相对于 2009）
南京城市居民人均可支配收入	25504	28312	32200	36700	43.90
南京市人均财政收入	14370	17038	20473	22391	55.82
南京市人均 GDP	67455	79427	96872	112980	67.49

资料来源：2010~2013 年的《南京统计年鉴》。

3. 产业园区拓展空间探讨

文化产业园区是文化企业的集聚地，是区域文化产业发展的重要组成部分。但是，目前南京文化产业园区的发展还存在诸多制约，限制其发展空间。

（1）产业集聚效应不明显。南京文化产业园区内虽然集中了大量文化企业，但是企业集中并不等于产业集聚。据调查，南京文化产业园区的产业集聚效应不明显。一是共生效应不明显。园区内众多的文化企业和相关机构关联性不足，没有形成对诸多产业要素，如专业人才、产品市场、文化信息、艺术创新、技术更新等的共享机制。二是知识的溢出效应不明显。不少园区内企业没有呈现明显的横向或者纵向延伸的专业化分工格局，创意人才及企业未出现既有竞争、又有合作的局面。三是吸聚效应和衍生效应不明显。园区企业虽然流动比较频繁，但区内企人员成立新的企业，或母公司分裂出新公司的情况少见。四是创新效应不明显。不少园区缺乏定期交流机制，虽然不缺乏企业、人才间的交流场所等硬件设施，但是园区实际发生的企业间交流、交易比较少见，不利于减少企业交易费用，实现外部规模经济和内部规模经济的目标，更不利于产生创意创新。

（2）园区平台建设不到位。据调查，各园区行政服务平台普遍已经建设完成，能够很好地为园区企业服务。但是各园区在产业服务平台、创业扶持平台、科技孵化平台、法律援助平台、互动交流平台、产学研实践平台等平台建设方面或多或少存在欠缺。这些平台对打造特色文化产业园区，提升产业集聚效应具有很大功效。南京多数文化产业园区之所以忽视平台建设，主要原因是园区定位模糊不清，引进企业具有盲目性，一些园区还停留在地产园、旅游园的阶段，创意不足，市场运作不成熟。

4. 国有四大文化集团拓展空间探讨

到 2014 年，南京四大国有文化集团的转制已经基本完成，但市场竞争的能力与北京市、上海市、深圳市、杭州市的一些优秀文化企业相比，存在很大差距。具体表现为以下几个方面。

（1）企业战略规划不明确。目前，南京四大国有文化集团改制基本完成，但是公司制、股份制改造尚未完成，企业战略决策基本停留在"个人决策"的层面，缺乏明晰与合理的治理结构、完善的运行机制，企业运行效率和市场应变能力不高。

（2）文化创意人才缺乏。文化创意人才分为三类：文化创意产业企业家、文化企业管理人才和文化创意创作者。其中特别稀缺的是文化创意企业的企业家和管理人才。南京四大国有文化集团由于管理人才和懂资本运作的职业经理人匮乏，各企业的专业化、品牌化、规模化、跨界经营整合资源（包括跨媒体、跨行业、跨地域、国际化）、资本运作能力都很有限。

（3）"内容为王"意识不足。从文化产业的发展趋势和国外文化产业的发展先例来看，传媒和平台归根结底还是需要内容支撑，平台与内容的融合是大势所趋。但是南京四大国有文化集团的主要企业都是传媒和平台企业，内容创造能力存在短板，从而造成针对居民消费需求开发文化产品的能力不足，也导致了其文化产品和服务的数量与质量与消费者的实际需要和期待之间存在着严重的脱节。

三 拓展南京文化产业发展空间的对策措施

综合分析南京文化产业的发展现状及其存在问题，本课题组认为可以从以下几个方面完善文化产业建设，拓展南京文化产业发展空间。

1. 提升产业政策供给水平

文化产业的主管部门和各职能部门应加强内部和外部的协同合作，深入了解企业和市场对政策的需求，提高政策的可执行性。其实施重点是，从提供重点扶持性政策为主，过渡到提供市场管理性政策为主。特别要关注大量的个体、小、微企业成长所需要的政策支持。具体做法是：（1）积极与大、中、小、微文化企业沟通。将这种沟通机制常态化，了解不同规模文化企业的困处难处，实实在在地在政策供给上对他们给予相应服务。（2）积极与文化产业园区沟通合作。文化产业园区、政府和企业应形成一种共生和互动的关系。（3）积极与文化产业方面的理论科研机构沟通合作。了解国内外文化产业理论和实践的前沿动态，以利于制定适应文化企业进一步发展的前瞻性政策。

2. 深入挖掘文化消费市场

南京既是历史文化名城，又是经济发展较发达城市，因此，不仅可能供给文化产业发展所需要的丰富的民间、民俗、民族历史文化资源，又存在广阔的文化产品需求潜在市场。因此，政府和企业有必要既分工，又合作，共同拓展、扩大南京文化市场，其重点是：（1）挖掘引领生活方式的文化消费市场。通过对历史文化资源的传承和创新，把文化产业融入日常生活当中，使文化与生活完美地结合，让人们感受融入生活的文化创意。同时，提倡创意生活美学和把生意做成文化的理念，在衣、食、住、行、教育、娱乐等方面与生活密切相关的产业当中注重文化与生活的传承，推进发展广泛的休闲生活产业和体验经济。（2）挖掘基于互联网的文化消费新模式。迅速发展的互联网正在改变我们的生活，利用互联网技术兴起的网络视频产业、网络游戏产业等新业态所开辟的蓝海市场，大大拓展了文化创意产业的发展空间。南京市是全国首批"三网融合"试点城市之一，云媒体电视已经上线，利用互联网技术开发相关内容产业，创造出既有优秀的创意和故事，又能够与现代人的娱乐需求相吻合的内容产品，是挖掘南京文化产业消费市场的重头戏。（3）提升收入水平，完善社会保障制度。没有购买力而仅有购买愿望的市场仅仅是一个潜在市场。居民的收入水平和社会保障水平与文化消费正相关。为了深入挖掘文化消费市场，必须尽快提升居民收入，加大社会保障投入。

3. 打造特色文化产业集聚园

为了能使文化产业园区内部企业、供应商、顾客以及其他机构间进行互动、互补，产生产业集聚效应，降低交易成本，形成竞争优势，产业园区应该做到：（1）打造本园区独特的风格、形象。文化产业园区要有清晰的定位，形成园区独有的特色。要选取交通便捷的位置，特别是有历史感的地理位置和建筑来规划文化产业园；选取关联性大的企业和相关机构入驻，形成横向或者纵向延伸的专业化分工格局，便于产业链形成。（2）举办丰富的园区活动。园区要利用会议空间、聚会空间和酒吧、餐馆等设施，利用各种节日举办各种文化艺术活动和商业活动，既有白天的活动，又有夜晚的活动，促进企业和消费者、企业和企业、创意人才之间的交流互动，激发创意创新，并通过园区的特色活动打造园区形象。（3）完善园区平台建设。完善产业服务平台和互动交流平台，形成对诸多产业要素，如专业人才、产品市场、文化信息、艺术创新、技术更新等的共享机制；完善创业扶持平台和科技孵化平台，形成新企业或吸引新企业入驻；完善法律援助平台，为企业提供法律咨询服务；完善产学研实践平台建设，为企业进一步创意创新提供理论支持和应用指导。

4. 做强四大国有文化集团

（1）建立健全现代企业制度。深化国有四大文化集团转制改革，必须尽快完善现代企业制度，进一步规范公司法人治理结构，完善运行机制，提高企业运行效率和市场应变能力，形成准确的企业战略规划和市场战略定位、清晰的企业发展理念、高效的企业管理办法以及合理的内部产业框架。（2）兼并重组，准备上市。为了进一步做大做强，南京四大国有文化集团应加快发展混合所有制企业，加快公司制、股份制改造，利用资本市场进行收购兼并，引导社会资本进行跨行业、跨地区的并购整合，探索具有互利共赢特点的合作发展模式。为此，必须加快广播电视内容生产的市场化探索，尝试广播电视节目制作和播出分开；完成广电网络整合改革；整合市属媒体资源，加快新媒体建设和运用，推进媒体的转型发展；积极推动文化科技融合，在数字出版、影视演艺、新媒体等领域，精选3~5个符合产业发展趋势，能够支撑未来发展的重大项目，集中资源抓好推进，使国有文化集团成为全市文化资产运营、新兴业态投资和重大项目建设的主力军。（3）提升企业核心竞争力，参与更广阔范围的市场竞争。南京四大国有文化集团应该积极培养核心竞争力，立足南京市场，在全省、全国范围配置资源，最终实现"走出去"的战略目标。一要建立"内容为王"的经营理念；二要注重文化与科技的融合；三要构建完整的产业链；四要建设人本型的企业文化，以顾客为本，以员工为本，用企业文化提升企业核心竞争力。提升企业核心竞争力，走出国门是南京四大国有文化集团的必然选择。为此，必须了解外国目标市场需求；塑造国家文化形象，并与企业文化相结合；做好国内国际两个市场，利用好国内国际两种资源。

5. 高度重视人力资源开发

人力资源是文化产业发展中最重要、最核心的资源。人力资源短缺是制约文化产业发展的瓶颈。南京市是人力资源强市。2014年4月，江苏省首个数字出版专业本科学历教育正式落户金陵科技学院，该校也成为全国获准开设数字出版专业的10所大学之一。为进一步发展南京文化产业，培养文化产业人才，应构建多层次、开放性的创意人才培养体系，依托南京市院校资源优势，将长期学历教育和短期非学历教育相结合，引导高等院校加快文化创意产业相关学科建设，增设紧缺专业，大力培养创意人才和开展创意研究；鼓励各级各类科研院所和社会培训机构发展各个层次、各种类型的文化创意产业职业教育，扩大教育覆盖面。在文化人才的发掘、吸引和激励方面，应做到薪酬能充分反映文化人才的贡献；给予适当的教育培训机会；采取合理有效的考核激励机制；提供人性化、生态化的办公环境，营造平等、自由、团结协作的工作氛围。

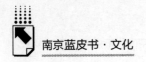

参考文献

《2013 年南京文化发展蓝皮书》，南京出版社，2013。

南京文化产业网，http：//njculture. longhoo. net/。

杨吉华：《是过剩还是"战略性短缺"》，《当代经济管理》2013 年第 11 期。

向勇、刘静主编《中国文化创意产业园区实践与观察》，红旗出版社，2012。

陈少峰、张立波：《文化产业商业模式》，北京大学出版社，2011。

陈少峰主编《中国文化企业报告2013》，华文出版社，2013。

案 例 篇

Case Reports

B.30
"@南京发布" 走群众路线谈 "政事"

中共南京市委宣传部

摘 要:

2011年4月上线以来,南京市委、市政府新闻发布官方微博"@南京发布"的微发布、微观察、微引导,已经成为南京市委、市政府听取社情民意的重要渠道,成为南京科学发展、创新发展、跨越发展的重要推动力,成为网络舆情观察和引导、维护南京稳定发展的重要保障。它带给我们的启示主要有三点:一是政务微博应有为民服务的清晰定位;二是政务微博要有为民服务的机制保障;三是政务微博要加强队伍建设,提高服务水平。

关键词:

"@南京发布"　政务微博　群众路线　政治参与

引 言

南京有800万市民,其中网民就有450万。网络汇集了广泛的民意,这里是新闻宣传工作走群众路线的新天地。2011 年 4 月上线以来，南京市委、市政府新闻发布官方微博"@南京发布"的微发布、微观察、微引导，已经成为南京市委、市政府听取社情民意的重要渠道，成为南京科学发展、创新发展、跨越发展的重要推动力，成为网络舆情观察和引导、维护南京稳定发展的重要保障。

那么，一个以谈"政事"为职责的官方微博，如何通过微发布、微观察、微引导，实践新闻宣传工作的群众路线的呢？其探索之路，对新环境下的新闻管理有着怎样的启发？

一 发布群众关心话题，融入群众深厚感情

"小清新"、"萌小布"，这些时髦的网络语言是媒体和网民对"@南京发布"的昵称。微博等新媒体出现后，除了报纸、电视、广播等组成的"传统媒体舆论场"，还出现了一个依托于口口相传、主要集中在微博上的"民间草根舆论场"。为增强在民间舆论场的亲和力，"@南京发布"起步时就摒弃了刻板的公文化文风，用群众喜闻乐见的生活化的语言和网民交流。2013 年南京行政区划调整，"@南京发布"用原创长微博图片公布消息《南京区划调整"小布说"：在一起，更美好》："这两天，确实有更多网友@我们，问区划调整的事，可是这事儿之前没法说啊！因为，得有手续！……有朋友担心：是不是鼓楼区吞了下关区？是不是秦淮区吞了白下区？不存在！……鼓楼与下关、白下与秦淮只是合并，换句话说，是为了更好地在一起！""@南京发布"上线以来，一直坚持"权威发布、清新服务"，得到了网友的好评，省市媒体也对这种群众喜闻乐见的新文风多次进行报道鼓励。

"小伙伴"、"老朋友"，这些亲切的身份是网民用来和"@南京发布"交流时的称谓。事实证明，多面向群众策划组织体验式的活动，把话筒交给群众，可以把"你我"变成"我们"。2013 年，"@南京发布"与"@东方卫报"联合推出了"最南京·全民拍"活动，鼓励网民拍南京精彩瞬间，每周在《东方卫报》开辟一个版面刊登网民拍的优秀照片，供市民欣赏，这种民间摄影团队逐渐成为网上摄影家协会和宣传南京形象的主力军。在这个过程中，"@南京发布"收到

的最多的评论是"我为生活在这座幸福美丽的城市感到骄傲"。实践证明，政务微博要想成为群众的朋友，就要和他们在情感上产生共鸣，渗入深厚的群众感情。2013年1月26日凌晨，在寒风中，"@南京发布"的小编深夜冒着寒风跟随清洁工一起上早班，活动结束后立即回到办公室加工视频、编发长微博，当天刊发后，网民被清洁工辛勤工作的场景感动了。"@南京发布"虽然只是一个小小的微博，可在群众心里代表着党委和政府的形象，他们评论中的"小布"形象已经是南京市委、市政府和群众感情沟通的"代言人"。

"实在人"、"好干部"，这些中肯的话语是网民用来对"@南京发布"的评价。初步统计，2013年4月2日到5月17日期间，"@南京发布"共发布与禽流感相关的微博（包括原创和转发）48条，其中通报疫情进展19条、发布相关信息13条、宣传医学知识6条、报道救治情况6条、解读相关政策3条、组织话题讨论1条。4月2~8日，也就是疫情发生的最初一周内，密集发布相关微博23条，关于疫情进展的微博最高转发2478条，最少105条，网民已把"@南京发布"当作市委、市政府的网络发言人。再如，2013年3月1日，有4人在秦淮区一家集贸市场食用黑芝麻粉后出现中毒症状，其中1人救治无效死亡。"@南京发布"及时联系相关部门进行中毒排查，还多次联系发帖人核实情况，表达对病者的关心。次日凌晨4点左右，"@南京发布"发布了市区两级政府连夜召开会议的精神，通报食品安全应急预案，并提醒市民注意食品安全。一个个来自政务微博的关怀，串起了一根联系在干群之间、政民之间的互信缆绳，成为当下城市治理过程中的"和谐细胞"。近三年来，"@南京发布"平均2.5天就对重大事件、主要活动、重要会议和新闻发布会进行一次微直播。当南京出台科技九条、综合改革等重大政策时，"@南京发布"扮演着平等交流、答疑解惑、上传下达的角色，受到了网友的称赞。

自2012年政务微博元年以来，各级党委政府越来越重视政务微博的发展，甚至纳入行政业绩考核，考量政务微博的排名体系，粉丝数量、转发数量占有相当比例。政务微博因其地域特性和职能属性，也注定其粉丝群体会有天然不同。政务微博开设的目的是助推单位的工作提高开放度，增强群众服务意识，如果单独以粉丝数论优劣，以心灵鸡汤、笑话心语博取转发数量，那就背离了政务微博开设的初衷。通过实践，"@南京发布"形成共识：政务微博不是综合媒体，应瞄准自身定位，做好自身特色，才是最为重要的。"@南京发布"要以政务微博为主打产品，提高发布比例。目前，"@南京发布"强化政务信息的解读和制作，不仅日均发布量由原先的40%提高到80%，而且政务信息转发评论率较原先翻了5~10倍。作为新闻发布官方微博，政务信息的原创数量、传统媒体的引用频度、新闻议程的引导程度，已成为南京市委宣传部衡量政务微博的重要指标。

二 用权威信息服务群众，以积极姿态引导舆论

首先是速度。互联网世界里，当真相还在穿鞋的时候，谣言已经开始跑了。以往新闻宣传有个"黄金24小时"定律，出现突发事件后，责任主体24小时内做出正面回应，尚可获得公众理解；出现网络后，"黄金24小时"缩水为"黄金8小时"；微博等自媒体出现后，"黄金8小时"又跟不上信息的传播速度。近两年来，南京出现的五品夫人、环卫工人孩子失学、南京毒猪肉、夫子庙毒芝麻扩散、爬城墙大妈逃票、吸烟小女孩失管等一系列网络谣言，之所以没有形成全国性的负面影响，与以"@南京发布"为龙头的政务新媒体主动介入、查清事实和快速辟谣密不可分。2012年7月高温天，一网民发照片称在鼓楼区模范马路地铁站附近，有一个几乎全裸的女孩叼烟乞讨的照片，引发网民愤慨并自发上街寻找。南京市委宣传部第一时间通知市公安局和鼓楼区委宣传部，并联系发帖网民，确定所在地点，公安局迅速排查发现是父亲带着女儿在乞讨，经过媒体和职能部门介入核查，"@南京发布"及时公布事件真相，鼓楼区政府也协调了相关部门为女孩父亲办理了低保手续，及时化解了网络情绪和舆情发酵。自2011年4月以来，"@南京发布"共报道各类突发事件200多起，当南京鸡鸣寺发生大火、地铁轨道出现故障、人感染H7N9病毒、长江发生沉船事件时，"@南京发布"总是围绕群众关心的话题，及时发出权威的声音，成为南京新闻发布的重要渠道。正因为"@南京发布"面对许多突发性新闻事件不回避、不掩饰、真诚面对、迅速回应，让谣言止于公开，还模糊以透明，用全面替代片面，现在出现网络舆情后，网民会在第一时间向"@南京发布"求证。这种网民的信任让"@南京发布"的舆情监控引导有了坚实的群众基础，已经成为听取群

众呼声、快速监控引导舆情的重要平台。

其次是态度。互联网世界里，事实和真相是掩饰不住的，而态度也是藏不住的。与网民交流要有诚恳的态度、积极的姿态才能够化解矛盾和引导舆论。2013年1月5日8时起，南京市环保局监测到市区数个监测点二氧化硫浓度异常升高。经查，由于变电所发生故障，南京金陵石化公司和南京第二热电厂恢复供电后脱硫等污染防治设施短时无法运行，导致废气中二氧化硫超标。事发后，因为二氧化硫浓度不高，普通市民并未察觉。但本着对市民网民负责的态度，"@南京发布"会同@南京环保进行微直播，公布事情真相。事关群众的事再小也是大事，都应当以诚恳的态度报告给群众，政府主动的信息公开获得了群众好评，《中国青年报》刊发评论《长治的水，南京的天》，高度评价南京对突发事件的应对能力。再如，2012年4月，网曝智障人阿德在下关大观天地楼梯通道间被打，引起市民的广泛关注，纷纷谴责对残障人士的暴行。南京发布第一时间发帖谴责，并联系市公安局火速查处相关责任人，充分体现了政务微博的人文关怀精神。新华社舆情监察室分析认为：新媒体作为南京创新公共管理的手段，在许多重大舆情事件中，都起到了"四两拨千斤"的作用。通过对舆情的主动监测和快速引导，化解了原本可能需要较大公共管理成本才能消除的社会负面影响。2012年以来，南京舆情虽然小事不断，但是没有发酵成大事，与"@南京发布"的微观察、微引导的高效工作密切相关。这些工作的背后，都是政府用权威信息服务网民，以积极姿态影响舆论的结果。

最后是传播度。再正确的言论，如果不能广泛传播，也是自说自话。随着网络的兴起，群众的民主意识增强，对重大事件会有自己的解读和见解，要想引导舆论、凝聚共识，就需要大平台发出自己的声音。微博上聚集的网民只是一部分群众，而宣传部门有责任通过传统媒体的引导和管理，更大层面落实新闻宣传和舆论引导工作。南京市委宣传部提出了"贴心记者、服务媒体"的理念，并通过"@南京发布"这个平台加强落实。2013年1月，南京出现了25个污染天，正是在这个全国声讨空气污染最严重的时候，南京市召开减煤控排会议，很多记者把目光盯上了城市建设的污染和化工企业的污染。"@南京发布"策划制作了一条微博，首先表明了观点，南京空气污染的三大祸首，燃煤占第一，汽车尾气占第二，工地扬尘占第三。为了帮助大家了解南京控煤的形势，"@南京发布"用了形象的比喻：那就是南京每年用煤 3380 万吨，如果采取用煤球的形式，煤球可以在南京和北京之间排 5232 个来回，比广告中的香飘飘奶茶还要牛。而经过测算，如果以每辆私家车每年行驶 1.2 万公里计算，每年每辆汽车排放的尾气达 1.2 吨。这样有了数据说话，第二天媒体纷纷引用"@南京发布"的漫画和数据，把空气污染的最主要原因锁定在工业煤炭燃烧和私家车尾气排放等。事后有媒体记者评价，"@南京发布"通过服务媒体的方式将政务信息准确发布，这是一条记者最喜欢也最有效的"报道通知"。

2013 年以来，图文解读成为"@南京发布"加强信息解读的重要手段，提高了政务信息的传播度与可读性。2012 年 12 月，南京市委第十三届七次全会公布了全市综合改革的报道，长达 1 万多字，为了更好地让市民了解，"@南京发布"提前进行图文解读，以简单轻松快捷的方式抓取信息，让网友赏心悦目，这仅仅是 2012 年南京发布加大图文解读的一个案例。作为市委、市政府自办的通讯社，南京发布在 2012 年的节能减排、区划调整、亚青会等市委市政府的中心工作中，用政务微博简洁明了的 140 字，配以图文并茂的长微博，以平民化的视角、亲和力的表述、贴近式的交流，塑造了党委政府清新活泼的形象。

政务微博只是信息平台，用权威信息服务网民，以积极姿态引导舆论，必须依靠完善的制度规范，打通信息渠道至关重要。南京市委宣传部与各职能单位联动互动，要求定期召开新闻发布会，并进行考核，尤其要求民生部门及时公开信息。首先，为了快速介入舆情监测与处置，南京还率先在全国提出突发事件 1 小时回应机制，要求"快速说"；其次，南京严格推进党委、政府新闻发言人工作机制，实现"有人说"；最后，通过党委、政府新闻发言人集中培训，以及通过手机短信的微提示，将最新最快的本土舆情处置案例与新闻发言人分享，培训"如何说"。有各职能单位新闻发言人的配合，有通畅快捷的信息渠道，有处理问题的手段与能力，工作机制的健全，是确保"@南京发布"能快速回应网友关切话题，得到认同的重要前提。

三 加强队伍建设 完善制度机制

政务微博不是一个简单的发布载体，而是践行群众路线的重要工作，有必要投入一定的人力和财力。政务微博要做大做强，必须要有一支强有力的人才队伍。针对"@南京发布"在此前运作中存在的博文配图制作水平不够高、新闻策划缺少团队合作、内容把关流程不完善等现象，2012年底，南京市委宣传部成立南京发布工作室，配备了5个人的专业队伍，由负责新闻协调的新闻处处长任总编，成员中有来自媒体的资深记者，有熟悉网络语言的80后年轻编辑。还聘任了专职美工，进行图解新闻制作。目前以图文为主打的"小布原创"栏目已经成为一个品牌。与此同时，"@南京发布"建立起了一个由各区县和部委办局通讯员组成的通讯队伍，并加强和南京地区媒体微博和部门官方微博的合作，及时掌握和发布南京的政务信息。此外，南京市委宣传部还加强与南京大学新闻与传播学院的合作，借助外脑对"@南京发布"的发展进行整体规划，让"@南京发布"的发展有启发、有理论、有目标。

政务微博的第一属性是权威、准确，如果错发信息或者发错信息会丧失其公信力。"@南京发布"建立了"四道审查关"的发稿流程。先是管理员初审，管理员既是信息的采集者、制作者，也是第一道把关者；当管理员筛选编辑微博后，会提交到工作室全体人员组成的QQ工作群进行"群审"，任何成员不分级别享有建议权、批评权；第三道关由南京发布主编综合集体意见审定。每个城市都会有舆情爆发点，"@南京发布"对南京地区的重要舆情进行整理分析，要求遇到内容复杂、信息敏感等内容，必须启动第四道审查关，由部领导终审。

有了队伍和制度，"@南京发布"狠抓流程管理，严格执行发稿程序，遇到不同见解可临时召集会议实施头脑风暴，但每一条信息必须在主编或部领导明确回复后才可进行发布。2012年9月，全国多个城市因"钓鱼岛事件"引发爱国游行，少部分城市出现了不理性行为，甚至个别不法行为。涉日问题在南京是一个高度敏感的话题，广大市民期待政府发声，但如果引导不好极容易引爆舆情甚至群体性事件。9月15日当晚，经反复讨论，最终"@南京发布"才发了一条自上线以来最简短的一条博文"南京，安。"这条博文一语双关，既对群众关心话题发声，又作为晚安帖发布。次日一早，南京发布用"让我们用理性宣示爱国热情"评论转发《人民日报》官方微博的相关博文。这两条博文都迅速引发了上千网友转发评论，纷纷称赞南京市民用理性宣示爱国热情的行为，自觉在评论中发出了只有好好工作，建设强大中国才是不忘历史、牢记耻辱的心声，起到了良好的引导效果。"@南京发布"通过团队建设和流程把关进行事实及时发布和主流价值正确引导，坚持既要有意义，也要有意思，坚持引导不迎合，要求确保所有的博文事实准确、价值正确、导向明确。

近三年来，"@南京发布"一直稳居全国政务微博第一方阵，获得了人民网、新浪网、腾讯网等多项荣誉。2013年，"@南京发布"再次位列新浪政务微博第10名，并荣获江苏省委宣传部创新奖，入选中宣部2013年宣传思想文化工作创新案例。2013年1月，新浪政务微博学院南京分院落地，成为全国首家地方政务微博学院，市委宣传部和新浪网联合发布了具有指导和借鉴意义的范本《新浪政务微博学院·南京宣言》和《政务微博操作要则》，提出了领导十知道和博主十须知，用于指导政务微博的发布管理等日常工作，得到全国同行的认可与称赞。

四　启示与思考

（一）政务微博应有为民服务的清晰定位

政务微博真正的作用是成为政府和人民之间沟通的便捷桥梁，成为老百姓微博问政的移动平台。一要从根本上明确政务微博发布工作是打造服务型政府的重要手段，必须发布、及时发布、注重互动；二要根据所属政府部门的特性明确自身定位，谈"政事"、不跑题。当前，政务微博要特别解决好"亲和力和严肃性"的矛盾。一方面，不要端着"官架子"，成了部门会议专辑、领导讲话专场，或者干脆不发声，成了"摆设"；另一方面，不能只顾赢取虚高人气，机械运用所谓咆哮体、淘宝体、元芳体，发布心灵鸡汤、人生感悟，但是到了重要信息发布当口，集体失声，任凭流言飞传。

（二）政务微博要有为民服务的机制保障

政务微博作为政府信息的发布平台和手段，背后折射出的是政府部门打造服务型政府的决心，反映其信息公开的程度和水平。首先，要明确政务微博管理人员的独特身份，作为"新闻发言人"，必须第一时间掌握全面信息、简化内容发布审核程序，解决好"线上线下对接"的问题，使政务微博既受制约又有自由发展的空间；其次，要把政务微博与突发事件处置机制和问题反馈机制联系起来，对网民反映的问题要及时回应；最后，要建立政务微博绩效考核机制，将政务微博成效纳入年度绩效考核中，以调动微博工作人员的积极性。

（三）政务微博要加强队伍建设，提高服务水平

政务微博是全媒体、自媒体发达的舆论环境下，政府部门自觉适应时代要求，践行群众路线的使命意识与责任意识的体现。一方面，要强化新闻执政意识，将政务微博工作提高到培养党和政府的网络意见领袖，增强在网络社会的凝聚力和号召力的高度，给予足够的人力、财力支持，建立和完善发布队伍；另一方面，微博管理者相当于不露面的新闻发言人，所有的信息具有授权性、权威性、法律性，在规范发布流程、确保发布安全的同时，加强微博管理员新媒体素养培训工作，坚持走群众路线，对复杂的政策信息简单说，对深奥的理论通俗说，对社会矛盾话题带着情感说，从而实现有意义和有意思的有机统一，提高为民服务的水平。

B̲.31

南京 "520 模式" 激活文化消费市场

中共南京市委宣传部

摘 要:

2013 年,南京市委宣传部会同省市演艺集团和市文广新局,先后打造了 "520 剧场" 和 "520 音乐厅",形成了具有南京特色的文艺演出 "520 模式",激活了文艺演出市场,提高了公共文化服务水平。其主要做法是用 "零场租" 撬动演出市场,用 "大宣传" 激发文化消费需求,用 "低票价" 培育观众人群。它给我们的启示主要有:一是坚持社会化统筹与市场化运作相结合,打造文化服务公共平台;二是坚持提供文化产品与培育消费群体相促进,确保文化服务良性发展;三是坚持质量把关与奖励措施并举,提升文化服务水平。

关键词:

南京 "520 模式" 文化消费市场 公共文化服务

引 言

"520",网络热词,谐音正好是 "我爱您"。不过在南京,"520" 被赋予新的含义——2013 年,南京市委宣传部会同省市演艺集团和市文广新局,先后打造了 "520 剧场" 和 "520 音乐厅",给南京的演出 "点上了一把火":"52" 是指一年 52 周,周周有演出,"0" 则是指参演团队还可以得到 "0" 场租的扶持。具有南京特色的零场租、低票价、周周演的 "520 模式",是怎样活跃了南京文化消费市场的呢?又为扶持本土的文艺创作、引导市民文化消费进行了哪些新的探索?

一　文化需求催生"520"

"我爱看文艺演出，可是票价动辄几百元，普通工薪阶层有些负担不起"、"周末的演出能不能再多些？种类再丰富些？"……2012 年，南京市委宣传部展开了一次全市居民的文化需求问卷调查，调查发现，有 56.8% 的居民希望演出票价再低一些，28% 的居民希望文艺演出更加丰富多彩一些。

怎么才能既让南京的演出市场"活"起来，又让演出票价使普通市民乃至学生都能承受得起呢？南京大学仙林校区小剧场打出的"欢迎同行们来演戏（不收场租），欢迎邻居们来看戏（请先买票）"的口号让人耳目一新，这确实是个好办法！南京有不少话剧资源，本地拥有江苏省演艺集团话剧院和南京市演艺集团话剧团两家话剧专业院团，新成立的南大艺术硕士剧团是南京本地首家民营话剧团，同时南京大学、南京艺术学院、南京师范大学拥有一批出色的高校专业话剧团；引进的话剧在南京也拥有大批受众，如近来的《喜剧的忧伤》、《风华绝代》等一批引进话剧在南京都取得了不错的票房成绩。可以说，南京本土话剧创作、表演资源都相当丰富，也有一定的群众基础，但相对北京、上海等话剧市场繁荣的城市，南京依旧有一定差距。何不就以小剧场话剧为切入点呢？经过多次的调研和商讨，南京市委宣传部会同省市演艺集团，通过"零场租"的举措将原有的江南剧院打造成南京"520 剧场"，在南京率先打造一个看小剧场话剧的固定场所，推动南京成为北京、上海之后第三个可持续、常态化演出的城市。

在精心的筹划和准备下，"520 剧场"的首演剧目《蒋公的面子》一炮打响，连续 10 场公演场场爆满。有了"520 剧场"成功的经验，南京市委宣传部又在省委宣传部、省文明办的大力支持下，会同市文广新局，将南京文化艺术中心三楼可容纳 370 人的小型专业音乐厅打造为"520 音乐厅"。音乐厅以零场租的方式吸引各类音乐团队，一年 52 周，周周为市民献上包括器乐演奏、声乐演唱、音乐鉴赏、新作发布、艺术家见面会等在内的音乐沙龙活动，形成了与"520 剧场"互为补充的常态化音乐活动基地，让市民特别是青少年有欣赏和走近高雅音乐的好去处，让音乐爱好者有实现音乐梦想的大舞台，让音乐人有互动交流的新空间，为音乐艺术的推广、互动和交流建立全新平台。从"520 剧场"到"520 音乐厅"，南京已经初步形成了符合南京实际、具备南京特色的零场租、低票价、周周演的"520 模式"。

二 三大推手合力打造

怎么才能让演出常态化？怎么才能吸引更多的市民走进剧场和音乐厅？怎么才能让市民逐渐养成买票看戏的习惯？为了让"520 模式"能真正激活南京的演出消费市场，达到"小投入，大激活"的作用，南京市委宣传部通过"零场租、大宣传、低票价"这三大推手来合力打造。

第一大推手是用"零场租"撬动演出市场。"520 模式"由南京市委宣传部负担场租费，这样既能为演出剧团和剧场降低成本压力，吸引优秀节目演出，保持演出的持续性和常态性；又能降低演出票价，吸引更多市民走进剧场，引导市民培养文化消费习惯。通过在全社会公开招募优秀剧目在"520 剧场"和"520 音乐厅"上演，又为南京的艺术家和艺术团体搭建了舞台，促进和激励南京文艺的创作和发展，突出和弘扬南京本土文化。"零场租"改变了以往文化惠民演出补贴的方式，从直接补贴给演出团队转为补贴给演出场馆，成本降低的同时必须面向市场，这样也"倒逼"演出团队必须创作出更多真正受老百姓欢迎的文艺作品。可以说，"零场租"像一个杠杆，用花费不多的钱（每场 1 万元左右的场租费），使文化资源达到最有效的配置，从而撬动了不温不火的南京演出市场。

第二大推手是用"大宣传"激发文化消费需求。市民们有潜在的文化消费需求，但还需要有办法将这些需求真正激发为文化消费行为，让人们愿意掏出钱来自己买票，走进剧场和音乐厅。以话剧《蒋公的面子》在"520 剧场"的公演为例，有别于以往侧重于在新闻事件发生后进行宣传报道，南京市委宣传部对这次公演的新闻宣传进行了提前策划、深度策划，并邀请媒体直接全程参与，通过全媒体平台联通、内容互动。早在公演前半个月就召开了专场新闻发布会，邀请了中央和省市 30 多家媒体到会进行宣传报道。组织市属媒体在公演前十天启动系列报道，每天一个话题，一步步调动观众兴趣。市属主要媒体都开设了专栏、专题,对演出进行持续性的动态报道,并围绕热点问题进行深度挖掘,《中国文化报》、《中国新闻周刊》、《北京青年报》、《新华日报》、《扬子晚报》等全国和省级媒体也都进行了报道,起到了很好的宣传效果。南京市委宣传部的官方微博——"@南京发布"也精心策划,同步主题发布,配以系列点评,还在龙虎网直播室组织了网络访谈活动,邀请剧组主创走进直播室与网民互动交流,引起了网民的广泛关注。而"520 音乐厅"则干脆请南京音乐频率作为承办单位之一,充分调动其媒体资源,从创意、策划、宣传到运行全程介入。大幅度、全方位、立体式的"大宣传"大大提升了演出的社会知晓度,同时对演出过程的连续跟进报道,让更多市民对演出有了一定的了解,激发了市民的文化消费需求,对培育演出市场起到了很好的引导作用。

第三大推手是用"低票价"培育观众人群。在南京居民文化需求调查中,有 55.5% 的人认为文化消费过于昂贵是阻碍人们进行文化消费的最重要因素。确实,动辄几百元上千元的演出票价,让很多人望而却步。但通过"520 模式"、"零场租"的举措,在降低演出成本的同时,要求演出能够保证"低票价"。如《蒋公的面子》公演最高的票价 150 元,最低学生票只需要 48 元,"520 剧场"和"520 音乐厅"的票价平均都在 100 元左右,大大低于市场上其他同类演出的价格。与普通商业演出不同的是,通过"520 模式"举办的演出是为了让更多人尤其是年轻群体接触高雅艺术。较低的票价使大家能够很轻松地走进剧场和音乐厅,接触话剧,了解音乐,提高人文素养,也让越来越多的人逐渐养成看演出的习惯。"520 模式"有一个特点,"520 剧场"的观众里年轻人多,"520 音乐厅"的观众里青少年多。如《蒋公的面子》连续 10 场公演,以"90 后"的年轻观众居多,很多观众都是第一次走进剧场观看话剧,培养了一批缺乏观剧经验的观剧人群,为南京戏剧市场和文艺发展起到一定的促进作用。在"520 音乐厅"中举行的钢琴演奏会、吉他演奏会、小提琴演奏会中,则经常能看到更年轻的"00 后"少年的身影,他们中的很多人或是对音乐充满兴趣,或是正在学习音乐,"520 音乐厅"给了他们很好的欣赏、学习和交流的机会。

除了保证演出的低票价,在"520 剧场"和"520 音乐厅"中举行的商业演出还抱定了"零赠票"的原则,除邀请演出商的平均每场 5~8 张工作票,其余票为市场化票务销售，杜绝赠票。在《蒋公的面子》的公演中，甚至出现了剧场门口的黄牛费尽心思从观众手中买票，再以高价倒卖。"零赠票"的举措，为培育南京市民良好的购票看戏习惯起到了重要的引导作用。

三　三大机制确保实效

"520 剧场"和"520 音乐厅"一炮打响后，剧场和音乐厅的负责人却倍感压力。如江南剧院的负责人就表示了"三个担忧"：一是担忧媒体会不会一直像宣传《蒋公的面子》那样给力？二是担忧今后能有几部像《蒋公的面子》那样广受欢迎的剧目？三是担忧"520 剧场"这面"红旗"到底能扛多久？新的问题摆在面前，经过和相关业务部门的多次商讨，南京市委宣传部逐步探索建立了"520 模式"的遴选机制、策划机制和考评机制，通过这三大机制来让"520 模式"能够拥有自身的"造血功能"，从而达到可持续发展，保证运行实效的目的。

要延续和扩大"520 剧场"和"520 音乐厅"给南京演出市场带来的影响和热度，需要有一批好的演出做支撑。那么到底哪些演出可以进入到"520 剧场"和"520 音乐厅"呢？"520 模式"建立起了一套遴选机制：在项目入选时，采用了先由承办单位面向社会公开招募优秀剧目或节目，再由专家审核组审核的方式。承办单位根据对演出市场和观众需求的了解，先选择一部分剧目或节目，审核组再对其艺术性、市场前景等进行把关，审核通过后再推出演出计划和节目安排。在选择节目时，注重演出内容的价值导向和对正能量的传播，同时还重点扶持本土原创，比如话剧《蒋公的面子》、《寻找张爱玲》等，《赵长贵古典吉他师生音乐会》、《南艺女子合唱团"萌"专场音乐会》等，演出团队都出自南京本地，这些"接地气"的演出都受到了观众的热烈欢迎。

有观众的演出才有生命力，"520 剧场"和"520 音乐厅"的演出怎样才能吸引更多的观众，从而成为南京新的城市文化名片？这就需要在演出的策划推广上下大功夫。南京市委宣传部着力建立了"520 模式"的策划机制，一方面要求剧场和音乐厅对全年的演出进行整体策划，并引入了专业的策划运营团队参与，围绕符合观众胃口内容、喜闻乐见表现形式和高效对接方式等，进行全方位全过程的规划策划，确保整体组织效果和社会效果；另一方面加强传播策划，多次召集市属媒体召开策划会，专门制定了全媒体传播方案。市属各媒体都安排了专人负责"520"的宣传并都开设了固定栏目，还设计使用了"520"的专用标志，制作了专门的宣传片和宣传带在电视台、电台及新闻网站播放。"520 剧场"和"520 音乐厅"还建立了微信公共平台，实时更新演出动态，组织观众互动活动，让演出信息有了更高效的传播途径，从而也保证了演出的社会关注度。

目前"520 模式"的运行，主要依靠南京市委宣传部的场租补贴，加上商演的售票收入。从长远培育市场的角度考虑，场租补贴可以根据剧目的好坏、公益性质高低等因素继续投入，但是这种投入不能成为简单地转变为剧场场租补贴的模式，变成让剧场减轻市场压力、放弃市场开拓努力的借口。相反，公共财政投入应当成为市场的撬动力量，推动文艺创作、优秀项目引进、服务质量提升，最终让媒体宣传等其他资源成为演出市场的有力推手。因此，南京市委宣传部对"520 模式"建立了一套相应的考核评价机制，采取项目跟踪、滚动考核的办法，节目上演时重点考核上座率，演出后重点考察观众反映和媒体评价。只有上座率在 70% 以上的演出，才能获得场租补贴；上座率在 85% 以上的演出，可以结合文化产业项目申报，给予相应的奖励。对于上座率高、观众反映和媒体评价都很优秀的演出，还可以给予更多的扶持，进行进一步的市场开发，使模式效应不断放大。

自"520 模式"实行以来，不断创造南京演出市场的奇迹：话剧《蒋公的面子》连续 10 场公演，上座率平均达 99.3%，其中有 7 场演出需要加座，票房总收入创下近年来南京本土剧团演出票房最高纪录；"520 音乐厅"有八成的演出上座率超过了 80%，其中《赵长贵古典吉他师生音乐会》、《"我们的好声音"2013 南京市歌舞剧院声乐队专场音乐会》等上座率达 100%。截至2013 年 12 月，"520 剧场"已上演各类剧目超过 50 场，观众突破 4 万人次；"520 音乐厅"已举办各类音乐活动 25 场，观众达 7000 余人次。

在搅活南京演出市场"一池春水"的同时，"520 模式"还展现出了更多的效果。《蒋公的面子》公演成功后，《看天下》、《中国新闻周刊》、《北京青年报》等报刊纷纷以大篇幅做了专题和人物专访，剧组还走出南京，不仅到北京、上海、广州、深圳、西安、重庆、成都、武汉、长沙等城市巡演，还远赴美国进行了演出，有望成为南京的一个文化艺术品牌。"520 模式"也引起了各演出院团和艺术家的密切关注，一些本地院团已经开始在筹备新的节目，如省演艺集团话剧院、南大艺术硕士剧团就都已排了新的话剧在"520 剧场"演出，南京市话剧团也正在打造新的小剧场话剧；从南京走向世界的华裔钢琴家贾森飞、张浩天，南京民乐团、爱乐者乐团、钟山民乐团、"弦之梦"青少年弦乐团等也陆续登上了"520 音乐厅"的舞台。2014 年，"520 剧场"和"520 音乐厅"精心策划推出了"话剧演出季"和"音乐演出季"，其中"520 剧场"的话剧演出季以本土原创剧为主打话剧，《蒋公的面子》每月将进行 2 场驻场演出，本土话剧《格格屋》4 月连演 10 场，还有《春秋杀》、《八个女人》等原创话剧陆续上演；"520 音乐厅"在引进国内外优秀音乐演出的同时，每月还组织一两场本地音乐家的演出，如南京萨克斯俱乐部专场音乐会、"聆听清明"美文诵读音乐会等。据不完全统计，在"520 剧场"的带动下，南京 2014 年的话剧演出场次将超过 100 场，比 2013 年几乎翻了一番，音乐演出场次也超过同期，"周周有戏"已成为现实，越来越多的南京市民逐渐养成了到"520 剧场"观看话剧，到"520 音乐厅"欣赏音乐会的习惯。

"520 模式"为激活南京演出市场、扶持本土创作生产和引导市民文化消费探索出一条创新路径，实现了多方共赢。党委政府通过有限的资金投入和既有的宣传资源，推动了公益性文化演出的繁荣；剧场得以保持演出常态，培育固定消费群体，打造演艺品牌；演出团队和艺术家可以借此了解市场，探索商业模式，繁荣文艺创作；市民能够很轻松地走进剧场和音乐厅，接触高雅演出，提高人文素养。可以说，"520 模式"搭建了一个由政府提供文化服务的新平台，为本地艺术人才的成长提供了一个新舞台，为社会主义文化建设增添了一项新内容。

四　启示与思考

一是坚持社会化统筹与市场化运作相结合，打造文化服务公共平台。社会文化资源比较丰富，光靠政府行政手段和直接购买，难以充分得到开发运用，满足民众多元文化需求，亟须打造连接文化团体、文化市场和消费人群的公共服务平台，确保供需精准有效对接。"520 模式"用社会化、市场化办法打造的公共文化服务平台，一方面通过"零场租"，引导高校、企事业和社会演出团体、文艺工作者聚集到平台上来，有力调动了文化艺术人员的积极性和社会文化资源；另一方面用"低票价"吸引民众走进剧院和音乐厅，享受丰富多彩的文化艺术产品。政府用少量资金激活了整个演出市场，让市场充分发挥配置社会文化资源的重要作用，形成公益性、市场化有效融合的公共文化服务新形式。

二是坚持提供文化产品与培育消费群体相促进，确保文化服务良性发展。要建立一种公益性演出常态化发展的长远规划和有效机制，需要逐步培育演出市场，培养市民的文化消费习惯。要从一开始就着眼于长期市场的培育，有针对性地培育专业性演出团体和消费群体，让市场上有更多优秀的演出，也让越来越多的普通市民养成观看演出的习惯，从而建立起结构合理的多层次演出市场供给体系，促进演出经营和消费的良性互动，实现演出的综合效益。而演出市场的培育，可以繁荣文艺的创作和生产，推动城市的文化发展，也是对市民人文素养的一种长远的培育。

三是坚持质量把关与奖励措施并举，提升文化服务水平。以往政府投入资金提供公共文化服务，往往重在早期投入，对活动的实际效果缺乏跟踪了解。要提高公共财政投入的实际效益，就要加强公共文化服务平台的机制建设，制定项目化的运作方法，明确申请财政补贴的资格、演出过程跟踪和绩效考核、多方评审、拨付流程等细则，考核内容包括演出场次、上座率、观众评价等。考核中，要更多引入市民的评价意见，并且通过机制建设，完善针对演出的相关服务保障。通过质量把控和奖励机制，促进社会演出团体和文艺工作者创作生产出更多更好的、群众喜爱的文艺演出作品，提升和繁荣文化演出市场。

B.32

为小微文化企业插上资本的翅膀

中共南京市委宣传部

摘　要：
南京文化金融服务中心是全国首家综合性文化金融服务中心，为金融机构与文化企业之间架起一个宽畅沟通的通道和桥梁，较好地解决资金供需矛盾。其基本经验和启示：一是搭建对接平台，促进融合发展；二是坚持问题导向，创新服务内容；三是强化政府引导，激发市场活力。

关键词：
南京　文化金融服务中心　金融机构　文化企业　桥梁

引　言

"我有很好的创意创业项目，但是从银行贷不到启动资金！"

"我的企业急需流动资金，但是一般小贷公司不愿意贷！"

"我的文化创业项目前景很好，可不知道到哪里找投资人！"

"我很想咨询和学习文化金融知识，却不知道找谁！"……

南京现有文化企业14700余家，其中95%以上是小微企业。由于规模小、资产轻、门类广、资源集聚度低、抗风险能力弱等原因，金融机构往往对文化企业望而却步。

如何解决小微文化企业面临的"融资难、融资贵"难题？南京打造了全国第一家具备综合功能的文化金融服务中心，为金融机构与文化企业之间架起一个宽畅沟通的通道和桥梁，较好地解决资金供需矛盾，探索建立文化金融领域的"南京模式"。

一 呼应需求，孕育而生

隋文涛是清华大学的博士生，2010 年来到南京创办了自己的公司，2013 年该公司研发的一款军事主题网络游戏《挺进绿岛》被客户看中，双方达成合作意向后，但产品上市还需要投入大量资金。于是，隋文涛一家一家银行地跑，前后谈了好几个月，还是谈不下来。

当前我国文化企业的银行信贷方式，依然是以固定资产抵押担保为主。2010 年，国内采取固定资产担保获得银行信贷的文化企业占 81%，而通过保证类和信用担保方式获得贷款的仅有 6.2%。换言之，数量庞大的中小微文化企业，都被资本市场拒之门外。

产业的发展离不开金融助力。南京市充分意识到融资问题的严峻性，能否探索建立一条"政府引导、市场驱动、资源整合、平台搭建、多方共赢"的路径，扮演好一个文化企业和金融机构都能充分信任的"中间人"角色，让企业提高信誉度，有了"娘家"，让金融机构发现"富矿"，找到"婆家"，打破融资难的坚冰，彻底解决两张皮的现象，这些都使南京文化金融服务中心呼之欲出。

建设南京文化金融服务中心不是说建就建，必须从顶层设计入手，解决核心政策问题。2013 年初开始，市委宣传部、市金融办、市文广新局、市人行营管部、市财政局等六部门联合组成调研组，走访了南京银行、科技金融服务中心、紫金集团、江苏高科技投资集团等金融机构，召开文化企业座谈会，借鉴吸收南京推动科技金融的成功经验，制定出台了《南京市文化产业投融资体系建设计划》。这个文件的出台，借鉴了国内外金融支持文化产业发展以及南京市金融支持科技创业的成功经验，目的就是要形成具有南京特色的文化产业发展投融资机制。明确提出到 2015 年，争取实现覆盖 10000 家文化企业，支持 1000 家中小型文化企业，培育 100 家重点文化企业，打造 10 家具备较强核心竞争力的骨干文化企业。这个文件，不仅是集聚各方力量支持的"尚方宝剑"，更是造福金融机构和文化企业的"雨露甘霖"。

而谁是最合适承载和运作文化金融服务中心的主体呢？南京市政府将眼光

瞄向南京市市属文化投资控股集团（以下简称"市文化集团"）。市文化集团作为一家市属国有文化集团，初步形成了影视投资及电影院线产业链、高品质演艺平台、文化艺术品综合经营、文化企业投融资服务平台、文化大项目投资建设五大功能板块。既有 1 个亿的文化产业创投基金、1 个亿的文化产业种子基金，又有全省第一家文化科技小贷公司。既有利于中心站在全市层面统筹资源，坚守专业化和公益性的发展定位，同时也可以有力推动国有文化企业自身的改革创新，是运作文化金融服务中心的最佳选择。2013 年 11 月 14 日，依托市文化集团建立的南京市文化金融服务中心正式挂牌成立，建立了现场洽谈大厅、直接服务窗口、网上服务平台和电话服务热线。以服务中心为平台，作为文化与资本的"牵线红娘"，为文化企业和商业银行、保险、担保、信托等金融机构牵线搭桥，快速收集和对接文化企业融资信息，提供差异化的融资方案和其他金融服务支持。

二 增强功能，破解难题

文化金融服务中心要能成功运转，关键在于服务功能和金融要素齐全，"要什么有什么"。通过收集分析大量小微文化企业融资难的现象及原因，设计出针对不同问题的解决方案，实现"缺什么补什么"，积极破解各种困难和矛盾。

针对融资路径不通畅，致力打通金融服务全流程。建立金融服务线上线下平台，清晰绘制服务流程图，实现平台"金融服务一站通"。文化企业提交申请后，由所属区文化改革发展领导小组进行初审，5 个工作日内将信息提交给服务中心复审。在对借款人资格信息、订单信息及贸易背景、版权等进行审核通过后，5 个工作日内平台就会把企业推荐给适合的文化银行和文化小贷公司，之后由金融机构主动与企业联系并提供融资服务。如果融资成功，企业可获得最高 2000 万元贷款。这意味着，南京文化企业申请贷款，到文化金融服务中心就能一站解决。如果进行网上申报，完全可以足不出户，提交在线申请后坐等金融机构上门服务。而且申报周期大大缩短，以往需要几个月的办理，现在 10 多天就能有回复。

南京陶天下文化传播有限公司由景德镇知名陶瓷生产企业在南京注册成立，以推广传播陶瓷文化为宗旨。由于南京的市场营销刚刚起步，渠道建设和产品开发都需要大量资金，在文化金融服务中心的帮助下，顺利与南京地区的大型商业机构进行对接，解决资金周转跟不上的问题。

针对信用体系不健全，创新组建融资供应链。信用体系不健全是制约小微文化企业获得贷款的主要瓶颈。南京文化金融服务中心整合了文化银行、文交所、小贷公司、文创基金、保险、担保、信托等金融机构，形成相对完整的文化产业金融服务链。在这条服务链上，文交所等机构通过开展版权登记和评估，建立起价值评估体系；而文化企业信用评价体系，则通过收集企业以往的诚信状况，结合信用记录，会同外部评审机构共同建立。日益健全的信用体系为南京小微文化企业获取贷款打下了坚实基础。

原力电脑动画制作有限公司有一个与国际影视公司合作制作四部大型动漫电影的机会，但是这家企业的自有资金不足以支撑这个大订单，版权质押、企业联保等传统担保方式又不适用。这时南京文化金融服务中心充分发挥平台功能，经过比选，将这个项目推荐给了南京银行。南京银行经过认真研究，在电影还未开拍的情况下，双方约定电影上映后，院线票房汇款账户行必须选定为南京银行，以未来票房作"抵押"，发放了1000万元贷款。这笔为文化企业量身定做，没有任何实物甚至没有版权担保的贷款，不仅一解企业燃眉之急，更是金融支持文化企业在具体方式上的可贵探索。

针对企业家金融意识弱，强化对文化企业家的全面培训。许多文化企业家对金融知识比较陌生，这直接制约了他们获得金融服务的有效性和质量。南京文化金融服务中心自成立以来，充分整合市文化产业协会等行业资源，深入全市各区先后举办各类对接会、讲座和培训活动二十余场，培训文化企业家1500余人次。其中洛可可设计集团创始人贾伟"上上之道　设计中国"的演讲，吸引了众多文化企业家，在互动交流中迸发创意的火花。该中心所承办的南京第一届"金梧桐奖"评选活动，挖掘在改革创新、转型发展方面具有示范性的文化企业，为南京文化产业树立标杆，评选出全市"民营文化企业十强"等优秀企业50余家，优先向金融机构进行融资推荐，得到广大文化企业家的肯定和欢迎。

针对对接文化企业融资信息难的问题，组建全市文化企业资源库。为了互通融资信息和需求，解决企业和金融机构之间信息不对称的问题，南京文化金融服务中心还建立了全市文创企业资源库。服务中心通过多种渠道收集全市文化产业各重点门类处于初创期、成长期和成熟期的优质文化企业资料，形成全市文创企业资源库，目前已入库企业700余家。在此基础上，中心与全市11个区、8个市级文化园区、11个行业协会、84个街道和110个信息专员建立起密切联系，搭建专属QQ群及微信平台，形成一张有效覆盖全市的文化金融服务网，为全市文化企业提供全方位的金融服务。

三 创新金融模式，提升服务

文化金融服务工作在全国尚无经验可以借鉴，南京市只有自己研究思考，走出适合自身的创新服务之路。

政府分担银行风险，给予企业利率优惠。按照常规，银行给小微企业发放贷款，一般都会在国家基准利率的基础上上浮0%～30%，以规避小微企业轻资产带来的资金风险。但是考虑到小微企业面临的困境，南京文化金融服务中心遴选授牌包括南京银行、北京银行、交通银行、中国银行在内的首批"文化银行"。由中心推荐的企业，鼓励文化银行按国家基准利率放贷，给予银行相应的利息补贴。而银行可能面临的风险，则通过贷款风险补偿机制、信贷利息补贴机制和贷款担保补贴机制来分解。南京每年有一笔风险补贴专项资金，一旦发生贷款风险，市区两级政府和银行将按照7∶3的比例共同承担。例如，南京银行推出"鑫动文化"品牌产品，包括演艺贷、出版贷等八大系列产品，单独设立文化贷款专营机构，实行"全行营销，归口审批"，将文化企业贷款风险容忍度从2.2%提高到5%。

整合资源，组建各类文化投资基金。为给处于初创期的文化企业和领军人才提供充分的资金扶持，金融文化服务中心整合了省市有关资源，成立专业投资文化产业领域的各类投资基金，其中先期成立的1亿元南京文创天使投资基金运转良好，已有1家企业进入上市辅导。资产总规模为50亿元的南京新兴文创产业基金预计将于2014年上半年组建完毕，重点围绕文化创意重点产业门类，以资本为纽带开展产业链的整合和并购。2013年，南京文化贷款累计发放15.8亿元，帮扶几十家小微文化企业获得成长基金，其中文化企业首贷户占比超过50%。发挥文化小额贷款公司作用，解决复杂贷款问题。小微文化企业在发展中往往会遭遇更复杂的贷款情况。例如，南京毅刚文化传播有限公司（以下简称毅刚文化）投资拍摄的电影故事片《一号目标》，揭秘一场由周恩来遗落笔记本引发的国、共、美三方情报暗战，情节跌宕起伏，引人入胜。作为一部描写重大革命和历史题材的主旋律影片，又具有良好的观赏性，市场前景非常看好。该片历经一年左右时间拍摄、制作，现公映在即，但近两百万元的宣传发布费用未能筹措落实，让影片的上线公映遇到巨大障碍。毅刚文化向银行等金融机构融资，因无法提供足额的抵押物，屡屡碰壁。针对这种难题，南京文化金融服务中心依托市文化集团下属文化小额贷款公司，为文化企业提供金融服务的补充，最大的特点就是与其他金融机构错位运行。在南京毅刚文化进行少量抵押物设定抵押后，附加公司其他经营管理人员连带责任保证，文化小额贷款公司确定向其发放贷款150万元，解决了企业的燃眉之急。截至目前，文化小额贷款公司已向南京市41家文化企业累计发放贷款2.78亿元，10个月资金周转率达280%。

结合企业需求，制定优惠服务项目。在文化金融服务中心，更多的金融机构和企业根据自身特长与小微文化企业的需求制定了一系列的优惠项目和服务项目。北京银行南京分行结合文创产业发展实际推出"金陵创意贷"，以版权质押打包方式为影视企业提供授信，开创了版权质押打包模式的先河，把企业的无形资产变成"真金白银"。目前已累计审批通过100余笔，金额超过20亿元。太平洋保险南京分公司则对文化经营过程中的各类风险做了专业化评估，为文化产业系列保险产品做了大量技术上的准备，并在一些领域率先尝试，产品方案涵盖演艺活动、艺术展览、动漫和游戏制作、文化企业信用保证保险四大类9个保险产品。特别针对中小型文化企业推出信用保证保险，用"打包承保"方式一揽子承保其他险种，为文化企业提供风险保障。

通过各方努力，截至2014年一季度末，南京地区文化贷款总额171.92亿元，同比增长38.41%，其中文化小微企业余额为60.17亿元，同比增长

57.63%，均远高于同期其他各项贷款增速。截至 2013 年底，全市文化贷款余额 103.73 亿元，同比增长 97.29%，其中，小微企业贷款余额约 40 亿元，均远高于同期各项贷款增速。南京文化金融服务中心运行 4 个月以来，共接受融资申请 116 笔，向四家文化银行及小贷公司推送贷款需求达 176 次，促成新增贷款 3.18 亿余元，其中基准利率贷款近 5000 万元；促成银行向本市小微文化企业授信 1.7 亿元，工作成效初步显现。南京依托文化金融服务中心推动文化金融创新的实践做法，还入选文化部评选的"2013 年全国文化金融十大创新案例"，得到了中宣部、国家文化部、财政部、人民银行总行等中央部委部门的充分肯定，认为正在形成文化金融领域的"南京模式"，将向全国进行宣传推广。

四　启示与思考

（一）搭建对接平台，促进融合发展

金融是经济发展的"血液"，也是小微文化企业生存发展的"阳光雨露"。促进金融与文化融合，发挥金融对文化产业的助推作用，必须打造一个对接平台，一方面通过企业调查，引导银行实施金融创新；另一方面依据对接流程，做好相关服务和保障。南京市从建立多层次文化产品和要素市场出发，通过文化金融服务中心，推动金融资本、文化资源相结合，缓解金融服务供给与文化发展需求间的矛盾，探索符合南京市实际的文化金融创新模式。

（二）坚持问题导向，创新服务内容

相对于工业企业生产，文化企业与产品创作生产具有一定特殊要求和特点，因而在投融资方面遇到的困难较多。南京市将文化企业"融资难融资贵"问题，细化为融资信息不对称、专业工具不健全、信用体系不完善、企业家金融素养不全面等单项问题，逐一推出有针对性的解决措施，让各项文化金融政策真正落地，让广大文化企业真正受益。同时，鼓励各文化企业、专业协会加强与金融机构合作，不断创新适合文化产业发展的金融产品与服务。

（三）强化政府引导，激发市场活力

文化金融是市场行为，一边连接着银行、保险、风投、担保、再担保、投行等投融资机构，可以充分发挥整合社会资本的作用；另一边又连接着影视公司、出版社、传媒等文化艺术机构和企业，有效开展文化产业投融资信息交流、政策对外发布、金融业务在线办理、金融品种发布、项目咨询投资、文化产权登记托管交易等服务。既发挥政府"有形的手"作用，健全工作体制、搭建服务平台、扶持激励政策和资金，降低交易成本，保护创业动力；又重视发挥市场在配置金融和产业资源中的决定性作用，健全市场体系，培育合格市场主体，让金融机构和文化企业风险共担、利益共享，实现可持续发展。

B.33

微电影《南京·201314》
开启城市形象巧传播

中共南京市委外宣办

摘　要：

在2013年亚青会和2014年青奥会中，微电影《南京·201314》通过讲好"南京故事"，展现"南京元素"，有效传播了"南京形象"，以创新性实践探索形成提升城市国际影响力的新模式。主要启示有：一是城市形象对外传播要构建合意空间，推动内容创新；二是城市形象对外传播要结合事件营销，推动形式创新；三是城市形象对外传播要善用社交媒体，推动渠道创新。

关键词：

微电影　《南京·201314》　城市形象　传播

引　言

2013年亚青会和2014年青奥会先后在南京举办，为南京开展对外传播提供了难得的机遇。但如何才能抓住这一机遇，实现赛事宣传与城市宣传的巧结合、双收益。《南京·201314》在策划、表达、推介三个方面均实现了突破，是一般城市形象宣传片的全面升级。影片通过讲好"南京故事"，展现"南京元素"，有效传播了"南京形象"，以创新性实践探索形成提升城市国际影响力的新模式。

一　微影演绎，用情讲好"南京故事"

世人瞩目的亚青会和青奥会在南京举办，既是世界青年体育文化交流的盛事，也是展示南京形象、提升南京美誉度的舞台。从赛事宣传与城市宣传相结合的角度出发，南京急需有一部反映城市形象的新片子，用国际表达的方式向全世界进行推广。

南京素有"六朝古都"之称，又带有鲜明的民国文化烙印，如何才能表现出南京的历史文化，体现"博爱之都"的美誉？以往的城市形象宣传片基本上以景为主，千篇一律，没有故事情节，没有真情实感。为了彻底打破常规，南京市政府邀请了体制外的水晶石数字公司进行了这部宣传片的策划、创作和拍摄。

水晶石数字公司最初提出了两个方案，一个是3分钟的短片方案，另一个是18分钟的微电影。与以往拍摄的城市形象宣传片相比，这两个方案在形式上都有突破：3分钟的方案模仿伦敦在奥运会前拍摄的一部城市形象宣传片，希望改变南京在人们心目中的守旧、传统印象；而18分钟的微电影，则试图通过讲述一个小故事，以大背景下小人物的情感叙述折射出这个城市的性格和特点，表达真情实感，激发观众共鸣。

几经讨论，微电影方案最终胜出。这主要是因为即将举行的亚青会和青奥会都是年轻人参加的盛会，年轻人爱潮流爱时尚，视频网站上的微电影近年来又广受年轻人的喜爱。为了给这部微电影起一个既有深意，又有小清新范儿的名字，几经斟酌，片名最终定为《南京·201314》。既寓意2013年的亚青会、2014年召开的青奥会，又是"南京，爱你一生一世"的谐音。

而故事框架的确定，也经过了多轮的讨论、碰撞，几易其稿，最终的情节安排侧重展现南京这座亚青会、青奥会举办城市和其市民的面貌，核心为表达南京的情感色彩和人文精神。

致敬"小青柠"，彰显志愿之城温暖情。微电影聚焦亚青志愿者——"小青柠"这个"幕后英雄"群体。微电影开头就出现了"向小青柠致敬"的字幕，故事情节围绕1.3万名亚青会志愿者中的两个普通志愿者展开。台湾女孩徐可晨过世的爷爷有一个心愿，要骑着自行车重游南京。为了完成爷爷的遗愿，徐可晨报名成为南京亚青会的志愿者，准备"代爷爷骑行南京"。但因全身心投入志愿者工作，她最后没能来得及完成这个心愿，只能把这个遗憾发到微博上。在徐可晨临走前两天，一个默默关注她的志愿者金宁得知了此事，他决定帮助徐可晨完成骑行南京的愿望。在2013年夏天最热的几个月里，"小青

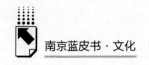

柠"们的微笑和付出让每一位来到南京的朋友感到贴心温暖，而他们也成为无私奉献、不求回报的亚青精神的代言者。

全城追爱，彰显青春之城正能量。微电影以两个亚青会志愿者间的"纯爱"故事为主线。为帮助女主人公徐可晨完成心愿，在她不知情的情况下，男主人公金宁偷偷拍下了她的照片，做成和真人一样大的 KT 板画像带在身上，然后骑着自行车把徐可晨的画像带到了南京每一个名胜古迹并合影留念。金宁朝气蓬勃的青年形象，让观众感受到南京这座城市的青春活力。为配合金宁的形象塑造，在故事情节中，安排孟非发布了一段微博，"有这样一个女孩，她没有跟你说过一句话，也没有看过你一眼，甚至不知道你的存在；但是，你必须在 40 度的太阳下，用 12 个小时来骑完南京城，而这一切，只因为这个女孩的一个微博一个心愿，有人会这么做吗？有，他叫金宁。"这条微博内容极大渲染了为爱骑行的青春激情，深深地感动了观众，也被很多网友认为是微电影中最大的泪崩点。

爱心传递，彰显博爱之城真情怀。为了增加微电影的矛盾冲突，增强可看性，在金宁的骑行过程中设置了各种困难，与此同时，他也在很多南京人的支持和帮助下，最终实现了两天骑完南京的想法。从最初的两名志愿者同伴帮助导航到修车摊主免费修理自行车；从孟非利用自己的微博发布骑行路线，倡议南京市民给予帮助，到交警帮助导航；从众人鼓励金宁坚持到底、骑完全程，到孟非留住徐可晨，帮助金宁实现与其见面的心愿。在这其中，观众感受到的是，南京人乐于助人的品质和南京这座城市的友善。特别是在金宁因落水延误时间而表示放弃时，很多热心市民给予的支持，以及"说话要算话哎"、"不差这一点"、"我们陪着你一起"等如"大萝卜"一样朴实的语言，充分表达了一种质朴的情感。

二 隐性植入，巧妙展现"南京元素"

以往的城市形象宣传片多采用宏大的叙事手法，内容缺乏特色与创意，多选择旅游资源作为城市的主导形象，手法停留在风景明信片的水平上，美则美矣，却很难给人留下深刻印象，也很难和其他城市做明显的区分。实际上，一部成功的城市形象宣传片，不能仅仅停留在图片和解说词的简单组合，而更应是一部声画和谐、充满意境的艺术片；它展现的不单是城市的外貌，更多的是一种文化，一种精神，是一座城市精华的浓缩。如何彰显南京特色，打破千篇一律的诉求，加强南京的城市区分度，让观众迅速记住南京，牢记南京元素？《南京·201314》作为城市形象微电影，打破了以往"画面＋音乐"的宣传片模式，以一个现代爱情故事为红线，串起南京的标志性景点、地域民风、人文底蕴和大爱情怀。从小处切入、注重背景展示、细节描写，让受众深切感知种种南京元素。

融进去，魅力南京城背景式嵌入。在南京元素中，人文景点无疑是浓墨重彩的一笔。南京作为十朝都会，景点众多，各有特色。而这些景点又承载着南京浓重而悠久的历史文化，在一部短短的微电影中，既要说故事，还要铺陈背景，很难全面展示南京的地域特色和人文景观。微电影通过讲述一个骑行的故事，将南京新街口的中山像、明孝陵、明城墙、玄武湖、奥体中心、紫峰大厦等40多处金陵美景作为背景串联起来，既不落窠臼，也不露痕迹。在拍摄角度上也煞费苦心，空中水下多角度展示，让受众看到的镜头，熟悉中透着陌生，每一个画面都让人感到眼前一亮。比如，南京给很多人的感觉是绿化特别好，是一座被绿色包围的城市。但在以往一些宣传片中，观众一般就只能看到梧桐树，看到中山陵满眼的绿色。在这部微电影的拍摄中，配合故事情节的展开，以及骑行地点的切换，有选择地采用了航拍。小飞机载着摄像机从玄武湖一个小岛出发，观众先看到岛上的郁郁葱葱，然后看到紫峰大厦，最后会出现整个城市的轮廓，在这个角度，观众能看到整个城市都被绿色所包围。

显出来，博爱南京人多视角呈现。南京人无疑是南京元素中最重要、最鲜活的元素。以往的城市形象宣传片多以景为主角，以"人"为配角，而《南京·201314》则以"人"为主题，充分彰显了南京人"博爱博雅"的市民精神。在整部微电影中，除男女主角外，每一个场景，每一段细节，都出现了不同的南京人。他们的角色定位，不仅仅是一个衬托，而且是和情节融为一体，互为增色。既有市委书记与"小青柠"们一起举起手机"摇一摇"，互加微信，也有执勤交警开着摩托车为金宁开道导航；既有著名主持人孟非本色客串，利用其自身影响力号召市民帮助金宁，也有修车打杂的市井百姓，用他们的目光、语言、行动支持金宁骑完全程。从他们的脸上，能看到博爱包容、乐观向上的生活态度，能感悟与人和善、积极进取的街巷民风。

沉下去，萌动南京话真实性表达。南京话是南京元素中不可或缺的部分。《南京·201314》大量运用了南京话，接地气的口语营造了强烈的真实感和现场感，十分引人入胜。长久以来，南京话以其清雅流畅、抑扬顿挫的特点而受到推崇，历史上的南京话曾是明朝的官话。微电影中，"啊胎气啊"、"就碍得赖"、"摆的一沓哎"、"那就不要韶赖"等南京方言让这部微电影透出浓浓的地域特色，听起来倍感亲切真实。有网友表示，片中修车大叔问孟非"你是干么事的"那段戳中萌点，孟非的一句"泰气"又被戳中笑点。尽管南京方言作为城市宣传片的语言，多少影响它的传播性，但是饱含感情、质朴真诚的语言，也是最能勾起人们回忆、最能打动人心的语言。如果说，整部微电影呈现效果"高端大气上档次"，那么南京话则是"低调清新有内涵"，更接地气，有助于向世界展示一个真实的南京。

当然，在拍摄中真正做到隐性植入、巧妙展现南京元素，除了将南京元素自然融入微电影中的情节安排外，还有以微电影本身的高画质、好音效为前提。在《南京·201314》的拍摄中，为了将最美的南京展现在观众面前，摄制组可谓费尽心思，除在地面上的常规拍摄外，还"上天入水"，动用专业设备进行航拍和水下拍摄。微电影的拍摄遭遇了先是大雨、后是高温的不利天气，然而最大的障碍不是天气因素，而是南京话配音。由于同期录音需要环境安静，而影片的摄景点基本都是在闹市区和风景区，人很多，没有同期录音的环境。摄制组最终决定后期配音，然而不巧的是，南京的两大文艺团体——省话剧团和市话剧团均在巡演中，摄制组为挑选合适的配音演员可谓费尽周折。

三 互动传播，有效发散"南京形象"

微电影拍好了，也得到了业内专家们的一致好评。为了避免"叫好不叫座"的情况，选择合适的传播模式至关重要。

以往的城市形象宣传片，除了在本地媒体密集播放外，很多城市还不约而同地选择将由城市形象宣传片剪辑而来的城市形象广告在中央电视台做品牌宣传。同时，城市形象宣传片还会被刻制成精美的碟片，在政府部门的经贸往来或友好访问中，作为礼品赠送。但以上两种传播方式，各有局限。前者由于中央电视台的城市形象广告扎堆出现，受众每天都身处城市品牌信息轰炸中，受众到达率并不理想，起到的宣传效果也不尽如人意。后者则由于传播面所限，传播功能也就受到了极大的影响。

《南京·201314》在传播方式上进行了大胆的创新。在拍摄过程中，就结合影片看点设置话题，进行互动传播。微电影利用视频网站、微博、微信等新媒体平台，抓住赛会开闭幕式的时间节点，发布预告片和首映，积极开展事件营销，持续提升对亚青会和南京的关注度。紧扣亚青会、青奥会背景，沉浸传播。微电影将故事发生的时间定格在亚青会举办前夕，通过展现以女主角徐可晨为代表的亚青志愿者的忙碌，以及公安交管局工作人员在监控视频上看到金宁骑行的场景时说，"这个小伙子给了我们一次应急演练的机会"，观众可以明显地感受到亚青会即将在南京召开的氛围，以及这座城市正处于亚青会筹备的火热进程中。作为在亚青会期间上映的微电影，《南京·201314》自然少不了"亚青元素"，亚青志愿者"小青柠"是微电影的绝对主角，亚青会吉祥物"圆圆"在片中也有不少镜头，男主角骑行南京时身背真人大小的 KT 版人像，也身着亚青志愿者的绿色服装。同时，为了表示对 1.3 万名"小青柠"志愿精神的肯定，微电影在片头打上了"向小青柠致敬"字幕，希望将这部充满青春活力的微电影，献给所有正在挥洒青春的亚青志愿者。这些元素都进一步强化了受众对于南京作为亚青会举办城市的认知。而影片最后两次出现的"2014，我们南京再见"，则唤起了观众对于南京青奥会的期待和对南京的关注。有网友评论，作为一个年轻人，如果你没有看过《南京·201314》，那你就 Out 啦！

对接亚青时间节点，集中展示。《南京·201314》的全球上映时间也很巧妙，选的是亚青会期间，这也为微电影一夜走红打下了精彩的伏笔。结合亚青会开闭幕式两个时间节点，利用电影院线、户外大屏、微博、微信等平台，密集进行推介播放。根据播出载体不同，制作了 20 秒、30 秒、3 分钟、18 分钟四种不同时间长度的影片版本。从亚青会开幕式彩排开始，影片 20 秒抢先版进入鼓楼至珠江路地铁车厢外动视媒体；30 秒预告版投放于新街口新百大楼、鼓楼电信大楼、山西路金山大厦、河西万达广场、市政府成贤街路口 5 块户外大屏以及大华影院、和平影城贴片广告；而 3 分钟预告片则在开幕式当天的彩排中首播。同时，影片 30 秒抢先版、3 分钟预告片在"南京发布"和"亚青官方发布"微博平台，西祠、豆瓣等论坛，优酷、小微视频网等专业视频网站，以及 Facebook、Youtube、Twitter 等境外网络媒体上得到大量转发。而微电影 18 分钟完整版则在闭幕式暖场环节中首播，激发了"小青柠"们和年轻的运动员、演员们共同参与闭幕式狂欢的热情。

利用亚青社交媒体，定向推送。基于对主要观众为青年人群体的设定，《南京·201314》的宣传推广注重利用青年人所喜爱的新媒体开展。通过在视频网站、微博、微信，以及 Facebook、Twitter 等新媒体上进行推介，微电影吸引了大量青年观众的关注并参与互动。据统计，从 2013 年 8 月 16 日亚青会开幕式上发布预告片至 10 月 14 日，在不到 2 个月的时间里，影片在优酷、酷6、土豆、PPS 等视频网站上的视频播放数就已超过 31 万次；在新浪、腾讯网上有相关微博 1240 篇，转发 5320 次，评论 8500 条，其中九成以上网友给予正面评论；在 Facebook、Youtube、Twitter 等境外网络媒体点击量超过万次。以新媒体为主要传播载体，将微电影精准送达青年人群体，提升了观众的参与度，增强了影片的传播力。很多网友纷纷表示"喜大普奔"（喜闻乐见），他们不仅给予微电影高度评价，还@了很多朋友，和他们一起分享。

在《南京·201314》的互动传播中，南京不仅注重利用网络，特别是社交媒体进行发布，还通过网络开展推广活动。根据影片故事情节设计话题，以孟非亲笔签名的手绘南京明信片作为纪念品，与网友进行互动，让受众了解、熟悉"文艺范儿、爱情、不可能完成的任务、孟非、交警帅哥"等微电影中的看点、感动和南京元素。

四　启示与思考

（一）城市形象对外传播要构建合意空间，推动内容创新

城市形象传播的重要元素，就是要有打动民众的精彩内容和生动故事。光

有宏伟建筑和优美景色的静态画面，很难反映地域人文特色和文明底蕴。《南京·201314》积极构建切合民众心理需求的合意空间，在传受双方之间生成文化认同。正是因为采用了年轻人喜爱的微电影形式，讲述青年人自己的故事，以及通过他们熟悉的平台进行推送，该部微电影获得海内外青少年的青睐。

（二）城市形象对外传播要结合事件营销，推动形式创新

"事件"是重要的注意力资源，具有强大的号召力，可以在短时间内促进事件发生地的知名度爆发性地提升。在城市形象对外传播中，借力于重大节事活动等"事件"进行推介，无疑是一种可行性强、效果佳的策略。《南京·201314》通过事件营销，将城市与"事件"绑定在一起，为城市传播贴上"事件"标签。而在事件营销中，最为关键的是将地标性建筑、自然风貌、宜居环境等城市形象载体植入、整合到"事件"产品中，增加城市在媒体中的话题量，延续、增加受众对城市的关注。

（三）城市形象对外传播要善用社交媒体，推动渠道创新

在城市形象对外传播中，将有关城市的有趣话题和产品提供给海外庞大的社交媒体进行分享和传播，有助于实现效果的最大化。《南京·201314》也正是借助于亚青社交媒体平台才得以实现"走出去"。当然，利用社交媒体开展城市形象对外传播不仅需要建设社交媒体传播平台，还需要制作适合在社交网络平台传播的内容，特别是要符合社交媒体主要群体——世界各国青少年的喜好和接受习惯。

附 录

Appendix

B.34

2013 年南京市文化发展重点文件

关于印发《南京市市属文化企业国有资产
监督管理暂行办法》的通知

宁文资办〔2013〕3 号

各市属文化企业、各有关部门：

　　为规范和加强市属文化企业国有资产监督管理，建立完善国有文化资产监管体制，现将《南京市市属文化企业国有资产监督管理暂行办法》印发给你们，请遵照执行。

南京市市属国有文化资产监督管理办公室

2013 年 3 月 2 日

南京市市属文化企业国有资产监督管理暂行办法

第一章　总则

第一条　为规范和加强市属文化企业国有资产监督管理，建立完善国有文化资产监管体制，发展壮大我市文化事业和文化产业，按照"管人管事管资产管导向相结合"的原则，根据《中华人民共和国企业国有资产法》、《企业国有资产监督管理暂行条例》（国务院第 378 号令）、《关于在文化体制改革中加强国有文化资产管理的通知》（财教〔2007〕213 号）、《江苏省文化企业国有资产监督管理办法》（苏政办发〔2009〕114 号）等文件精神，制定本办法。

第二条　本办法适用于南京市国有及国有控股文化企业、国有参股文化企业（以下统称"市属文化企业"）中的国有资产。

第三条　本办法所称的市属文化企业国有资产，是指国家对市属文化企业各种形式的出资和出资所形成的权益，以及依法被认定为国家所有的其他权益。包括：

（一）市政府授权出资的部门或者单位以货币、有形资产、无形资产和所有权属于国家的土地使用权、知识产权等向市属文化企业出资所形成的国家资本金；

（二）运用国家资本金所形成的税后利润留给市属文化企业作为增加出资的部分，以及市属文化企业从税后利润中提取的盈余公积金、公益金和未分配利润；

（三）市属文化企业用于投资的减免税金；

（四）由市政府承担投资风险，完全用借入资金投资开办的企业所积累的净资产；

（五）国有资产兼并、收购其他企业或者其他企业资产所形成的产权；

（六）其他经法律确定为市政府所有的资产。

市属文化企业国有资产的表现形式为流动资产、固定资产、无形资产和对外投资等。

第四条 市属文化企业国有资产管理应当坚持社会效益与经济效益相统一、所有权与使用权相分离、行政权与经营权相分离的原则；坚持政企分开、政事分开、管办分离的原则。

第五条 市属文化企业及其投资设立的企业，享有有关法律、行政法规规定的企业经营自主权。市属文化企业应当努力提高经济效益，对其经营管理的企业国有资产承担保值增值的责任。

第六条 市属文化企业应当接受国有资产监督管理机构依法实施的监督管理，不得损害市属文化企业国有资产所有者和其他出资人的合法权益。

第二章 管理机构及其职责

第七条 经市政府授权，由市委宣传部、市财政局和市文广新局联合成立市属国有文化资产监督管理办公室（以下简称"市文资办"），设在市委宣传部。市文资办在市文化改革发展领导小组的领导下，按照企事业国有资产监督管理的有关规定，对市属文化企业国有资产实施监督管理。

第八条 市文资办的主要职责是：

（一）制定和完善市属文化企业国有资产管理的规章制度，理顺市属国有文化资产监督管理体制机制；

（二）对市属国有及国有控股文化企业的发展战略和规划、投融资规划等重大事项进行审查，确保国有文化资产保值增值；

（三）指导和推进市属国有文化企业单位的改革、重组、兼并、破产等事宜，协调解决市属国有文化企业在改革发展中的困难和问题；

（四）指导和推进市属国有文化企业建立现代企业制度和现代产权制度，完善法人治理结构，促进国有文化资产合理流动和优化配置；

（五）建立和完善国有文化资产保值增值指标体系，组织对市属国有文化资产收益、文化企业负责人进行考核评价，并根据考核结果提出奖惩意见；

（六）代表市政府向所管企业派出监事，参与市属国有文化企业财务负责人的考核任免工作；

（七）负责对市属文化企业国有资产收益进行考核和收缴，按要求编制再投入预算建议计划，建立完善市属文化企业资产经营预算制度；

（八）其他有关市属文化企业国有资产管理工作和承办市政府交办的其他事项。

第九条 市文资办的主要义务：

（一）探索有效的市属文化企业国有资产经营体制和方式，加强市属文化企业国有资产监督管理工作，防止国有资产流失，督促市属文化企业在保证社会效益的前提下实现国有资产保值增值；

（二）推进文化领域国有资产合理流动和优化配置，维护文化安全，提高市属文化企业整体素质和竞争力；

（三）推动市属文化企业建立归属清晰、权责明确、保护严格、在政策允许范围内流转顺畅的现代产权制度；

（四）指导和促进市属文化企业建立现代企业制度，完善法人治理结构，推进管理现代化；

（五）尊重、维护市属文化企业的经营自主权，依法维护市属文化企业的合法权益，促进市属文化企业依法经营管理；

（六）向市政府报告有关市属文化企业国有资产监督管理工作、国有资产保值增值状况和其他重大事项。

第三章 重大事项管理

第十条 市属文化企业的下列重大事项需报市文资办审核后，报市政府审批：

（一）国有独资企业、国有独资公司的股份制改造方案；

（二）国有独资企业、国有独资公司的分立、合并、破产、解散、清算和重组；

（三）转让国有股权或增资扩股；

（四）重要子企业转让国有股权或因增资扩股，致使国有股东不再拥有控股地位；

（五）对外企业重组、兼并事项；

（六）境外投资；

（七）企业资产绩效考评办法和收入分配意见，企业负责人经营业绩考核办法及其奖惩意见；

（八）向出资文化企业派出监事会人选；

（九）按规定应报市政府审批的其他事项。

第十一条 市属文化企业下列事项需报市文资办审批：

（一）国有独资公司章程的制定及修改；

（二）处置重大有形资产与无形资产，其中处置资产的单位价值或者批量价值在200万元以上（含200万元）的，报市文资办批准，限额以下实物资产的处置由企业决策；

（三）增加或减少注册资本，发行债券，转让重大财产，进行大额捐赠；

（四）向本企业以外的自然人、法人或其他组织提供担保；

（五）利润分配方案或者亏损弥补方案；

（六）市文资办规定的其他事项。

第十二条 市属文化企业的下列事项需报市文资办备案：

（一）与自然人、法人或其他组织进行超过相关规定限额标准的资产托管、承包、租赁、买卖或者置换活动；

（二）重大投资决策，包括投资额1000万元及以上或达到企业最近一期经审计净资产10%的境内长期股权投资项目，所投资项目资金分期到位的，以全部出资额一次性报备；单项投资额1000万元及以上或达到企业最近一期经审计净资产10%的固定资产投资项目。已备案项目投资方案作重大调整的，如投资方式、投资规模、合作方或股权比例发生重大变化等；

（三）市属文化企业以及所属企业资产负债率已超过60%，或者一个会计年度企业累计发生的借款已达2亿元后，新发生借款累计每增加5000万元；

（四）发生重大安全生产事故；

（五）发生重大法律纠纷案件；

（六）市文资办规定的其他事项。

第十三条 市文资办依照国家有关规定组织协调市属文化企业中的国有独资企业、国有独资公司的兼并破产工作，并配合有关部门做好企业下岗职工安置等工作。

第十四条 市文资办可以对市属文化企业中具备条件的国有独资企业、国有独资公司进行国有资产授权经营。

被授权的国有独资企业、国有独资公司对其全资、控股、参股企业中国家投资形成的国有资产依法进行经营、管理和监督。

具体实施细则详见《南京市市属文化企业重大事项管理暂行办法》。

第四章　国有资产管理

第十五条　市文资办依照国家有关规定，负责市属文化企业国有资产的产权界定、产权登记、资产评估监管、清产核资、资产统计、综合评价等基础管理工作。协调市属文化企业之间的国有资产产权纠纷。

第十六条　市属文化企业及其参股企业在进行改制、分立、合并、破产、解散、产权转让、以非货币资产对外投资或者资产转让、拍卖、收购、置换时，必须依法采用公开招标投标的方式，委托具有相应资质的资产评估机构进行资产评估。市文资办对资产评估活动进行监督管理，并对市属文化企业国有资产评估报告进行核准或备案。股份公司的国有股权管理按国家相关规定执行。

第十七条　市文资办应当对市属文化企业国有资产的存量、分布、结构及其变动和运营效益等基本情况进行统计，掌握市属文化企业国有资产的基本情况和运营状况。

市属文化企业应当依照相关规定，向市文资办提交国有资产统计报表和国有资产经营报表等有关资料，并定期报送财务状况、生产经营状况和国有资产保值增值状况。

第十八条　市文资办应当依照国家和市有关规定，建立健全市属文化企业国有资产指标评价体系，对市属文化企业国有资产的运营状况、财务效益、偿债能力、发展能力等情况进行定量、定性对比分析，做出评价。

第十九条　市文资办要建立完善市属文化企业国有资产产权交易监督管理制度。

市属文化企业国有资产转让应当遵循等价有偿和公开、公平、公正的原则，原则上应在依法设立的产权交易场所公开进行。

第二十条　市属文化企业国有资产的收益应当纳入市级财政预算管理。财政部门对市属文化企业的国有资产收益按照发展壮大文化企业的要求，编制再投入预算建议计划，并负责组织实施。

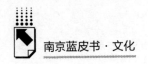

第二十一条 市文资办应当按照国家产业政策及市国民经济和社会发展规划，审核市属文化企业的发展战略规划、重大投融资规划，对市属文化企业的投资方向和投资总量进行监督管理，对市属文化企业的投资决策进行评估。

第五章　国有资产监督

第二十二条 市文资办应当参照《国有企业监事会暂行条例》的相关规定，建立市属文化企业监事会工作制度，加强对市属文化企业国有资产的监管。

第二十三条 市属文化企业应当接受审计等部门依法实施的监督检查，并依照国家和市有关规定，建立健全企业内部财务、审计和职工民主监督等制度，完善科学决策机制，强化内部监督和风险控制工作。

第二十四条 市属文化企业应当建立企业法律顾问制度。企业法律顾问有权对损害企业合法权益、影响国有资产保值增值等违法行为提出纠正意见和建议。

第二十五条 市文资办应当建立市属文化企业财务决算报告工作制度和财务决算审计监督工作制度。根据需要，由市文资办委托，或与市属文化企业共同委托会计师事务所，对市属文化企业的年度财务会计报告进行审计，维护出资人权益。

第二十六条 市文资办应当会同有关部门依法建立健全市属文化企业负责人重大决策失误的责任追究制度，明确企业负责人在履行职责时因玩忽职守、滥用职权或者徇私舞弊等违法行为给国有资产造成损失应当承担的责任。

第六章　法律责任

第二十七条 市文资办及其工作人员违反本办法规定，有下列情形之一，造成严重后果的，对直接负责的主管人员和其他责任人员依法给予行政处分；构成犯罪的，依法追究刑事责任：

（一）违法干预市属文化企业正常的生产经营活动，违法收取费用，增加企业负担的；

（二）侵犯文化企业的合法权益，造成市属文化企业国有资产损失或者其他严重后果的；

（三）未按规定期限审核批准或转报企业上报的重大事项的。

第二十八条　市属文化企业违反本办法规定，有下列情形之一的，予以警告；情节严重的，对直接负责的主管人员和其他直接责任人员给予纪律处分；构成犯罪的，依法追究刑事责任：

（一）未按规定向市文资办报告财务、生产经营和国有文化资产保值增值状况的；

（二）对应当报市文资办审核批准或预审的重大事项未报审核批准或预审的；

（三）未经批准擅自出让市属文化企业国有资产产权，以及未按规定要求进行产权交易的。

第二十九条　市属文化企业负责人违反决策程序、滥用职权、玩忽职守，造成国有资产损失的，应当负赔偿责任，并按规定对其给予纪律处分；构成犯罪的，依法追究刑事责任。

第三十条　对市属文化企业国有资产损失负有责任受到撤职以上纪律处分的企业负责人，5 年内不得担任国有及国有控股企业的负责人；造成市属文化企业国有资产重大损失或者被判处刑罚的，不得再担任国有及国有控股企业的负责人。

第七章　附则

第三十一条　本办法由市文资办负责解释，并结合国有资产监督管理工作需要，制定具体实施细则。

第三十二条　本办法自发布之日起施行。

关于印发《南京市市属文化企业重大事项管理暂行办法》的通知

宁文资办〔2013〕4 号

各市属文化企业、各有关部门：

为加强市属文化企业国有资产的监督管理，规范市属文化企业重大事项管

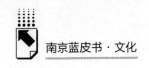

理，现将《南京市市属文化企业重大事项管理暂行办法》印发给你们，请遵照执行。

南京市市属国有文化资产监督管理办公室

2013 年 3 月 2 日

南京市市属文化企业重大事项管理暂行办法

第一章 总则

第一条 为了加强市属文化企业国有资产的监督管理，规范市属文化企业重大事项管理行为，根据《中华人民共和国公司法》、《中华人民共和国企业国有资产法》以及《江苏省文化企业国有资产监督管理办法》（苏政办发〔2009〕114 号）、《江苏省省级文化企业重大事项管理实施办法》（苏财规〔2011〕39 号）等规定，结合文化企业特点，制定本办法。

第二条 本办法适用于南京市国有及国有控股文化企业、国有参股文化企业（以下统称"市属文化企业"）以及所属企业重大事项的管理。

第三条 本办法所称所属企业是指由市属文化企业投资举办的全资、控股企业，包括不具投资关系但由市属文化企业履行管理职责的企业。

本办法所称重要子企业是指在所属企业中，净资产或销售总量达到整个集团一定比重或具有重要影响力的企业。

第四条 本办法所称重大事项是指企业章程制定和修改，企业发展战略规划编制，重大投资，企业重组、改制、上市及申请破产、解散、清算，发行债券与担保，产权管理，重大资产处置，薪酬及年金管理，分配利润，以及其他重大事项。

第五条 企业重大事项分为审核、审批和备案事项。

审核事项为市属文化企业以及所属企业报由市文资办审核后报请市政府批准的事项；

审批事项为市属文化企业以及所属企业上报市文资办审核批准的事项。

备案事项为市属文化企业以及所属企业报告市文资办的事项。备案事项如市文资办提出异议，市属文化企业以及所属企业应按要求对备案事项进行调整后再行实施。

涉及审核、审批的事项以"请示"件的形式上报；涉及备案的事项以"报告"件的形式上报。

市属文化企业以及所属企业上报重大事项应当在事前逐级上报审核、审批或备案。法律法规另有规定的除外。

第二章 企业章程制定和修改

第六条 市属文化企业为国有独资的，章程由市文资办委托董事会或决策机构制定（或修改）并报市文资办批准。

市属文化企业为国有控股的，章程由全体股东共同制定（或修改），提交股东会审议前，市属文化企业国有股东代表需将章程报经市文资办审核同意。

重要子企业章程由全体股东共同制定（或修改），报市文资办备案。

第三章 企业发展战略规划

第七条 市属文化企业以及所属企业应当编制企业发展战略规划。市属文化企业及其重要子企业的企业发展战略规划制定或调整应自董事会或决策机构审定后 30 日内报市文资办备案。

第八条 市属文化企业需要变更主营业务范围（含与企业主营业务相关的各种资质的转移）的，应当报市文资办批准。重要子企业需要变更主营业务范围（含与企业主营业务相关的各种资质的转移）的，应当报市文资办备案。

第四章 企业重大投资

第九条 市属文化企业以及所属企业应当编制年度投资报告。企业投资主要包括对外投资、固定资产投资、金融投资及其他投资。市属文化企业及其重要子企业编制的年度投资报告应在每年 4 月 30 日前报送市文资办备案。

年度投资报告内容包括：

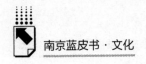

（一）上年度投资额完成情况；

（二）重大投资项目（指投资总额 1000 万元及以上或达到企业最近一期经审计净资产 10% 的，下同）的实施情况；

（三）本年度投资计划。

第十条 市属文化企业及其重要子企业的重大投资决策项目应单独报备，所投资项目资金分期到位的，以全部出资额一次性报市文资办备案。

报备文件应当包括：

（一）投资项目申请备案报告；

（二）董事会或决策机构的决策文件；

（三）项目建议书或可行性研究报告；

（四）合作、合资方资信、经营能力情况说明和合资合作协议、公司章程；

（五）其他需要说明的事项。

第十一条 市属文化企业及其重要子企业重大投资项目须经国家、省或市级政府投资主管部门核准或备案的，按其规定办理。企业自取得核准或备案文件之日起 30 日内报市文资办备案。

第十二条 市属文化企业及其重要子企业重大投资项目实施过程中出现下列情形之一的，应当重新履行决策程序，并将决策意见及时书面报告市文资办：

（一）对投资额、资金来源及构成进行重大调整的；

（二）股权结构发生重大变化，导致企业控制权转移的；

（三）投资合作方严重违约，损害出资人权益的；

（四）其他需要说明的事项。

第十三条 市属文化企业及其重要子企业投资项目涉及重组、改制、产权管理、增减注册资本、制定或修改公司章程、企业融资、职工安置等审核、审批或备案事项的，应按本办法规定办理。

第十四条 在投资项目完成（或基本建设项目竣工投入使用）后，市属文化企业以及所属企业应当组织投资项目实施后评价工作。市属文化企业及其重要子企业重大投资项目的后评价报告应当报市文资办备案。

第五章　企业重组、改制、上市及申请破产、解散、清算

第十五条　市属文化企业及其重要子企业的重组、改制、申请破产、解散、清算，应当报市文资办审核后，报请市政府批准。审核审批应当报送下列文件：

（一）企业重组（改制、申请破产、解散、清算）的申请；

（二）董事会或决策机构同意企业重组（改制、申请破产、解散、清算）的书面决议；

（三）企业重组（改制、申请破产、解散、清算）的初步方案；

（四）其他需要说明的事项。

第十六条　市属文化企业及其重要子企业的重组、改制、申请破产、解散、清算具体方案报市文资办审批。审批应当报送下列文件：

（一）关于企业重组（改制、申请破产、解散、清算）方案的申请；

（二）市政府关于企业重组（改制、申请破产、解散、清算）的批复文件；

（三）董事会或决策机构同意企业重组（改制、申请破产、解散、清算）方案的书面决议；

（四）企业重组（改制、申请破产、解散、清算）方案；内容主要包括：

1. 企业基本情况；

2. 企业重组（改制、申请破产、解散、清算）的原因和目标；

3. 企业重组（改制、申请破产、解散、清算）的必要性和可行性；

4. 资产、人员、业务、债权债务等重组或处置方案；

5. 其他。

（五）企业职工代表大会或职工大会对企业重组（改制、申请破产、解散、清算）方案的审议意见；

（六）经政府劳动保障主管部门审核同意的职工安置方案及企业职工代表大会或职工大会对职工安置方案的决议；

（七）社会风险评估报告；内容主要包括：

1. 评估责任主体、评估方案及评估小组人员组成；

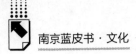

2. 风险评估范围；

3. 风险评估的内容：合法性评估、合理性评估、可行性评估、可控性评估；

4. 确定风险等级；

5. 应对方案。

（八）律师出具的法律意见书；

（九）其他需要说明的事项。

第十七条 市属文化企业所属非重要子企业的重组、改制、申请破产、解散、清算由市属文化企业按内部规定审批。其中由市属文化企业审批的报市文资办备案。

第十八条 市属文化企业以及所属企业改制上市的，按照国家、省和市有关规定办理。

第六章 企业发行债券及担保

第十九条 市属文化企业及其重要子企业为满足流动资金及用于资本性投入，需要对公众或特定对象发行债券的，应当报市文资办审批。审批应当报送下列文件：

（一）企业发行债券的申请；

内容包括：

1. 申请发债企业基本情况；

2. 申请发债规模；

3. 申请发债的必要性和可行性；

4. 发债资金用途及项目基本情况；

5. 偿债能力分析及偿债计划；

6. 其他需要说明的事项。

（二）董事会或决策机构同意融资的书面决议；

（三）其他需要上报的文件。

第二十条 市属文化企业及其重要子企业发行债券自取得债券发行管理机构的批复文件（核准或备案）之日起30日内报市文资办备案。

第二十一条 市属文化企业及其重要子企业采用其他债权融资方式（发

行债券及银行借款除外），金额超过 1000 万元及以上的项目，应当报市文资办审批。审批应当报送下列文件：

（一）关于融资项目的申请；

（二）董事会或决策机构同意融资的书面决议；

（三）融资项目说明书，包括融资事由、融资形式、还款计划、还款资金来源、融资风险评价等；

（四）融通资金所投资本性项目的可行性论证报告；

（五）其他需要上报的文件。

第二十二条 市属文化企业以及所属企业原则上只能为内部企业成员（限全资和控股企业）提供担保。市属文化企业及其子企业确需为本企业以外的自然人、法人或其他组织提供担保的，应当报市文资办审批。审批应当报送下列文件：

（一）对外提供担保的申请；

（二）董事会或决策机构同意担保的书面决议；

（三）担保说明书，包括担保事项说明、与被担保方关系、被担保方资信状况、财务状况、担保方累计担保额、担保风险评价等；

（四）担保双方最近一期和上年年末的会计报表；

（五）被担保方提供反担保的有关文件；

（六）其他需要上报的文件。

第七章 企业国有产权转让、无偿划转及增资扩股

第二十三条 市属文化企业以及所属企业国有产权转让，应当通过产权交易机构进行公开交易。其中市属文化企业国有产权转让、重要子企业国有产权转让致使国有股东不再拥有控股地位的，报经市文资办审核后，报请市政府审批；重要子企业国有产权转让不影响国有股东控股地位的，报市文资办审批。

审核审批应当报送下列文件：

（一）产权转让的申请；

（二）董事会或决策机构同意转让的书面决议；

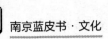

（三）产权转让方案；

（四）意向受让方基本情况或基本要求；

（五）资产评估报告或审计报告；

（六）企业法律意见书；

（七）其他需要上报的文件。

第二十四条 市属文化企业内部进行产权转让，转让方和受让方为全资或绝对控股（国有资本占公司资本总额 50% 以上）企业，可以协议转让，转让价格以资产评估或审计报告确认的净资产值为基准确定，且不得低于经评估或审计的净资产值。转让事项由市属文化企业审批，报市文资办备案。

市属文化企业之间进行产权转让的，转让方和受让方为全资或绝对控股（国有资本占公司资本总额 50% 以上）企业，经市文资办审核后，报市政府批准可以协议转让，转让价格以资产评估或审计报告确认的净资产值为基准确定，且不得低于经评估或审计的净资产值。

市属文化企业内部或之间进行产权协议转让的，审核或备案应当报送下列文件：

（一）产权转让的申请（或备案报告）；

（二）董事会或决策机构同意转让的书面决议；

（三）产权转让协议；

（四）资产评估报告或审计报告；

（五）企业法律意见书；

（六）其他需要上报的文件。

第二十五条 市属文化企业以及所属企业中的国有独资企业或国有独资公司，符合规定的，可以进行国有产权无偿划转。在市属文化企业内部划转的，由市属文化企业审批，报市文资办备案；在市属文化企业之间划转，或涉及市属文化企业与市其他国有企业之间进行国有产权无偿划转的，经市文资办审核后，报市政府审批。审核或报备应当报送下列文件：

（一）产权划转的申请（或备案报告）；

（二）董事会或决策机构同意划转的书面决议；

（三）国有产权无偿划转协议；

（四）划转双方及被划转企业的产权登记证；

（五）无偿划转的可行性论证报告；

（六）中介机构出具的被划转企业划转基准日的审计报告；

（七）划出方债务处置方案；

（八）被划转企业职代会通过的职工分流安置方案；

（九）其他有关文件。

第二十六条 市属文化企业进行增资扩股、重要子企业增资扩股行为致使国有股东不再拥有控股地位的，报经市文资办审核后，报请市政府审批；重要子企业增资扩股行为不影响国有股东控股地位的，报市文资办审批。审核审批应当报送下列文件：

（一）增资扩股的申请；

（二）董事会或决策机构同意增资扩股的书面决议；

（三）资产评估报告或审计报告；

（四）企业法律意见书；

（五）其他需要上报的文件。

第二十七条 股份公司的国有股权管理按国家相关规定执行。

第八章　企业重大资产处置

第二十八条 市属文化企业及其重要子企业处置房产、土地等重大有形资产、无形资产单位价值在 200 万元及以上的，以及核销货币性资产 200 万元及以上的，报市文资办批准。单位价值指账面原值或评估价值孰高者。审批应当报送下列文件：

（一）资产处置的申请；

（二）董事会或决策机构同意处置的书面决议；

（三）处置资产的技术鉴定报告；

（四）处置资产的权属证明材料；

（五）其他需要上报的文件。涉及金额特别重大的资产处置，应报市政府审批。

第二十九条 市属文化企业处置重大资产，应当依法评估，原则上按规定通过产权交易所等中介机构公开处置。

第九章 薪酬及年金管理

第三十条 市文资办制定市属文化企业资产绩效考评办法和收入分配意见。建立企业负责人经营业绩考核制度，并根据考核结果提出奖惩意见。相关办法另行制定，并报市政府批准。

第三十一条 市属文化企业的企业年金方案、国有控股上市公司股权激励计划方案，报市文资办审批。

第十章 其他重大事项

第三十二条 市属文化企业及其重要子企业增加或减少注册资本的，应当报市文资办审批。

第三十三条 市属文化企业利润分配方案或者亏损弥补方案的制定和修改等事项，应当报市文资办审批。

第三十四条 市属文化企业及其重要子企业进行对外捐赠应当由董事会或决策机构决定，超过100万元及以上的大额捐赠应当报市文资办审批。

第三十五条 市属文化企业以及所属企业在进行改制、重组、破产、解散、清算、产权转让、以非货币资产对外投资及资产转让、拍卖、收购、置换时，或者有法律、行政法规以及企业章程规定应当进行清产核资、财务审计或资产评估的，按有关规定办理。市文资办对清产核资、财务审计和资产评估活动进行监督管理，并对市属文化企业及其所属企业清产核资和财务审计项目进行批复，对市属文化企业及其重要子企业资产评估项目进行核准或备案。

第三十六条 市属文化企业以及所属企业发生企业设立、改制、重组、产权转让、破产、解散、清算等事项时，应依法进行产权占有登记、变动登记和注销登记。市文资办按规定对市属文化企业及其所属企业进行产权界定、产权登记、变动及注销管理，并协调市属文化企业之间的国有资产产权纠纷。

第三十七条 市属文化企业董事会或决策机构应当在每年4月30日前向市文资办报送上一年度企业工作报告。

第三十八条　市属文化企业应当根据《企业财务报告条例》等法规要求，向市文资办报送国有资产统计报表和国有资产经营报表等有关资料，并定期报送财务状况、生产经营状况和国有资产保值增值状况。

第三十九条　市属文化企业及其重要子企业年度财务审计报告应当在每年3月31日前报送市文资办。

市属文化企业以及所属企业年度财务报告审计，由市文资办委托，或与市属文化企业集团共同委托会计师事务所进行审计。

第四十条　市属文化企业以及所属企业在审计过程中发现的涉及较大、重大或者特别重大资产损失的有关情况，应当按照有关规定及时向市文资办进行专项报告。

第四十一条　市属文化企业以及所属企业与关联方的交易不得违反国家法律法规规定。

第四十二条　市属文化企业以及所属企业发生的重大安全生产事故、重大法律纠纷案件应及时向市文资办报备。

第十一章　重大事项报告要求及监督管理

第四十三条　市属文化企业以及所属企业重大事项应当按照法律法规和公司章程的规定，由公司股东会或董事会等机构进行决策，并承担相应的责任。

市属文化企业中董事会等决策机构进行决策时，监事会应当列席会议。

第四十四条　市属文化企业所属控股或参股企业重大事项，在报股东大会或董事会决议前，国有股东代表应报市属文化企业或市文资办审核，并按审核意见参与股东大会或董事会决议。

第四十五条　市属文化企业以及所属企业上报重大事项应按规定报送相关文件材料，市文资办应当及时受理，并可根据需要委托咨询评估、进行专家论证和征求有关方面意见。

第四十六条　市属文化企业以及所属企业对本办法中所列重大事项及其他需要报告的事项，应当按要求及时报告，并保证资料信息的真实性、准确性和完整性。存在法律风险的，应当出具法律意见书，分析相关的法律风险，明确法律责任。

第四十七条　市文资办定期或不定期对市属文化企业及所属企业执行本办法的情况进行检查或抽查。检查结果作为市属文化企业年度考核重要依据之一。

第四十八条　市属文化企业违反本办法规定的，根据国家及市有关法律法规及规定视情节轻重给予相应处理。

第四十九条　本办法所涉及报送材料原则上应是原件，报送复印件的须在复印件加盖单位公章。

第十二章　附则

第五十条　实行企业化管理的市级文化事业单位参照本办法执行。

第五十一条　本办法由市文资办负责解释，自发布之日起执行。

关于印发《南京市文化产业投融资体系建设计划》的通知

宁委宣通〔2013〕56号

各区委宣传部、区金融办（发改局）、各有关部门：

为深入贯彻落实市委市政府关于文化建设"1+5+1"文件精神，深入贯彻落实《南京市文化与科技融合发展规划纲要》，加大金融支持文化产业发展力度，特制定《南京市文化产业投融资体系建设计划》。现印发给你们，请结合实际，认真贯彻落实。

中共南京市委宣传部

南京市金融发展办公室

南京市财政局

南京市科学技术委员会

南京市文化广电新闻出版局

中国人民银行南京分行营业管理部

2013年8月26日

南京市文化产业投融资体系建设计划

为深入贯彻落实市委市政府关于文化建设"1+5+1"文件精神，深入贯彻落实《南京市文化与科技融合发展规划纲要》，加大金融支持文化产业发展力度，加大金融支持文化科技企业发展力度，加大金融支持文化小微企业发展力度，进一步做大产业规模，增强产业活力，提升产业质量，扶持企业成长，特制定文化产业投融资体系建设计划。

一 总体思路

1. 以加快文化建设，提升文化实力，打造独具魅力的人文都市和世界历史文化名城为目标，借鉴国内外金融支持文化产业发展以及我市金融支持科技创业的成功经验，加强文化创新、科技创业和金融资本要素之间的融通和互动，满足不同发展阶段和发展规模，特别是文化科技创业企业和小微企业成长需要，建立和完善覆盖文化产业各相关行业，多元化、多级次的投融资服务体系，形成具有南京特色的文化产业发展投融资机制，加快推动南京文化大发展大繁荣。

二 基本原则

2. 加快推进南京文化产业投融资体系建设，必须遵循五项原则：政府引导。强化政府在产业推动、政策扶持、平台建设上的引导功能。市场驱动。充分发挥市场在配置文化产业金融资源中的基础性作用。资源整合。建立健全集股权融资和债权融资、直接融资和间接融资、融资担保和风险保障于一体的文化金融服务体系。平台搭建。搭建支持文化创新创业的投融资综合服务平台，确保各项金融政策真正惠及文化企业。多方共赢。让金融机构和文化企业能够风险共担、利益共享、共同发展。

三 建设目标

3. 按照"互通融资信息、完善服务链条、搭建综合平台、打通实际路径"

的建设思路，到 2015 年，实现覆盖 10000 家文化企业，支持 1000 家中小型文化企业，培育 100 家重点文化企业，打造 10 家具有较强核心竞争力的骨干文化企业的目标。培养一批高层次的文化创业人才，打造一批在国内外有影响的文化品牌，建成一批特色鲜明、功能完备的文化园区。全市文化产业增加值占 GDP 比重在 6% 以上，力争达 8%。

四 构建文化产业金融服务链

4. 遴选"文化银行"，引导金融机构加大文化信贷力度。鼓励金融机构创新和开发适合文化产业特点的融资方式和产品，加强对重点文化园区（基地）、重大文化项目、骨干文化企业、文化科技创业和小微企业的信贷支持，完善信贷服务。通过招投标形式，选择实力雄厚、在文化信贷领域具有较好基础，服务文化企业方面具有丰富经验的银行业金融机构，挂牌认定为"文化银行"，研究制定相关政策措施，将文化产业信用保证专项资金等向"文化银行"倾斜，发挥导向和标杆作用，并建立动态考核和退出机制。文化银行要针对文化企业，特别是小微企业和科技创业企业进行流程再造，建立专门的营销机构、营销团队，创新抵押、担保方式，积极开发适应不同行业、不同发展阶段文化企业的信贷产品，优先满足文化企业资金需求。

5. 组建总规模不少于 10 亿元的南京文化产业发展基金。包括种子基金和产业基金。主要通过省市国有文化企业、国有投资公司、有关区（园区）出资和社会资金投入等途径筹措，市文化产业专项资金适量引导。种子基金主要投入我市拥有核心自主知识产权、具备较高创新水平（包括产品创意和模式创新）的初创期文化企业、"321"领军型文化科技企业等，孵化成熟时可减持或退出，循环使用。产业基金主要通过股权投资、产业并购等方式，重点支持彰显南京文化特色、打造文化品牌的重大文化项目以及符合全市"文化与科技融合发展规划纲要"明确的数字影音娱乐、现代创意设计、游戏动漫、新兴网络传媒等重点领域。在发展前景好、市场化程度高的影视等产业领域，可与社会资本合作建立相关子基金。

6. 支持文化类小额贷款公司发展。积极扶持南京市金陵文化科技小额贷款公司等文化专业类小额贷款公司，探索适合文化企业特点的剧场影院贷、影视制作贷、版权联盟贷、商标质押贷等创新金融产品,发挥其在信贷投放体系中种子信贷的作用。不断拓展股权投资、融资担保、委托贷款、票据贴现、贷款转让等业务,提升服务文化企业能力,为中小型文化企业贷款余额应不少于贷款总额的 70%。

7. 鼓励多元资金支持文化企业发展。支持各类金融机构在符合监管要求的前提下投资文化企业债权和股权,参与面向文化产业的股权投资基金。鼓励各类风险投资基金、股权投资基金等投资新兴文化业态和中小文化企业,拓宽处于创业期和成长期的文化企业融资渠道。支持外资和社会资本在政策许可范围内投资文化产业。

8. 鼓励担保机构开展文化类融资担保业务。选取 2 ~ 3 家国资担保公司作为文化担保试点企业,提供融资增信、信用增级服务,重点解决文化企业融资担保问题。鼓励文化企业按行业建立产业联盟,通过版权联盟再担保进一步提升信用层级。

9. 积极推进文化保险业务。鼓励保险公司积极开展文化保险业务,创新保险产品,积极探索开发适合文化企业特点和需要的保障类险种,分散文化企业在研发、市场开拓等活动中的风险。鼓励保险公司与商业银行合作,共同开发小额贷款保证保险等有助于文化企业融资的保险产品。

10. 逐步建立无形资产登记评估体系。鼓励依托文化产权交易所等机构开展无形资产评估,探索建立知识产权和文化创意版权等无形资产的价值评估体系。鼓励各类金融机构对于具有优质商标权、专利权、著作权等知识产权的文化企业,通过权利质押贷款等方式,逐步扩大收益权质押贷款范围。

11. 拓展多元化直接融资渠道。对于符合发债条件的企业,鼓励通过多种债权融资工具融资。建立全市拟上市挂牌文化企业库,加大对文化企业挂牌上市的全过程服务力度,鼓励文化企业通过新三板等多层次资本市场挂牌上市。

五 推进文化企业信息化建设

12. 建立文化企业数据资源库。合法利用文化产业统计成果,整合各方资源,对全市文化产业有关重点门类的骨干型、成长型、特色型和创业型文化企业信息进行汇集整理,建立数据资源库,做到各方共建,资源共享,功能集成，动态维护，向各类金融机构提供文化企业基础数据和融资信息等服务。

13. 建立全市重点文化企业征信体系。依托市文化产业名录库、人民银行中小企业信用信息辅助管理系统和文化企业资源库，根据文化企业的特点，对企业诚信状况进行搜集整理，引进外部评审机制，设计评级指标体系和服务考评体系，逐步发挥文化企业信用评级在文化企业融资中的重要作用。

六　搭建文化企业投融资服务平台

14. 设立全市文化金融服务中心。依托市文化集团，建立全市文化金融服务中心，设立现场洽谈大厅、直接服务窗口、网上服务平台和电话服务热线。以服务中心为平台，为文化企业和商业银行、保险、担保、信托等金融机构牵线搭桥，快速收集和对接文化企业融资信息。充分发挥市场机制作用，定期邀请风投机构和各类基金等，与全市中小型文化企业开展定期交流，互通信息。整合资源组建文化产业信贷评审专家团队，对细分领域的优质文化企业，根据其发展规模、发展阶段、资信评级，提供差异化的融资方案和其他金融服务支持。

15. 发挥国有文化投融资服务主体作用。通过政府注资、吸引金融资本参与等方式，进一步发挥市文化集团等国有文化投融资平台实力，整合各类文化金融资源，提高其对文化产业核心领域和新兴文化业态的投资能力。充分发挥复合金融优势，以现有的江苏省文化产权交易所、金陵文化科技小贷公司、南京文创基金、南京文化产业交易所为载体，对接银行、创投、小贷、担保、保险等金融机构和准金融机构，打造集新兴业态投资、融资担保、小额贷款、版权交易、基金投资等业务于一体的综合性文化金融服务主体。

16. 积极探索发挥文化产权交易所功能。本市各类机构、企业针对其所拥有的国有文化产权开展转让、租赁、投资等经营处置行为，应通过文化产权交易所进行。支持文化产权交易所为全省和全市文化企业和个人的产权交易活动提供市场服务。鼓励文化产权交易所在比较成熟的市场领域，推出符合有关监管规定的交易品种，制定交易细则，培育和发展服务文化产权交易的资产评估、财务审计、产权经纪等专业机构，为文化企业的无形资产评估入股、担保融资和有序流转等提供"一站式"服务。鼓励行业龙头企业牵头组建产业联盟，推进版权托管试点。

七 加强政策引导和支持

17. 继续加大财政资金对文化产业扶持力度。按照市委市政府关于文化建设"1 + 5 + 1"文件精神,加大财政投入力度,逐步扩大市文化产业发展专项资金规模,创新财政资金支持文化发展的投入机制,建立由文化产业项目资金、信用保证资金和投资引导资金等组成的扶持体系,发挥杠杆作用,形成滚动机制,提高财政资金使用绩效。

18. 建立文化信贷风险补偿机制。在全市文化产业发展专项资金中安排文化产业信用保证专项资金,主要用于文化企业贷款风险补偿,各区文化产业发展专项资金予以相应配套。对推荐的文化企业,其抵质押不足部分或信用贷款所产生的实际损失,按一定比例由文化产业信用保证专项资金、文化银行等指定金融机构对本息进行分担。按照"谁出资、谁受益"的原则,对列入扶持的本辖区文化类企业贷款所发生的损失,由市本级和各区分别负担50%,逐笔结算。

19. 建立文化信贷利息补贴机制。文化银行等指定金融机构对推荐的文化企业贷款实行优惠价格的,在文化产业信用保证专项资金中安排给予一定利息补贴。

20. 建立文化保险保费补贴机制。支持保险机构探索开展适合文化创意企业特点和需要的新型险种和各种保险业务。对在文化部和保监会认定的试点保险公司投保试点险种并已支付保险费的重点文化企业,在文化产业信用保证专项资金中给予一定保险费补贴。

21. 积极开展文化产业融资性担保业务。鼓励融资性担保公司创新业务模式,开展文化产权等无形资产抵押担保业务。政府加大对文化担保的补贴力度,对为推荐的文化企业进行担保的,在市担保专项扶持资金中按照每笔担保业务的累计担保额给予不高于2.5%的补助。

八 保障措施

22. 加强对金融支持文化产业发展工作的领导。建立全市金融支持文化产业发展工作领导小组,由市委市政府分管领导任组长,市委宣传部和市金融办牵头,财政局、文广新局、人行南京分行营管部、工商局、国税局、地税局、科委、市文化集团等相关单位负责人为成员,建立联席会议制度,协调解决重要问题。定期召开政银企洽谈会，通报产业政策、产业发展和重点项目建设情况，建立多途径多层次的信息沟通机制，引导金融机构有重点地支持文化产业。由各区文化改革发展领导小组办公室牵头，协调各相关部门、各园区，相应建立有效的工作机制，形成条块结合、整体联动的工作格局。

23. 建立科学合理的考核评估机制。充分调动各方积极性，健全运行机制，规范服务流程，明确各服务环节的责任部门。金融主管部门要引导金融机构逐步建立灵活的差别化定价机制、尽职免责和正向激励机制，适当提高对中小文化企业不良贷款的风险容忍度。对于在创新金融服务产品和服务模式等工作中取得突出成绩的团队和个人给予奖励支持。

24. 加强文化企业自身建设。文化企业特别是中小文化企业要不断完善法人治理结构和经营管理机制，按照国家法律规定和银行信贷要求建立健全财务制度。高度重视企业信用建设，切实加强信用管理，努力成为合格的信贷市场主体，为取得金融部门支持创造良好条件。

九 附则

25. 经市科技部门认定属于初创期、成长期的科技型文化企业，继续享受《关于鼓励和促进科技银行发展的实施办法》（宁金融办发〔2011〕23 号）等科技金融政策，不与本扶持政策重复享受。

关于印发《关于鼓励和促进文化银行发展的实施办法（试行）》的通知

宁委宣通〔2013〕64 号

各区文化改革发展领导小组办公室、财政局、金融办（发改局）、文化局、科技局，各有关园区，各有关金融机构：

为深入贯彻落实《南京市文化与科技融合发展规划纲要》和《南京市文化产业投融资体系建设计划》，加大金融支持文化产业发展力度，加大对文化企业的信贷支持，促进文化企业发展，特制定《关于鼓励和促进文化银行发展的实施办法（试行）》。现印发给你们，请遵照执行。

中共南京市委宣传部

南京市金融发展办公室

南京市财政局

南京市文化广电新闻出版局

中国人民银行南京分行营业管理部

2013 年 11 月 1 日

关于鼓励和促进文化银行发展的实施办法（试行）

为贯彻落实《南京市文化产业投融资体系建设计划》，进一步加大对文化企业的信贷支持，促进文化企业发展，特制定本办法。

一　文化银行的遴选授牌

文化银行是指由银行业金融机构自主申报，市有关部门遴选认定授牌、重点为我市文化企业提供金融服务的银行业金融机构。

二　文化银行的服务对象

（一）文化银行主要服务对象是在我市行政区域内注册登记，具有独立企业法人资格的进入文化及相关产业统计名录库的文化企业。

（二）对于进入全市文创企业资源库，经认定处于初创期、成长期，发展前景良好的中小文化企业给予重点扶持。

三　文化银行的政府扶持

从 2012 年起，连续 3 年从全市文化产业发展专项资金中，每年提取 1000万元，建立总计 3000 万元的南京市文化产业信用保证专项资金（以下简称"信用资金"），主要用于文化企业贷款风险补偿和信贷利息补贴。市委宣传部、市金融办、市财政局、市文广新局、中国人民银行南京分行营业管理部等部门建立信用资金管理委员会（以下简称"管理委员会"），负责定期审核和管理使用信用资金。

（一）建立贷款风险补偿机制。对经南京文化金融服务中心推荐并获得文化银行贷款的企业，其抵质押不足部分或信用贷款所产生的实际损失，管理委员会按照金融业的相关规定予以确认，按照不高于7∶3的比例由信用资金和文化银行对本息进行分担。按照"谁出资、谁受益"的原则，对列入支持的本辖区文化企业贷款所发生的损失，由市本级和各区各负担50%，逐笔结算。鼓励各区从文化产业发展专项资金中切块提前缴存补充信用资金，文化银行在贷款额度等方面给予倾斜和支持。

（二）建立信贷利息补贴机制。文化银行对上述文化企业贷款执行基准利率的，给予文化银行原则上不超过基准利率20%的利息补贴。文化银行年贴息最高额度不超过现有贴息资金余额，最高利息补贴额原则上以贷款500万元为限。

（三）建立贷款担保补贴机制。对担保机构与文化银行合作为文化企业贷款提供担保的，按不超过实际担保额的2.5%给予补贴。

四　文化银行的业务受理

（一）文化银行以全市文创企业资源库为基础，按照独立审贷原则确定授信贷款企业。

（二）企业向文化银行申请贷款时，应加入全市文创企业资源库，提交"南京文创企业融资申请表"，经各区文化改革发展领导小组办公室牵头初审，南京文化金融服务中心复核，向文化银行推荐。

五　文化银行的服务创新

（一）针对文化企业贷款进行流程再造，建立专门服务于文化企业的营销机构、营销团队，积极研究、开发适应不同行业、不同发展阶段文化企业的信贷产品，创新抵押、担保方式，优先满足文化企业的资金需求。建立针对文化企业的风险跟踪、控制体系，帮助企业优化内部管理模式、组织架构及盈利模式。

（二）针对文化银行实施单独的资金计划政策，单独的风险容忍政策，单独的考核政策，单独的专项拨备政策和单独的风险定价政策，为文化银行业务发展搭建平台，拓展空间。

（三）文化银行制订的文化企业业务操作流程、内部运作机制、金融产品和文化企业贷款台账等相关制度和资料，应及时向市金融办和市委宣传部进行报备。

六 文化银行的机制保障

（一）建立会商协作机制。市委宣传部、市金融办、市财政局、市文广新局、中国人民银行南京分行营业管理部会同各文化银行和南京文化金融服务中心，建立联席会议制度，通报交流情况，研究解决问题。南京文化金融服务中心的文创企业资源库、文化信贷评审专家团队等资源对文化银行全面开放。鼓励文化银行与担保机构合作，探索责任分担的有效形式。

（二）建立信息交流机制。依托南京文化金融服务中心，加强文化银行政策宣传，定期组织银企对接会、项目发布会等活动，密切银企合作，畅通信息渠道，进一步增强文化银行和文化企业之间的了解和互信。

（三）建立管理考核机制。由市金融办和市委宣传部牵头，会同市财政局、市文广新局、中国人民银行南京分行营业管理部等部门，共同制定文化银行考核办法，不断完善贷款信息反馈、信用贷款备案、年度综合考核、绩效管理评估、动态准入退出等工作机制。

（四）建立绩效奖励机制。对于在文化金融产品创新、模式创新、管理创新、服务创新等方面取得明显绩效的单位、团队和个人给予表彰奖励。

本办法由发文部门负责解释，自发布之日起实施，试行一年。

南京市文化人才培养对象资助实施办法

宁委宣通〔2013〕19 号

第一章 总则

第一条 为深入推进南京高层次文化人才队伍建设，推动人才资助培养工作制度化、规范化，为全市宣传文化思想工作发展提供智力支持和人才保障，根据市委、市政府《关于加强全市文化人才队伍建设的意见》（宁委发〔2012〕24号）、《南京市文化人才队伍建设专项资金管理办法（暂行）》（宁委宣通〔2012〕43号）及《江苏省高层次文化人才工程实施意见》（苏宣通〔2012〕78号）精神，特制定本办法。

第二条 资助管理工作遵循公开透明、公平公正的原则。

第三条 全市宣传文化系统"五个一批"人才、青年文化人才及其他特殊文化人才申请专项资金资助经费，适用本办法。

第四条 南京市文化人才工作领导小组办公室负责受理专项资金资助申请、组织专家评审、资金使用监督和财务管理等工作。

第二章　资助类别和申报条件

第五条 资助范围：

1. 文化人才培养对象举办专业展览、承担重点课题（研发项目）、召开个人作品研讨会、出版专著（专辑）及开展国内外学术交流合作等；

2. 文化人才培养对象有独立知识产权及市场前景的项目；

3. 文化人才培养对象独立或小批次赴海外学习考察访问、进修深造等，访问学者一般不超过6个月，进修深造不超过一年。

第六条 资助类别与额度：

1. 资料费。南京市"五个一批"人才入选者当年一次性发放5000元资料费；青年文化人才入选者当年一次性发放3000元资料费。

2. 项目资助。对市"五个一批"人才、青年文化人才及特殊文化人才申报的文化项目实施项目资助，其标准为：市"五个一批"人才5万~20万元，市青年文化人才3万~10万元，特殊文化人才10万~30万元（往届市"五个一批"人才可以继续申报）。

第七条 鼓励培养对象所在单位（部门）提供相应的配套资金，根据资助资金使用计划和用途，培养对象对资助经费拥有自主支配权。

第三章　项目资助申请及审批程序

第八条 项目资助采取个人申请，所在单位审核并择优推荐，经过专家评审，市文化人才工作领导小组审定的方式进行。

第九条 申报时间：每年拟安排两次集中申报，分别为 4 月和 10 月。

第十条 需要提供的材料：

1. 信息完整的《南京市文化人才培养对象项目资助申请表》；

2. 申报项目的具体介绍、规划、实施方案；

3. 申报项目的论证材料、完成时限等。

第十一条 申请与评审基本程序：

1. 文化人才培养对象向所在单位（部门）或所属行业协会、行政区属文化人才培养部门提出申请，并递交申报材料；

2. 申请者所在单位（部门）或所属行业协会、行政区属文化人才培养部门按照本办法规定对申请者的基本情况和申报内容进行审核，择优向市文化人才工作领导小组办公室推荐申报，并提供可匹配的经费承诺等；

3. 市文化人才工作领导小组办公室负责核实资助项目和申请人的有关材料、组织专家进行评审、在网站上公示资助建议人选；

4. 公示无异议后，经市文化人才工作领导小组审定，公布资助人选名单、受助项目和资助金额。

第四章 项目实施与经费管理

第十二条 市文化人才工作领导小组办公室负责全市文化人才资助经费的统筹管理。资金资助经费的使用和管理遵循公开透明、专款专用、专项管理的原则。受资助者所在单位（部门）或所属行业协会、行政区属文化人才培养部门负责本计划资助经费的日常管理，需单独建账，任何单位和个人都不得截留、挤占或挪用。不得收取或变相收取管理费。

第十三条 项目资助经费实行总量控制，根据《关于加强全市文化人才队伍建设的意见》及文化人才队伍建设实际状况，此项费用原则上每年安排 500 万元。

第十四条 项目资助采取分批实施，对新入选的市"五个一批"人才及青年文化人才采取以三年为一个培养周期的做法，有计划的分批拨付，对往届市"五个一批"人才及特殊文化人才的资助亦采取有计划的分步实施。

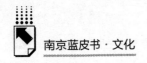

第十五条 对资助项目进行跟踪督查，资助突出以项目拨款，按项目跟踪督查。市文化人才工作领导小组办公室组织对资助项目进行中期检查，评估项目进度，经费使用情况等。中期检查达不到要求的，由所在单位（部门）或所属行业协会、行政区属文化人才培养部门督促申请人按要求改进，保证项目按期完成。

第十六条 对资助项目进行终期评估，由申请人通过所在单位（部门）或所属行业协会、行政区属文化人才培养部门提交项目绩效报告，并附相关说明材料。市文化人才工作领导小组办公室组织3名以上同行专家进行绩效评价。评价不合格的项目，督促申请人按照要求进行整改，在1个月内再次提出绩效评价申请；如仍达不到规定的要求，除暂停该项目资助，并取消申报人其他项目申报资格。

第十七条 申请人因工作调动或其他原因不能完成资助项目，申请人所在单位（部门）应及时向市文化人才工作领导小组办公室提出终止项目资助的报告，并返还剩余经费。

第十八条 受资助者所在单位（部门）或所属行业协会、行政区属文化人才培养部门在资助期间，每年应向市文化人才工作领导小组办公室报告资金使用情况、资助项目执行情况及受资助人才作用发挥情况。资助项目结束后，受资助者应提交项目总结、绩效报告和经费使用情况，经所在单位（部门）或所属行业协会、行政区属文化人才培养部门财务部门审计，并由所在单位（部门）或所属行业协会、行政区属文化人才培养部门签署意见后，报送市文化人才工作领导小组办公室审核备案。

第五章　附则

第十九条 本办法由市文化人才工作领导小组办公室负责解释。

第二十条 本办法自2013年4月1日起施行。

关于印发《南京市重点文艺作品创作资助办法》的通知

宁委宣通〔2013〕69号

各区委宣传部、各区文化（广电）局、各区财政局，市宣传文化系统各单位、市各有关部门：

为进一步繁荣南京文艺创作，鼓励更多文艺工作者投身文艺创作事业，创作出更多优秀文艺作品，加大我市文艺创作资助力度，市委宣传部、市文广新局、市财政局共同制定了《南京市重点文艺作品创作资助办法》（以下简称《资助办法》）。经市"五个一工程"领导小组研究审定，现将《资助办法》印发给你们。

望各单位按照资助办法有关精神，积极组织申报（具体事项另行通知），用好创作资助资金，不断推出更好更多的优秀文艺作品，为丰富人民群众的精神文化生活、促进南京文化的大发展大繁荣做出新贡献。

中共南京市委宣传部

南京市文化广电新闻出版局

南京市财政局

2013 年 11 月 19 日

南京市重点文艺作品创作资助办法

第一章 总则

第一条 为了进一步繁荣南京文艺创作，推出更多优秀文艺作品，满足人民群众日益增长的精神文化需求，中共南京市委宣传部（以下简称市委宣传部）、南京市文化广电新闻出版局（以下简称市文广新局）、南京市财政局（以下简称市财政局）特联合制定本办法。

第二条 重点文艺创作资助坚持"公开、公平、公正"的原则，尊重文艺创作规律和市场经济规律，统筹安排、确保重点、注重实效。

第三条 本办法由市委宣传部、市文广新局组织实施，每年一次，启动时间、资助额度、实施阶段、实施步骤，须依据当年文艺创作重点和实际需要确定。

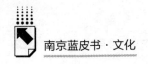

第二章　资助种类与项目

第四条　本办法资助对象为广播影视、文学图书、歌曲、舞台艺术、美术（含摄影）类的重点创作项目及其他相关艺术门类。

第五条　资助项目主要是列入市文艺创作规划的重点创作项目。

第三章　申请要求

第六条　作品要求：应是反映现实生活、体现时代精神、富于地域特色和具有艺术个性，且有良好社会效益和市场发展潜质的作品。

第七条　申请主体：在宁文艺生产单位及个人均可申请项目资助。外地单位和个人创作的南京题材的作品，应与我市申报主体单位联合申报，一般通过系统（行业）管理或属地管理的渠道申报。

第八条　市委宣传部、市文广新局在市属媒体和网站上公布本办法，并刊登《南京市重点文艺作品创作资助申请表》。

各艺术生产单位及个人，可根据本办法规定，从网上自行下载申请表填写（也可以到市委宣传部文化艺术处、市文广新局艺术处领取），并备齐其他必需材料，在指定时间内统一送交。

广播影视、文学图书、歌曲等相关艺术门类资助项目申请者须向市委宣传部提出申请并送交申请材料。各区申请者须将申请材料按辖地送交区委宣传部，经核准后由区委宣传部统一送交；市宣传文化系统各单位和市各有关单位所属申请者可将申请材料直接送交市委宣传部文化艺术处。

舞台艺术类、美术类申请者须向市文广新局提出申请并送交申请材料。各区申请者须将申请材料按辖地送交区文化（广电）局，经核准后由区局统一送交；市演艺集团所属申请者，须将申请材料送交市演艺集团，经核准后由集团统一送交；市直属各文艺单位申请者的申请材料经单位核准后，由其单位直接送交。

未列入市重点创作规划的新增重大资助项目由市委宣传部牵头共同组织实施，其经费不在本办法的专项经费中安排。

第九条　申请者须提供如下材料：

1. 《南京市重点文艺作品创作资助申请表》一式三份。

2. 申请者机构、身份证明材料（企业营业执照、组织机构代码证、社团登记证、居民身份证等）复印件一份。

3. 申请项目资料：广播影视类项目，必须符合国家新闻出版广电总局公示备案制度的要求，提交拍摄许可证、剧本或分集梗概；改编作品应附原著、改编版权协议书复印件一份。文学图书类项目，须提交作品阐述、内容提要及章节梗概。戏剧项目，须提交详细故事梗概，或剧本大纲，或剧本。音乐（歌曲）项目，须提交项目的创作意向说明或歌谱和音乐小样。舞蹈和杂技项目，须提交节目文学台本、编导阐述、音乐小样。曲艺项目，须提交曲目文本、演员阐述。美术项目（摄影），须提交创作意向说明及作品小样。其他与申报项目相关的文字、图片、音像资料等。以上各项目除必须提供上述材料外，均须提供所涉门类的两位高级专家对申请项目的推荐意见，意见须对项目的整体水平做出客观评价，同时还需对项目的社会和经济效益的前景做出预测。

第十条 项目评审：市重点文艺作品创作资助项目由市委宣传部文艺创作专家指导委员会（以下简称专委会）、市文广新局艺术委员会（以下简称艺委会）组织有关专家评审产生。专委会、艺委会成员主要由省、市和驻宁高校相关艺术门类的专家学者组成，负责对申报项目进行论证，提出评审意见。对通过评审，符合资助条件的项目，将分别对口提交市委宣传部部务会和市文广新局局长办公会审定后组织实施。

第四章 资助资金来源及资助额度

第十一条 为保障全市文艺创作年度计划的有效实施，2013～2015 年，每年资助额度 1000 万元，在文化事业建设费和文体惠民专项资金中各安排 500 万元。市财政局负责资助资金的财政财务监管。

第十二条 全市每年择优资助重点作品。各艺术门类项目资助资金额度：

广播影视类：

1. 电影、电视剧（含动漫）80 万～100 万元；

2. 电视专题片 40 万～60 万元；

3. 广播剧 10 万 ~20 万元；

4. 歌曲 5 万 ~20 万元。

文学图书类：10 万 ~20 万元。

舞台艺术类：

1. 戏剧作品（含小戏小品）10 万 ~300 万元；

2. 音乐作品 5 万 ~30 万元；

3. 舞蹈作品 3 万 ~10 万元；

4. 杂技作品 10 万 ~20 万元；

5. 曲艺作品 1 万 ~2 万元；

6. 专题性歌舞专场 50 万 ~200 万元。

美术（含摄影）作品类：

1. 美术作品 0.5 万 ~3 万元；

2. 专题性展览 10 万 ~20 万元。

其他艺术类：每部 5 万 ~10 万元。

第五章 资金的管理使用

第十三条 受资助项目的单位和个人须与市委宣传部文化艺术处或市文广新局艺术处签订《南京市重点文艺作品创作协议书》（以下简称《协议书》），明确双方的权利与义务，办理相关手续。

第十四条 资助资金必须专款专用：广播影视类主要用于剧本创作，导、表演二度创作，摄影、摄像、录音，美术、灯光、服装、化妆、道具设计及后期制作等；文学图书类主要用于体验生活，资料采集，选题论证，编辑装帧，出版发行等；歌曲主要用于曲目创作、后期制作等；舞台艺术类主要用于剧（节、曲）目创作，舞美、灯光、服装、化妆、道具设计及制作，演员排练等与创作项目直接相关的开支；美术类主要用于创作采风等相关开支。获资助的职业、非职业文艺单位，须对资助项目单独立账，指定专人负责资金的管理，严格按照《协议书》中的约定使用资助资金。获资助的个人需要相关单位介入管理，建立资金使用账目，确保专款使用合理，严格按约定使用资助资金。

第十五条 市财政局将经费指标分别下达组织实施部门，由组织实施部门按照国库集中支付规定提交拨付至资助对象。资助资金由市委宣传部、市文广新局核准后，原则上分三次拨付。首次签约时，拨付资助总额的 50%；作品基本成型，经组织评审认可后，再付总额的 30%；剩余的 20% 待项目最终完成，经组织评审验收合格后付清。市委宣传部、市文广新局、市财政局将对项目实施进度和资金使用情况进行跟踪管理。

第十六条 资助项目在实施中因故需要对原计划做重要调整、变更或终止的，须向市委宣传部、市文广新局提供书面报告，经批准后方可实施。

第十七条 获资助单位或个人在项目完成后，须提交《南京市重点文艺作品创作资助项目成果报告书》、《南京市重点文艺作品创作项目资助资金决算表》和专家鉴定及验收申请。

第十八条 市委宣传部、市文广新局将组织对资助项目进行评审验收，对验收未通过的项目，允许项目单位或个人在规定时间内进行修改、加工，重新申请验收；仍未通过的，按项目未完成予以撤销。

第十九条 对验收合格的项目，将采用多种形式进行宣传推介，并鼓励参赛，争取市场，扩大影响，创造效益。对获奖作品按照相关规定给予配套奖励。

第六章 附则

第二十条 本办法将根据实际情况适时调整修订。

第二十一条 本办法由市委宣传部、市文广新局和市财政局负责解释。

第二十二条 本办法自 2013 年 10 月开始实施。

2013 年南京市文化产业统计概览

表1   南京文化产业主要指标

指标	计量单位	2013	2012
文化产业增加值	亿元	449.17	366.72
文化产业增加值占 GDP 比重	%	5.61	5.1
从业人员数(万人)	万人	27.43	26.12
文化产业企业单位数	个	15789	14738
规模以上企业数	个	929	895
规模以上企业资产总计	亿元	1591.92	1411.72
规模以上企业营业收入	亿元	1704.04	1432.26
规模以上企业营业利润	亿元	209.59	123.75
规模以上企业主营业务税金及附加	亿元	9.78	13.94

表2   文化及相关产业法人分行业增加值及构成

单位：亿元，%

年　份	增加值	文化制造业	文化批发和零售业	文化服务业	构成		
					文化制造业	文化批发和零售业	文化服务业
2012	366.72	107.56	41.3	217.86	29.33	11.26	59.41
2013	449.17	138.75	46.77	263.65	30.89	10.41	58.70

表3   文化及相关产业分行业指标

指标	计量单位	文化制造业	文化批发和零售业	文化服务业
法人单位数	个	1241	2752	11796
规模以上企业数	个	122	167	640
规模以上企业营业收入	亿元	758.41	340.63	605.00
规模以上企业营业利润	亿元	116.33	19.63	73.63
从业人员	万人	5.17	3.36	18.9

表 4　文化及相关产业分类指标

单位：个，亿元

类别	法人单位数	增加值	规模以上企业		
			法人单位数	营业收入	营业利润
合计	15789	449.17	929	1704.04	209.59
（1）新闻出版发行服务	458	29.50	73	96.29	15.57
（2）广播电视电影服务	224	53.51	46	28.81	5.19
（3）文化艺术服务	2019	24.26	68	18.06	3.39
（4）文化信息传输服务	541	43.70	54	138.23	31.79
（5）文化创意和设计服务	6653	113.64	331	322.72	22.78
（6）文化休闲娱乐服务	1250	20.91	66	21.48	4.54
（7）工艺美术品的生产	878	14.01	68	133.49	3.85
（8）文化产品生产的辅助生产	1667	16.93	79	60.89	3.7
（9）文化用品的生产	1691	124.12	116	791.68	116.66
（10）文化专用设备的生产	408	8.59	28	92.39	2.37

注：具体类别参见《文化及相关产业分类（2012）》。

表 5　新兴文化产业主要指标

指标	计量单位	数据
增加值	亿元	177.63
从业人员数	万人	13.33
企业数	个	7842
规模以上企业数	个	420
规模以上企业营业收入	亿元	484.32
规模以上企业营业利润	亿元	55.25
规模以上企业主营业务税金及附加	亿元	5.68

附表　新兴文化产业行业代码

行　业　类　别	国民经济行业代码
互联网信息服务	6420
其他电信服务—增值电信服务（文化部分）	6319
软件开发—多媒体、动漫游戏软件开发	6510
数字内容服务—数字动漫、游戏设计制作	6591
知识产权服务—版权和文化软件服务	7250
电子出版物出版	8525
音像制品及电子出版物批发	5145

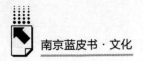

续表

行　业　类　别	国民经济行业代码
音像制品及电子出版物零售	5244
有线广播电视传输服务	6321
无线广播电视传输服务	6322
广告业	7240
工程勘察设计	7482
专业化设计服务	7491
文化娱乐经纪人	8941
其他文化艺术经纪代理	8949
贸易代理—文化贸易代理服务	5181
拍卖—艺(美)术品、文物、古董、字画拍卖服务	5182
会议及展览服务	7292

首届"金梧桐奖"获奖企业和项目介绍

南京文化产业"金梧桐奖",是南京文化产业领域的重要荣誉奖,由南京文化产业协会主办,每年评选一次。首届南京文化产业"金梧桐奖"评选,共设3个奖项,分别是"民营文化企业十强"、"文化创意企业十佳"以及"文化产业创新奖"。其中,"民营文化企业十强"的评选标准是以企业的经济竞争力为重心,兼顾企业的品牌影响力、自主创新力和行业引领力等;"文化创意企业十佳"注重文化企业的自主创新能力;"文化产业创新奖"则是为了鼓励文化企业和企业家创新发展模式,积极探索文化与科技、金融、旅游等跨行跨界融合。

"民营文化企业十强"介绍

1. 大贺投资控股集团有限公司
——跨界营销传播全产业链服务商

作为"江苏服务业名牌企业"和中国广告传媒行业的领跑者,大贺集团在业界具有较高的品牌知名度和影响力,始终秉承"造就优秀团队,创造传媒精品,提供优质服务"的宗旨,为客户提供全方位优质服务,得到市场的广泛认同与高度评价。

大贺是当之无愧的中国户外媒体先行者。中国最大的社区媒体网、华东最大的LED电子屏都来自大贺。2008年,大贺以雄厚实力承接并圆满完成北京奥运会场馆内外标识景观建设项目,受到奥组委的高度赞扬,成为国家重大赛事、展会、活动形象推广的主流服务商。

大贺不断开拓新领域,攀登新高峰。旗下的威汉品牌营销,汇聚业界精英,打造出一支提供一站式整合传播策划和执行服务的营销团队。大贺独创360°终端管家概念,以全国网络为依托,通过完整的产业链、完美的设计及强大的执行力，为客户提供终端智慧传播服务。2011 年，大贺与新浪网共筑新浪江苏，构建互联网传播平台。

近年来，在坚持媒体创新的同时，大贺集团矢志跨界整合，先后成立了大贺会支付、大贺会拍卖等子公司。2013 年，由中国人民银行批准发行的多用途消费卡——大贺会支付，以其覆盖面广、应用领域全、合作品牌多，成为企业产品营销、商务往来的首选，成功打造出具有传媒优势的金融平台。大贺会拍卖——大贺艺术空间，是大贺整合业界品牌资源，构筑集团"文化传媒 + 金融"双驱动战略，推动文化金融产业的历史性跨越。

从"灯箱大王"到"中国广告制作专家"，再从做"中国广告整合方案供应商"到做"跨界营销传播全产业链服务商"，大贺前进的每一步、取得的每一点成绩都离不开创新。目前大贺共拥有 29 项实用新型专利，6 项外观设计专利，6 项软件著作权，在相关技术领域内拥有核心竞争力。

2. 永银文化创意产业发展有限责任公司
——为中国创意文化产品进军世界舞台打基础

1996 年，永银文化创意产业发展有限责任公司（以下简称永银文化）成立，是国内起步最早的文化创意企业之一。企业始终定位在文化创意领域，坚持走文化创意产品自主研发之路。通过中国传统文化、体育及重大事件、动漫及流行文化等主线相互交融，融合各类艺术品、收藏品、投资品作为基本元素，以创作、创造、创新为根本手段，以文化内容和创意成果为核心价值，以知识产权实现或消费为交易特征，为客户和社会公众提供全方位的文化价值体验，从而最大限度地实现客户物质与精神需求的满足。

永银文化在文化创意领域内的一系列耕耘，受到社会各界的承认与好评，如成为联合国教科文组织举办的"世界工程师大会"唯一礼品设计企业，自主开发产品《团聚》荣获"2005 年中国礼品最具创意奖"，"中国礼品行业 TOP30 杰出品牌奖"殊荣，2011 年永银文化荣获"年度最受消费者信赖企业"，"中国文化创意产业十大著名品牌"，"2012 年度中国礼品行业十大最具影响力企业"。其"最美南京"、"十朝都会"、"金陵春秋"中国历代古币珍藏册等四款产品荣获"2012 南京旅游商品创意设计大赛"优秀奖。

近十八年的历程，使得永银文化积累了大量的行业经验和众多硕果，近两年年均营业收入均超过 3 亿元，盈利超千万元。

永银文化以"为客户提供具有收藏、投资和礼赠价值的文化创意产品"为使命，立志做中华创意文化的开创者。今后，永银文化将进一步整合国内创意文化产业的关键环节，强化与国家级文物馆藏机构、中国顶尖艺术家、工艺美术大师以及中国顶尖设计类院校之间的战略联盟，共同构建行业最具价值的文化创意产业链。为中国创意文化产品进军世界舞台打下坚实的基础，实现打造百强企业，创立百年基业，成就中国文化创意产业第一品牌的愿景。

3. 江苏一德集团有限公司
——文化商业领域崛起的新力量

从"1912"到全新的"大1912"集团，从"酒吧街"到首个全国青年艺术家海选展览平台，再加上从光影世界走出来的艾米1895，江苏一德集团有限公司（以下简称一德）在领军人陈俊的带领下，抓住国家振兴文化产业契机，大胆探索商业开发运营与文化产业发展新思路、新模式，带领旗下的一德集团大军从房地产积极向商业开发运营和文化创意产业转型进军。

通过近两年的创新和尝试，一德在中国文化商业领域创造出一个又一个奇迹，成为全国文化创意产业领域引人瞩目的一支生力军，同时再一次成为市场关注的焦点。

2010 年后，一德开始"尝鲜"，在南京打造了全球首家智能点播影院，开始专注于以"艾米1895"为品牌的数字电影文化综合服务运营。截止到2013 年 12 月，"艾米1895"已经有 10 家连锁店在全国多个城市"上映"；国内还有上百个城市的地方政府邀请艾米落户，在全国掀起"艾米智能点播"热潮。

与此同时，一德积极重组南京 1912 集团，在原有 1912 的基础上催生出一个全新的"大 1912"集团公司。一德操刀的新 1912 集团开始大量引入国际、国内文化品牌机构，组织深入合作，增加文化主题会所、沙龙、展览等综合性空间，打造"城市客厅"，成为南京文化创意产业的示范基地，并成功复制到西安、武汉、合肥等国内 8 个城市，成为当地一大地标。

如今，当人们来到 1912 街区，抬腿之间便走进艺术区，举目便见艺术品。夜幕之下，那些宁静的艺术品传递出无限的美好，而我们品茗、喝咖啡、品尝各国美食时也多出一抹抹亮丽温馨的光泽。

4. 江苏大众书局图书文化有限公司
——打造"中国最美书店"

2013 年 8 月 31 日，江苏大众书局图书文化有限公司（以下简称大众书局）用新的宣传招牌告诉读者："向西 308 步，一座新城已在那里等待。"也正是从那天起，民营书店大众书局重新出发。

这家主要从事全国范围内连锁书城（店）投资管理与经营业务的书店，是江苏省内首家获得新闻出版总署颁发的"出版物全国连锁经营权"及"出版物全国总发行权"的图书零售企业。

在全国图书零售业普遍处于盈利难、生存难的形势下，大众书局在全国率先提出"文化百货"的经营理念，成功创造了以图书经营为主体、多种业态组合发展的"第二代书城"经营模式，在全国引起了全行业的普遍关注和认同。大众书局旗舰店——南京书城，是当时全国最大的民营书城。

大众书局 2006 年获"影响中国图书零售业的 50 大书城"称号。从 2011 年起，在传统实体书店日益衰落之际，大众人逆境变革，开拓实体书店长久生存之道，又提出以"读者空间，体验消费，延伸发展"为核心思想的"第三代书店"经营理念。

2012 年底，大众书局上海福州路分店开张，是沪上唯一一家 24 小时书店。2013 年 4 月，大众书局又开出上海龙华中路的乐城店，主打女性、家庭主题，被沪上媒体定位为上海第一家"女性书店"。2013 年 7 月，大众书局喜迎南京新街口汉中路店和仙林东城汇店的盛大开业，其中东城汇店成为南京市唯一一家"书餐厅"，凭其营造的优雅与温馨氛围以及独具匠心的装修，一出现就被读者誉为江苏最美的书店。2013 年 12 月再建上海第一家电影主题书店——美罗店。

在创新实体书店自身发展的同时，大众书局借力现代科技和电子金融手段，与文化产业相结合，开展第三方支付业务，开拓并推出集各类文化消费于一体的大众易购卡业务。易购卡是大众书局按银行卡标准推出的具有储值及支付功能的预付卡，是集图书报刊、文化数码、影视娱乐、教育培训、生活休闲、特色餐饮、健身美容以及医疗保健等多功能为一体的销售、采购与支付平台。

大众书局坚守发展十余年，累计投入 6000 多万元，旨在为读者创建一个有品质、有内涵、有体验的，立体的文化休闲平台，成为传播知识，宣扬先进思想和价值的场所。

5. 可一文化
——富有人文理想的图书出版企业

江苏可一文化产业集团股份有限公司（以下简称可一文化），是一家专业致力于全民人文素质培养，以文化教育、文学艺术和古籍典藏类产品为主的内容提供商及产品运营商。该公司凭借多元化立体销售网络，在纸质图书、报刊、数字出版等全媒介，实现了创意策划、设计制作、广告发行的全产业链运营。

可一文化是最早同时拥有国家新闻出版总署颁发的图书、报纸、期刊、电子出版物"全国连锁经营许可证"、"总发行许可证"和"互联网出版许可证"的民营文化传媒集团；并已经通过 ISO 9001 质量体系、ISO 14001 环境体系、OHSAS 18001 职业健康安全体系认证；2013 年可一文化还通过了"民营科技型企业"、江苏省"高新技术企业"认定。目前，可一文化是中国教育装备行业协会、江苏省教育装备行业协会成员单位，还是"全国电子书标准工作组"全权成员单位，参与电子书包及电子课本的国家标准制定。

公司注册资本 6150 万元，总资产 3 亿多元。2012 年实现经营收入 2.61 亿元，净利润 4018 万元，上缴各种税金达 3200 万元。2013 年经营收入 3.12 亿元，净利润突破 5000 万元。同时在主管部门的大力扶持下，为了加快文化产业结构调整，促进多种所有制文化企业共同发展，培育具有完善的法人治理结构及核心竞争力的中小文化企业，可一文化于 2009 年开始筹备上市工作。

在内容传播的渠道上不断创新，除对传统的图书、期刊等纸质媒体进行内容提供以外，还根据市场的最新变化，及时开拓了互联网数字内容提供以及手机数字内容提供。在互联网内容提供方面，可一文化独资打造了"天下阅读网"，该网站是国内领先的青春文学数字版权运营商之一。目前可一文化策划的丛书中有 191 项著作权证书，相关配套电子数字阅读产品，拥有专利证书 9 件，软件著作权证书 11 件。

可一文化目前的主要发展方向是数字出版和艺术收藏图书出版。自 2009 年起，可一文化就开始打造自主知识产权的数字阅读产品和全力推进电子书包的研发建设。

未来几年，可一文化产业集团将继续以"弘扬经典、传承文明"为己任，着眼于人的终身发展，努力在经营管理的全过程体现"人文精神和人文关怀"，抓住科技与文化融合的契机，实现传统文化业态的创新转型，追求社会效益和经济效益的完美结合。

6. 江苏春雨教育集团
——打造第一家民营数字出版中心

"随风潜入夜，润物细无声"，春雨集团用"润物细无声"的精神在教育出版行业，影响着莘莘学子。

江苏春雨教育集团（以下简称春雨）是以图书策划、研发与发行为主，兼及数字出版、教育培训、软件研发等新兴业态的综合性文化传媒集团，注册总资本逾 8000 万元，是国家新闻出版广电总局准予设立的"出版物全国总发行权单位"、"出版物全国连锁经营权单位"和"互联网出版单位"，是 2012 年度全国民营书业销售额排名十强企业，是江苏省新闻出版业"十二五扶强工程"和江苏省现代服务业"十百千"行动计划重点培育库企业，是首届"金梧桐奖·南京民营文化企业十强"企业，连续多年被评为"中国最佳助学读物策划机构"、"十大民营书业实力品牌机构"。

春雨拥有强大的教育图书研发资源和能力，图书品牌群体驰名于全国教育与出版界，引领教辅书业的发展，固定读者达4000多万，年均常规发行品种4500余种，覆盖小学一年级到高三各学科，拥有《1课3练》、《实验班》、《同步作文》等驰名教辅品牌群，多个品种常年雄踞"东方数据排行榜"前十名；同时，春雨还策划发行了《春雨经典·中外经典书系》、《孔子智慧丛书》及《中国古典戏曲小说考论》、《中国文化概论》等300余种人文社科类图书。

在数字出版和信息技术领域，"实验班"网络游学平台、"学科王"教育考试网、"教考通"智能化教育资源平台以及"云想"出版发行在线交易平台等春雨的新业态项目也逐渐成为行业知名品牌，为广大用户所熟悉，影响着越来越多的用户人群。未来2年内，春雨旗下将有更多的新业态产品推向市场，服务并影响中国的教育事业和出版发行业。

2013年，春雨集团全面启动了春雨文化产业园二期建设工程的规划：计划投资5亿元，建设总部大厦暨数字出版中心，研发数字出版公共应用服务平台，构建基于"大教育、大出版"理念的云技术平台和数字出版产品集群，将春雨文化产业园二期升级打造成全国第一家民营数字出版中心，并成为江苏国家级数字出版基地的一个组成部分。

7. 原力电脑动画制作有限公司
——国际优秀动画制作公司

15年的不懈耕耘，原力电脑动画制作有限公司（以下简称原力动画）在国内和国际享有良好的声誉，企业发展势头良好。作为国内优秀动画企业，原力动画目前力争在国内上市。

原力动画创办时的目标是成为一家制作国际优秀动画内容的公司，但创办之初其主要用三维动画技术为国内电视台栏目包装和为房地产广告制作动画。

2003年公司成功涉足国际游戏外包服务领域，到现在公司以国际一流品

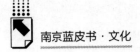
质的动画制作技术为根本，为100多家海外客商提供动画美术外包服务，发展成为美国艺电（EA）、微软公司、SONY公司、美国华纳兄弟公司等游戏及动画主承包商，也是国内游戏门户网站腾讯、盛大、金山等主承包商。

成为国际优秀动画制作公司，是原力动画创办之时就确立的目标。多年来，原力动画步伐稳健，不断向这个目标迈进。2003年涉足技术和艺术要求较低的游戏动画领域之后，原力动画用了8年时间，在国际游戏工业站稳了脚跟。2011年原力动画开始进军国际动画电影制作领域，借助8年来积累的经验和实力，在好莱坞著名电影公司梦工场《驯龙记》系列超高清动画制作国际招标中，原力动画作为国内唯一一家动画公司与国际上6家资深动画公司同台竞争，最终胜出，成为项目的主承包商。这是原力向国际电影动画制作领域迈出的可喜一步。

2008年公司果断成立自己的游戏开发中心，正式涉足自主游戏开发领域，实现了从单一的为他人作嫁衣的服务外包转型到以外包为基础兼顾自主原创的新业务格局，4年来游戏开发部先后开发了近30款内容健康有趣的休闲游戏。2011年原力动画在引进风险资本后除了进军国际动画电影外包领域外，还投入部分资金创立自主版权动画电影研发中心，为将来进军国际电影工业打下坚实基础。通过种种艰辛的不懈努力，原力动画用8年时间在国际一流游戏公司中树立了"做游戏动画找中国原力"的口碑。

未来3年，公司将依托扎实的制作能力，积极开展与国际同行的深度交流与合作，探索中外合作制片进行版权分享的业务模式，逐步提升公司的盈利能力和抗风险能力；减少对外包客户的依赖程度，同时积极开展自主游戏的开发，进一步扩大自主版权收入的比重。

8. 南京金箔集团
——让中国金箔扬名世界

南京金箔集团成立于1955年，注册资本5800万元，是世界五大金箔生产中心之一，中国最大的真金箔生产基地、中国金箔故乡、国务院"中国金箔城"授牌所在地标志性企业，也是中国烟草物资公司联营企业、中国烟草配套材料重点生产基地、国家工艺美术行业大型一档企业、国家科技部命名"火炬计划"重点高新技术企业。

集团下辖六大公司 20 多家企业，主营金箔及箔类深加工产品、烟草配套材料、机电、商贸、三产、房地产等。现拥有 3000 多名职工，年工业产值十多亿元、三产营业额近百亿元、销售收入二十多亿元、上缴利税一亿多元，是一家跨地区、跨行业的多元化产业集团公司，连续 20 年成为当地区属企业上缴利税第一大户，是地方经济支柱型企业之一。

金箔集团"金陵牌"金箔产品产量占全国金箔总产量 70% 以上，并销往日本、美国、意大利、西班牙以及中国台湾、中国香港和东南亚等三十多个国家和地区。

2009 年，"南京金箔锻制技艺"正式成为中国非物质文化遗产，并积极争取加入世界"非遗"申请保护的行列。

在做大做强金陵金箔的基础上，金箔集团不断开发出各种金箔深加工产品——"宝玉"牌金箔贴金工艺品、金箔饰品、金箔书、金箔画、金皮革、金砖、金马赛克、金墙纸、金箔药、金箔饮食等系列产品，将昔日只能为皇宫佛寺专用的金箔带到寻常百姓家。

目前金箔集团正依据"二产三产齐头并进"的世纪战略部署，开拓创新，各项经济指标持续增长。现拥有国家轻工行业标准 1 项、企业标准 10 项、专利 83 项，3 个项目获国家资金扶持、5 个项目获地方项目资助。

金箔集团董事局主席江宝全确定集团中长期发展规划为："金陵金箔"牵头成立行业同盟，力争率先成为行业第一家上市公司，卷烟配套材料产品作为行业龙头企业，将继续引领行业发展，机电产品力争全国领军，金宝商贸稳步提升品牌，尽早上市。

9. 南京惠通展览用品开发有限公司
——一站式终端陈列解决方案的开创者

自 2007 年 9 月 28 日成立以来，南京惠通展览用品开发有限公司（以下简称南京惠通）以创意设计为核心，以模块化、标准化、集成化为理念，致力于打造中国最具创意文化的展览企业。下辖"惠通创意产业园"（国际设计中心、惠通工程研发中心、商业展示中心），"青奥"惠通，"新铺网络科技"，"秸利麦秸秆板材"研发中心和遍及全国200多个城市、具备专业安装搭建实力的终端安装运营中心。

南京惠通主要服务世界500强企业及国内知名连锁品牌，涵盖服装、化妆品、珠宝、数码通信、家电、汽车等连锁行业，为品牌提供商业空间展示一站式服务，包括营销企划、创意、设计、研发、制造、物流、安装、售后、回收、翻新等专业板块，帮助各类型品牌客户以高标准、快速度、低成本创建个性化的终端店面。

惠通创意产业园区总占地240亩，分三期建设，总投资约5.2亿元，打造近20万平方米的园区，园区内设计、研发、模具、金属、木业、喷涂、有机品、丝印、数控等一应俱全，由园内企业共同打造全新科技文化创意产业链，足不出户即可完成产品设计、研发及生产。所有的产品均为模块化设计，技术工艺均具备自主知识产权，主要根据客户及市场需求，创意、设计、研发适合客户品牌需求的终端展示形象。设计及创造出的终端展示产品是目前众多企业走向成功的必要战略之一。

目前，南京惠通创意产业园一期工程已经投入使用，二期工程已于2013年7月完成并投入运营，三期工程规划完毕，于2013年12月1日动工，预计2015年初投入使用。

整个惠通创意产业园项目建成后，不仅仅以创意实现产品市场优势，更要从市场资源、设计资源、供应商资源、产业园资源、销售资源、客户资源等方面进行全面整合，将更好地整合国际国内展览展示文化创意行业资源，更好地带动文化创意产业的发展，全面实现每个环节效益最大化，形成相互推动、资源共享、共同发展的全新模式。

10. 通灵珠宝股份有限公司

——值得"为下一代珍藏"

作为柏林电影节珠宝、随宇宙飞船进入太空的珠宝品牌、比利时国礼，通灵珠宝始终致力于比利时优质切工钻石及传世翡翠的推广，为顾客创造值得"为下一代珍藏"的珠宝。股东包括 EDT——欧陆之星，全球最大的钻石切割贸易机构，以及沈车军、马峻等个人。

通灵珠宝，主营钻石首饰、宝石首饰、翡翠及铂金首饰。秉承"为下一代珍藏"的品牌定位，通灵珠宝突出对品牌和产品的塑造，拥有新一代钻石"蓝色火焰"、"MAS 博物馆"、"穿越时空"、"MY QUEEN"、"红毯"、"红毯MINI"、"百变风情"、"柏林之星"、"传世翡翠"等珠宝品牌。

通灵珠宝独家发售的新一代钻石蓝色火焰，曾被比利时钻石博物馆、MAS博物馆永久收藏，并作为比利时国礼，于 2009 年在比利时王储见证下赠予中国政府代表。

经过严格的挑选，通灵传世翡翠先后伴随"神舟七号"及"天宫一号"航天飞船遨游太空，成为中国进入太空的珠宝品牌。

通灵珠宝极为注重对品牌的塑造，从 2009 年开始，通灵珠宝连续 5 年成为德国柏林电影节的官方合作伙伴。近三年来，公司销售业绩持续增长，在江、浙、皖地区占据绝对领先的市场份额。

截至目前，通灵珠宝在中国各大城市设有 300 多家专营店。

今后几年，公司将加快在全国的拓展步伐，公司目标到 2015 年实现销售额 20 亿元，店面达 400 家，确立全国首届一指的非黄金珠宝品牌的行业地位。

"文化创意企业十佳"介绍

1. 江苏大唐灵狮广告有限公司
——广告行业的实战之"狮"

大唐灵狮，实力之"狮"、实战之"狮"。天生渴望挑战，不甘平庸。在广阔天地间挥洒，在群雄环伺的激烈竞争中不断壮大。

自 1999 年创立以来，大唐灵狮始终保持高速增长。在大唐灵狮看来，广告业发展到今天，已经改变了传播的定义，它不再是一个作品的点子加上媒介组合的运用，而是一切可以帮助发现产品价值和创造顾客体验的系统策略。

品牌的认知区隔已经成为消费者选择的路径，大唐灵狮提供基于产品价值的品牌咨询服务，我们称之为"大创意"，它将充分表达企业企图、市场趋势、消费者认知和竞争策略，也正是企业的成长之道。

广告业作为文化产业中最为接近市场的行业，大唐灵狮坚持以创意为核心能力，以品牌力量驱动市场增长为作业体系，努力整合设计、音乐、包装、娱乐、动漫等多个文化类别，加强与台湾、亚太文创协会合作，将文化资源与企业的品牌推广形成跨界合作，共荣共生。

作为注重实效并在江苏地区获得最多广告策划奖项的公司，大唐灵狮一直坚持专业的营销传播，立足对中国市场的深刻洞察，形成品牌的简单之道，利用专业化的行销创意工具开展与众不同的创意沟通，帮助多个客户的产品成为中国最具价值品牌，赢得客户的信任与尊重，在业界树立了"实战派、实力派"的雄狮形象。

2. 江苏麦秋文化传媒有限公司（*MAP* 杂志社）
——传播城市文化的全媒体平台

有时候，一本杂志、一段文字、一张照片更能让你回想起一座城市的美丽与发展。*MAP* 杂志便是这样一张南京的名片。

成立十多年来，麦秋传媒致力于文化创新，出版发行了南京第一本多语种杂志 *MAP*，也是第一本着力宣传城市地方历史文化、风土人情的杂志。

作为江苏首家中英日韩文多语杂志，*MAP* 十二年来从"帮助外籍读者融入都市生活"的外籍专刊，稳步成长为"城市文化名片，品位生活指南"的精品杂志。在国际化团队运作下，通过在艺术、文化等领域的深度见解，在娱乐、休闲等领域的信息传达，精准锁定长三角区域企业主、高级白领、外企主管等高素质、高收入、高消费人群，并成为其极为信任的消费导刊和城市生活伴侣。

MAP 杂志通过资源整合，经过十二年的不断积累，建立了十分庞大的文字和图片资料库。2013 年初，在不断提高传统纸质媒体杂志影响力的基础上，*MAP* 网站全新改版，同时进军手机终端的开发和运营，开设了自己的官方微

信、微博，真正成为将平面媒体、网络媒体、线下活动三线合一的全媒体平台。

麦秋传媒依靠强有力的编辑和设计团队，成为南京最有影响力的企业内刊定制团队，为南京的知名大型企事业单位如苏宁、德基、雨润、青奥会制作企业内刊，协助他们进行企业文化建设。

为了促进南京对外交流，*MAP* 杂志自己出资主办或协办了多项中外文化交流活动。从 2014 年始，*MAP* 杂志成为江苏省委宣传部和南京市委宣传部指定的对外交流三大媒体之一，并在省、市、区宣传和文化部门的指导下，创造性地将时尚活动与中国传统文化结合在一起，开展了丰富多彩的中外籍人士文化交流活动，形成独有的文化品牌效应。

3. 江苏华博创意产业有限公司

——为城市书写创意神话

江苏华博创意产业有限公司（以下简称华博创意）成立于 1994 年 7 月 15日，是国内最早从事虚拟现实技术研究的专业机构之一，亦是国内最早涉及数字内容制作的服务公司。

数十年来，华博创意从城市品牌着手，专注于城市规划、城市建设、城市发展、城市文化等一系列城市研究，为城市打造独具个性的城市综合展示馆、规划馆及产业、招商、经济、博物等各类主题展馆。

华博创意致力于为政府和企业提供以数字城市可视化运营管理为核心的智慧城市综合解决方案，业务涉及创意产业、信息服务及智慧城市三大领域。

运营中，华博创意始终坚持文化创意与科技创新相融合，2000 年公司成立内部研发中心，主要从事展览馆系统集成、数字城市可视化运营管理、互动展项等方面的研究工作，2013 年又获得南京市市级企业技术中心的立项。

由于市场需求的变化，单一的创意表现形式已经很难满足日益增长的市场和大众需求，因此，华博创意适时提出了"Mix&Match"理念，整合公司业务资源，以有效合理任务分工，资源实时共享，创作了一个个富有创意、把握精准、风格独特的作品和案例。

2013 年 10 月，华博创意承担的"鹰潭城市展示馆布展工程设计和施工一体化"工程项目，在由中国建筑学会主办的"2013 年全国人居经典建筑规划设计方案"竞赛活动中荣获"建筑金奖"。而由华博创意倾情打造的老门东 3D 建筑立体投影秀项目，于 2013 年国庆期间在城南老门东箍桶巷示范街区震撼登场，获得大众的一致好评。

4. 南京云锦研究所股份有限公司
——让传统瑰宝在世界舞台绽放异彩

在威尼斯电影节、巴黎高级时装定制周，在德国、法国、尼日利亚、韩国、日本等国际舞台，在央视春节晚会的舞台上，在《云之锦》等著名影视片中，云锦的风采屡屡吸引众人的目光。

近年来，在从国家到省市政府的大力支持下，在南京云锦研究所的长期坚持和努力下，越来越多的民众了解了云锦，并且爱上了云锦。

南京云锦研究所股份有限公司前身为南京云锦研究所，是江苏省政府于 1957 年批准建立的新中国第一家工艺美术类研究所。2005 年由事业单位转制为企业——南京云锦研究所有限公司，2011 年完成股份制改造，目前已形成集云锦开发研究、技艺保护、展示销售、传承传播、旅游于一体的云锦技艺保护基地、云锦文化产业生产基地和文化旅游基地。

2013 年 7 月 4 日下午，首位入围巴黎高级定制时装周的中国著名高级定制设计师劳伦斯·许首秀"绣球"发布会精彩亮相。此次，劳伦斯·许选用"南京云锦"作为面料，并将南京云锦的"大花楼"织机在秀场展出，现场演示云锦技艺。展示中所用的云锦均为南京云锦研究所股份有限公司提供。

在巴黎高定秀场首次亮相之后，南京云锦又在新的领域焕发出耀眼的光彩。2013 年 8 月 16 日，在南京亚青会开幕式上，南京云锦元素随处可见，散发着青春的活力，来自亚洲各国的宾客充分领略了南京云锦这一人类非物质文化遗产的风采。

南京云锦研究所股份有限公司积极参与和组织云锦活动宣传，寻求传统云锦文化的创新与突破，唤醒人们对非物质文化遗产的记忆，依托南京丰富的自然景观、深厚的文化积淀和优秀的人才资源，致力于提升南京云锦的世界知名度，使这项具有独特文化和科技内涵的民族文化遗产为世界更多公众所熟知和喜爱。

5. 南京阿法贝多媒体有限公司

——民营动画企业开拓教学新视野

南京阿法贝多媒体有限公司是江苏省最早从事数字原创动画制作的企业之一，一直坚持精品原创路线，细分受众群，创作内容包含动画电影、长篇电视动画以及网络、3G 手机动画。

2007 年，南京阿法贝以 2～6 岁儿童为主要受众，制作发行长篇电视动画《阿法贝乐园》系列，并成为南京市第一部在央视平台播出的原创动画。《阿法贝乐园》针对学龄前儿童语言学习特点研发，融入英文进阶式情境教学，为孩子打造了一个奇幻、零压力的英文学习领地。凭借这部作品，阿法贝与央视动画有限公司建立品牌联营，实现民营动画企业与央企的跨体制合作。2010 年，《阿法贝乐园》实现海外版权交易，并被文化部授予"首届原创动画走出去工程奖"。

2010 年，南京阿法贝多媒体有限公司捕捉到国产动画青少年收视群的市场空白，大胆选用传统手工业"木匠"为题材，围绕"爱"与"希望"，历时三年完成励志电视动画《米粒木匠》，受到海外媒体和播出机构的关注，并在当年获得"动漫企业资质"，是江苏省首批通过动漫企业认定的原创动画企业之一。

近两年来，阿法贝将原创动漫与移动互联网开发相结合，以公司原创动画为素材，开发多款手机游戏、应用 App，如"阿法贝乐园"英语学习 App，米粒木匠游戏等。

2014 年，南京阿法贝多媒体有限公司将构建移动互联平台，向客户提供电子绘本、电子书籍、有声漫画、个性化影音服务，加速企业向创新型文化企业的转型。

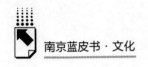

6. 南京宝庆首饰总公司

——百年老店基业长青

常言道：创业难，守业更难。南京宝庆首饰总公司却凭借其独特的文化底蕴、诚实守信的经营理念、精湛的工艺以及创新精神，稳坐南京黄金珠宝市场的头把交椅。

公司前身——"宝庆银楼"创建于清朝嘉庆年间，有近 200 年的历史，是国内久负盛名的老字号银楼之一。长期以来，"宝庆"是南京人的骄傲，许多人之所以钟情于宝庆，不仅是对"宝庆"品牌的认可，更是折服于其已传承百年的诚信精神。

自 1995 年起，公司的"宝庆"牌产品被认定为省市名牌产品、中国金银珠宝名牌；"宝庆"商标被认定为省市著名商标，还获得中国黄金首饰驰名商标、中国驰名商标称号。宝庆首饰公司获评中国黄金行业优秀明星企业、中华老字号、省级技术中心、高成长科技创新型百优企业、工业设计中心等荣誉称号。

品牌的核心是产品，只有不断丰富产品，才能满足消费者日益增长的需求。越来越多的珠宝品牌进入南京市场，越来越多的珠宝商瞄上了"宝庆"品牌。面对新的挑战，宝庆银楼始终坚持为消费者提供一流的产品与服务，不论是精细的黄金饰品，还是美轮美奂的其他饰品，都受到消费者尤其是年轻人的追捧。

2013 年，公司实现"宝庆"品牌销售收入近 40 亿元，公司上缴利税 8000 多万元，产品销售额保持超过 30％的年均增长率，企业综合实力居江苏省同行业之首，充分显示出宝庆品牌强劲的市场竞争力。

针对当前国内珠宝首饰存在同形化的现象，宝庆将工艺文化与现代文化、"非遗"技艺与现代技术相融合，结合品牌推广、款式设计和产品推广策划，开发具有文化创意的产品，将"文化遗产"转化为文化产业，每年完成多个技术开发项目，并获得多项专业大奖。

百年历史积淀了宝庆深厚的企业文化。宝庆的企业文化除包含技艺和诚信外，还包含一份社会责任。宝庆一直致力于公益活动，回报社会，树立了良好的企业形象，在南京及周边地区享有很高的声誉。

7. 南京经纶文化传媒有限公司

——打造"经纶系"升级新业态

拥有 20 年历史的经纶公司，产业涉及教育研究、出版发行、数字出版和对外出版等领域，具有总发行权和数字出版权，是全国民营出版领军企业和十大实力品牌机构。

作为全国率先成功跨省和跨国投资的民营出版企业，经纶已经形成以南京为中心，产业基地有效分工、海外业务基地初具规模的经营格局。除南京总部外，公司还在马鞍山、济南、临沂、合肥设立了产业基地，成功实现传统出版产业布局的战略性调整；在加拿大投资成立了经营实体，在美国筹建海外总部，开拓海外市场。在北京、广州、杭州等城市建立办事机构，为全国市场提供服务。

"经纶系"在业内享有盛誉，已经成为全国民营出版产业中的一个典型案例，受到政府部门、同行企业和主流媒体的关注。

"经纶图书"以过硬的品质和极具个性化的创意，在业界具有较高的品牌知名度和较大的影响力，受到 2000 多万忠实消费者的青睐，市场销量领先，成为行业主流媒体和研究机构的重点研究对象。

历经 20 年的发展，公司取得良好的经济效益和社会效益，市场网络遍布全国，销售网点达 20000 多个。

近年来，公司正在将文化与科技进行高度融合，全面打造新业态，率先建立了纸质图书与数字内容相结合的新型出版模式和以数字化为核心的对外出版和国际版权贸易商业模式。

在自主创新上，经纶一马当先，其研发模式、业务模式、信息化、新业态多层次创新同步进行，成为业内的领航标杆。

8. 南京垠坤投资实业有限公司

——文化创意园区整合运营的"领军者"

2006 年 1 月以来，南京垠坤投资实业有限公司（以下简称垠坤公司）在

南京市率先开辟都市型创意产业园区的开发运营模式，整合城市特有的建筑、历史、艺术、文化等多方面价值，对城市各类空间设施进行创意开发，打造成适合城市产业与经济发展的载体，为城市注入新活力，提升区域产业竞争力。

2006年，垠坤公司开发了江苏首个真正意义上的文化创意园区，实现产业要素的有效集聚，成为第一代创意园区的典范。为适应产业发展，垠坤公司敏锐地察觉到产业服务体系的升级需求。2008年垠坤公司制定了第二代创意园区的运营标准，即创造性地将经营助长纳入园区运营体系，不仅搭建了文化类与创意类企业发展载体，还实现了行业内的经营互助；2012年，垠坤公司再次创造性地提出第三代创意园区运营标准，不再将硬件产品与办公空间作为核心，而是将载体作为资本介入产业内容精深发展的基础。

通过对园区的潜心打造，垠坤公司成功汇聚科技研发及文化创意两个创意产业重要领域的企业700余家，成功实现科技研发与文化产业的有效对接，形成企业资源整合共享、有效互助的平台。公司开发客户资源数据库，已拥有近40万条精确客户信息数据。

垠坤公司旗下园区至今共举办各类型企业助长活动逾百场次，获得园区企业的积极响应和配合，并全力支持与资助南京文化创意产业协会工作，举办各类创意文化活动，为南京市对外文化交流贡献力量。

至2014年，垠坤公司旗下文创园区投资运营体量将达30万平方米，实现了城市形象、产业提升，经济创值，资源节约，社会稳定等全方位的多赢局面。

9. 江苏瀚港文化发展有限公司
—— 文创产业"4S一体化服务平台"

2013年11月，在中国台北举办的"2013年海峡两岸文化创意产业展"上，一组"《金陵四绝》非遗文化组合套装"惊艳四方。这些产品不仅展示了南京文化产业的发展成果，也为推进大陆和台湾文化创意产业合作发展做出了积极的贡献。而这套杰作就来自江苏瀚港。

作为资深的创意设计整合服务机构，瀚港不仅植根于中华文化，还融合创新设计理念，在城市形象礼品、旅游纪念品和博物馆文创产品等品牌衍生品的研发定制、视觉设计、展览展示、设计承建、文化活动策划执行等方面积淀了丰富的实战经验。瀚港文创产品在国家级工艺美术大赛和省市级旅游商品大赛上荣获包括金奖、一等奖在内的三十多个奖项，被众多重大活动采用。

瀚港率先提出并全力打造文化产业"4S 服务平台"，联动文创产品设计、会务展览展示、视觉设计策划三大产业，令客户在最短的时间内得到优质、全面、省心的一体化服务。

瀚港旗下自主品牌"瀚峰堂"，专门展示融入江苏及南京文化元素的文创产品和旅游商品，自 2011 年在紫峰大厦 72 层观光层创立第一家展厅以来，又相继在南京民俗博物馆、六朝博物馆设立了连锁展厅，成为江苏行业内知名且最具特色的文创产品及旅游商品品牌与文化展示交流的平台。

瀚港文化与高校艺术类学科、非遗传统工艺大师以及众多顶尖的工艺品生产厂家强强联合，成立"产学研"合作基地，用合作开发生产的模式，使院校教学更好地与市场接轨，培养出更多懂文化、懂科技、懂市场的复合型人才和专业的师资力量；同时，通过"产学研"基地，改变设计从业人员缺乏知识产权保护意识的现状，规范产权交易，在行业内起到模范带头作用，有利于文创产品知识产权的增值发展。

"艺术瀚海·文化港湾"，瀚港在引领中华传统文化时尚潮流进程中，将文化、科技、创意、产业深度融合，创造出厚积薄发、别具意蕴的生活产品和日常美学，让世界品味江苏之美，沉醉中国之美！

10. 航天晨光艺术制像公司

——技术创新开创艺术 铸造新辉煌

也许你瞻仰过韶山的毛泽东铜像，也许你朝拜过无锡的灵山大佛，也许你欣赏过香港的"永远盛开的紫荆花"雕塑和不丹的太子像，但你可能不知道，这些海内外标志性雕塑均出自航天晨光艺术制像公司。

作为中国航天科工集团下属的从事艺术雕塑产品与工程设计和建造的企业，航天晨光公司技术力量雄厚、工艺水平高超，是目前国内综合实力最强的

金属艺术品制造企业之一，也是唯一获得过青铜制造产品国家质量金奖的企业。

航天晨光公司前身为金陵机器制造局1881年创办的"炎铜厂"，20世纪30年代，曾为中山陵制作"孝经铜鼎"，并在60年代完成南京长江大桥所有栏杆浮雕板的制作。80年代中后期，由于成功地承建了香港天坛大佛工程，公司正式走上了金属艺术品产业化的道路，是青铜艺术品制造的百年老字号。

源于航天央企的技术与管理集成体系，经过20多年的技术与管理创新，航天晨光已形成逆向工程与三维设计、模型与产品数字化制造、大型雕塑总体与结构设计、大型雕塑制造与安装等15大核心技术，并在2014年初成功引入3D打印技术，成为行业内的唯一一家具备此技术的生产企业，拥有涉及建筑、结构、材料、焊接、表面材料、数控加工方面的技术团队，成为中国铸造协会的艺术工程技术中心，在行业的大型工程技术发展中起到引领作用。

2012年运用数字化技术放样、修模、组装的70米香港观音像完美地再现了艺术形象，这个高质量与高技术含量的工程堪称中国艺术铸造行业的一个标杆，也为中国大型艺术铸造走向世界积累了充足的经验。

"文化产业创新奖" 获奖项目介绍

1. 南京市文化投资控股集团有限责任公司

——给文化企业一个金融、信息服务平台

目前，由南京市文化改革发展领导小组办公室牵头，依托南京市文化投资控股集团组建南京文化金融服务中心。

市文化改革领导小组办公室为充分发挥市文化产业协会和文化金融服务中心功能，掌握南京市文创企业发展动态，为相关部门研究制定扶持中小文化企业发展政策以及评定中小企业信用状况提供依据，按照"各方共建、资源共享、功能集成、动态维护"的原则，通过全市文化及相关产业统计名录库优选、区文化改革发展领导小组和市文化产业协会推荐以及企业自主填报等多种途径，组建全市文创企业资源库（南京文化金融服务中心企业数据库），目前第一批拟入库企业 880 家。

南京文化金融服务中心本着"政府主导、整合资源、打通路径、多方共赢"的原则，针对中小文化企业由于资产规模小、运营不规范、社会诚信体系建设滞后和缺乏实物抵押品等特点导致的"融资难、融资贵"问题，快速搜集和对接文化企业融资信息，整合文化银行、文化小贷公司、担保公司、保险公司、文交所、版权评估公司、天使基金、风投基金等各方资源，在财政支持和政策引导下，针对中小文化企业发展的不同阶段，提供各种类型的金融服务，降低文化企业融资成本，支持各类文化企业，特别是中小文化企业的发展。

南京文化金融服务中心在文化企业与银行、投资机构之间搭建起沟通的桥梁，并在文化与金融的结合上进行了积极的探索与尝试，为文化企业的发展提供了实质性的帮助与服务。

未来三年，南京文化金融服务中心将努力建设成为全国有影响力的、立足南京辐射全省的文化企业金融服务与社会协作平台。

2. 南京文化艺术产权交易所
——文化艺术领域专业综合性服务平台

南京文化艺术产权交易所是一个集文化产权交易、文化投融资服务、文化企业孵化、文化产业信息发布为一体的专业的综合性服务平台。

文交所创新的"文化＋科技＋金融"业务模式，针对一切有投资价值的文化企业、文化产品、文化资源，开发投融资产品，借助最新的科技手段并通过互联网技术，把艺术市场和金融资本市场对接，将资本引入艺术品市场，利用市场发现艺术藏品的真实价值，为大众提供一个安全稳定的艺术品投资渠道，探索并建立一个文化产业多层次资本市场和金融服务体系。

南京文交所于 2011 年 8 月注册成立，为江苏省首家运营的大型文化交易平台。后经国务院证监会部际联席会议验收，由江苏省人民政府、南京市人民政府批准，于 2013 年 5 月正式启动运营。2013 年 10 月 21 日，南京文交所钱币邮票中心上线。截至 2014 年 7 月，累计实现成交额 55.7 亿元。2014 年 8 月 7

日，当日实现成交额 1.16 亿元，首次突破亿元大关，在同类交易所中排名第一。该所在钱币邮票电子交易市场中占有绝对优势，拥有最大市场份额和最高品牌影响力。预计 2014 年交易额将突破 100 亿元，5 年内有望突破 1000 亿元。

与此同时，南京文交所仍在积极开拓新的业务平台，组合产品（艺术品）交易中心、影视版权交易中心、原创音乐交易中心等项目也相继启动。

南京文交所计划利用 3~5 年的时间，按业务种类性质，搭建十大专业化的交易平台，整合上下游产业链上优质资源，与各行业的领军企业合作，把文交所做专、做大、做强。

3. 南京魔盒信息科技有限公司
——自主研发虚拟火炬传递平台

2013 年 8 月，南京亚青网络火炬传递吸引了全球的目光：在亚洲版图上，火炬途经亚洲 45 个国家和地区共 238 个传递点。其间，穿插城市和景点的图文介绍，这是人类用浪漫和想象，对地理距离的一次征服和丈量。

这次轰动全球的网络火炬传递，正是以南京魔盒信息科技有限公司（以下简称魔盒科技）自主研发的"亚青会"虚拟火炬传递平台为载体的。在短短两个月内，虚拟火炬手就达 2833 万人次，参与总人数超过 5000 万人，中国的体育精神也随之向世界传播。

魔盒科技成立于 2009 年，是一家专业从事移动数字媒体平台开发和运营的 IT 高科技公司。公司专注于移动智能终端应用软件领域，面向全球客户提供领先的数字媒体平台、数字媒体产品、技术服务及针对行业的一体化技术解决方案。同时立足互联网和移动互联网的数字技术的研发和推广，在产品消费方式上，突出快捷、高效、交互、广泛等应用特点，在苹果/安卓等多个平台推出了一大批具有实时性、互动性、自主性、交融性和多样性的 App 应用产品，涉及教育、政务、生活工具、生活百科等多个门类。

亚青网络火炬传递只是一个开始。未来魔盒科技将依托金陵深厚的文化底蕴和日益蓬勃的文化发展势头，以发展江南人文风情的数字文化为己任，多模式多渠道整合企业现有资源。坚持将技术研发运用到创作中，结合本土文化，不断开拓创新，弘扬民族精神和时代精神，进一步突出信息服务技术对文化创意产业的带动和辐射作用。展现企业技术装备水平和团队创新能力，提高文化创意产品附加值，增强文化企业核心竞争力，全面提升企业的盈利能力，力争为南京的时尚创意产业的发展做出更大贡献。

4. 南京市金陵文化科技小额贷款有限公司
——为文化企业解决贷款难题

南京市金陵文化科技小额贷款有限公司是江苏省金融办批准成立的科技小额贷款公司，公司注册资本2亿元，是省内首家以文化科技企业为融资服务对象，致力于将文化与金融结合进行尝试与探索的创新型组织。

公司由南京市文化投资控股（集团）有限公司作为主发起人，联合江苏爱涛文化产业有限公司、南京弘安房地产开发有限公司、南京东大智能化系统有限公司、南京市玄武区国有资产投资管理控股（集团）有限公司共同投资组建。公司股东背景强大，股本结构与业务方向特色鲜明：省市企业共建、国有民营合资、政府企业互动、文化科技并行、平台园区联动、金融实业融合。

公司主要经营范围：面向文化科技企业发放小额贷款；进行创业投资；提供融资性担保服务以及金融机构业务代理和经过监管部门批准的其他业务。

公司本身具有信息优势、成本优势、速度优势以及相对灵活的评估、决策和保全措施的机制优势，有自身的市场定位和发展空间。同时公司实行市场化利率，平均贷款利率水平高于商业银行贷款利率，低于民间借贷利率，具有较强的风险覆盖能力和市场竞争能力。

5. 南京先锋图书文化传播有限责任公司
——民营书店经营新模式

这里原来是五台山地下停车场，现在它是"世界上最美的书店"。

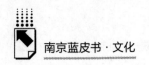

南京先锋书店由钱小华先生创办于 1996 年，现已成为国内知名的民营学术书店。一直以来，先锋书店精心为读者打造融合建筑元素、宗教情结、人文关怀等具有先锋精神向度的阅读体验空间，吸引了众多读者，成为南京重要的文化地标和城市公共客厅。

在实体书店面临巨大冲击之时，先锋书店大胆创新、勇于争先，赋予书店新的生命力，实现转型升级，开拓了民营书店经营的新模式。

近年来，先锋书店通过自主投资、直接经营的方式，打造了八家风格鲜明、特点突出的品牌直营门店，并加大旅游和文化创意产品的开发、生产、推广和销售力度，书店的功能突破单纯的"卖书"，开始向文化创意产业化方向拓展延伸，为书业的转型发展探索出了一条新路。

先锋把书店定义为多元动态的文化事业，是包含书店、创意馆、艺术咖啡馆、文化大讲堂、艺术画廊、二手书店、网上书店等多种业态的"复合式书店"，并不断拓展延伸文学、艺术、戏剧、电影、音乐等多个领域的体验式互动活动，精心为读者提供一站式文化服务，带给读者独特的阅读体验，为创立书店美学做出了非凡贡献。

2012 年 10 月 7 日，美国有线新闻网（CNN）以"中国最美书店"为题，对先锋书店做了专题报道，2014 年 3 月 27 日，英国广播公司（BBC）发布"全球十佳最美书店"，先锋书店也名列其中。

先锋书店用十多年的执着告诉所有人，在这个世界上，"读书最美!"

6. 南京日报发展有限责任公司
——献给南京人民一场戏剧盛宴

2013 年，在南京市委宣传部、市文广新局的全程指导下，南京日报社全新打造"南京青年戏剧节"品牌。南京青年戏剧节包含三大板块，一是精品话剧演出，共引进话剧、舞剧 6 部 12 场；二是举办文化名人分享会 3 场；三是资助高校戏剧活动，共资助 5 部学生戏剧排练、演出高校小剧场话剧并在高校巡演。现场观众近 2 万人次，收入超过 450 万元。

相比于南京演出市场其他项目，"南京青年戏剧节"有着强烈的品牌意识，青年戏剧节整合了电视、广播、户外、微博、微信等大量媒体资源，对戏剧节及引进的剧目进行了充分宣传，初步树立"南京青年戏剧节"品牌。目前，业内包括北京人民艺术剧院、国家话剧院、上海话剧院等知名院团均将青年戏剧节当作在宁合作的首选。

南京青年戏剧节演出密度大，所有演出对学生群体均有优惠票价，观众还可以通过转发微博和写观剧感受等方式获得门票，这些都非常有利于培养戏剧观众和刺激文化消费。在近 5 个月时间内，南京连续上演 6 台大戏共 12 场演出，起到相对轰动的社会效果。一连几个月的大戏安排，做到了舞剧、话剧无缝对接。现在，南京人看戏也能一下看到爽。

7. 文化版权资产交易平台　江苏省文化产权交易所
——帮文化企业盘活版权资产

南京并不缺文化资源、不缺文化人，它缺的是文化成果该怎么转化？

文化企业大多是轻资产企业，其核心资产和存量资产就是版权资产，但由于社会环境、法治环境不完善，整个社会对版权的认识和重视程度还有待提高，版权资产的运作几乎是空白。

江苏省文化产权交易所进行了积极探索和实践，推进版权资产集中和集约化交易平台的建设，以引起全社会对版权资产的认识和重视，努力盘活版权资产助推文化企业的发展。无论在理论上和实践上都取得一定突破，得到省、市版权部门的关注和支持，产生较大社会影响。

文交所以服务文化企业、助推文化企业发展为己任，围绕文化企业的核心诉求和核心资产，开展版权资产的业务和交易平台的建设，重点解决为文化企业版权资产价值转换提供一个交易平台；实现版权和金融的结合，打通版权融资的渠道。同时通过这两项核心业务带动相关业务的拓展，打通版权资产产业链服务。

为培养和造就讲诚信、懂市场、善经营的文化经纪专才，将相关的人才资源集聚起来，文交所积极争取到了省经纪人协会的支持和帮助，该协会同意江苏文交所开展省文化经纪人从业资格培训。由省经纪人协会和江苏文化产权交

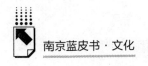

易所联合颁证，这是全省唯一一家和省经纪人协会合作开展此项业务的企业。

经过二年多的努力，江苏省文化产权交易所推进的版权资产集中和集约化交易模式在国内均属首创，处于领先地位。

8. 南京合谷科技信息技术有限公司
——给动漫形象一个完整的产品体系

一提到星猫，你脑海中一定会浮现出一个憨态可掬的猫咪形象，是谁让星猫这么深入人心？

星猫出自一个漫画系列。南京合谷科技信息技术有限公司自成立之初，一直致力于星猫系列动漫剧的制作以及星猫衍生产品的制作。经过几年的发展，该品牌陆续形成八大系列产品，其中电子产品系列 20 款、文体系列 500 款、玩具系列 150 款、个人装饰品系列 200 款、服饰系列 50 款、印刷品系列 100 款、家庭生活用品系列 100 款、箱包系列 20 款，衍生产品种类繁多，涵盖项目广泛，是南京市乃至江苏省名列前茅的动漫衍生产品发展企业。

为大力推广星猫系列衍生产品，公司在南京大本营开设星猫的形象店，为打造星猫动漫产业链打下了扎实的基础。在开立直营店后，更是通过不断推出新活动来吸引人气，把更多的衍生产品推介给小观众及家长，加深大家对产品的认识和体验。此外，公司还在直营店内引进大量来自台湾的儿童商品，拉近了大陆儿童与台湾儿童的距离。

经过八年多的发展，南京合谷已经形成完整的产品体系，以星猫为形象的系列产品也已占有一定的市场份额，其品牌知名度不断提升。随着动漫衍生产品销售规模的进一步扩大，企业的知名度和竞争力将得到进一步的提升，南京合谷的未来非常值得期待。

9. 南京快拼信息科技有限公司
——拼出来的美食"分享"

吃穿住行是人们最基本的需求，也是最能够提升用户活跃度的移动应用服务领域。App 即服务，只有真正服务人们基本需求的应用才是最有生命力的 App。为了更好地服务千万级用户，李祥和他的团队为此注册成立了南京快拼信息科技有限公司，专注开发和运营"美食拼图"。

南京快拼信息科技有限公司注册资本 330 万元，通过社交网络、数据挖掘、智能推送技术，构建基于社交网络大数据的本地餐饮消费推荐引擎，通过手机 App 客户端和微信、微博等社会化平台，提供个性化餐厅推荐、餐位预订、智能点菜等餐饮云服务，实现智慧旅游（美食）的个人移动信息化服务。

美食拼图已经上线启用，覆盖南京、北京、上海、广州、深圳、杭州 6 大城市，提供餐厅推荐、手机订餐和云餐厅智能点菜的电子商务 2.0 服务。

2014 年，美食拼图将联合江苏省餐饮协会、南京广电集团、南京市民卡、南京报业集团、江苏移动在南京创新性地建设全国首批"互联网餐厅"。美食拼图互联网餐厅计划，将在南京建成全国最大规模的互联网餐厅集群。基于商用免费 Wi－Fi 的本地商户开放云平台与数据增值服务，美食拼图将建成本地餐饮行业的淘宝，餐桌上的分众传媒和迪士尼。

目前，业内包括大众点评、丁丁优惠、豆果美食、淘宝点点等同类项目已经获得当地政府的重点支持，阿里巴巴旗下的"淘点点"也在做同类的业务，南京市场尚处空白，美食拼图拥有 300 多家合作商户的支持，拥有专业的技术团队和推广团队，我们相信美食拼图能够成为"走出去"打造"南京创造"的新媒体品牌。

10. 南京途牛科技有限公司
——把旅游公司搬到网上

如果想要旅游，如果你是驴友，总会有个想法：能不能只需动一下鼠标或者拨一串号码，就能简单方便地根据自己的需要选择旅游路线，而那些令人心烦的住宿、景点门票等事务都可以交由别人打理。途牛旅游网的创立让这一切变成现实。

南京途牛科技有限公司创立于 2006 年，是在南京本土成长起来的国内领先的智慧旅游企业，公司创办的途牛旅游网，目前主要是为旗下旅行社提供呼叫中心服务，为游客提供旅游文化信息及消费平台（互联及移动互联）、自营文化旅游产品预定和旅游过程的全方位服务，成为非自营旅游产品供应商零售平台。目前公司旗下有北京途牛国际旅行社有限公司等5家全资子公司，全国大中城市有20个城市分公司，提供国内64个出发地旅游线路，旅游产品涵盖70个国家，客人遍布全国各地。

面对不断涌现的旅游电子商务企业，唯有不断创新才是立足之本。因此，公司力求创新，加大对旅游产品设计和推广的力度，与国内外众多旅游局合作推广旅游和文化资源，通过微博喊话、途牛论坛互动、巧设目的地小站、牛牛形象设计、途牛体验师PK赛活动等多种方式创新和推广旅游及文化产品。

如今，途牛已成功地在纳斯达克上市，我们期待着它下一步的精彩。

2013 年南京文化发展大事记

1 月

1 月 7 日　在亚太文创产业协会公布的两岸城市文化竞争力排行榜上，2012 年南京位居北京、上海、台北、杭州之后，名列第五。

1 月 28 日　主题为"科技创业与文化创意《创赢未来》"科技文化创业大赛第二季正式启动。

2 月

2 月 7 日　太平天国壁画艺术馆和江宁织造府博物馆开馆。

2 月 23 日　宁台文化创意产业交流会在台北举行，宁台文创企业达成一系列文创合作投资意向，并签约 7 个文化创意产业项目。

3 月

3 月 18 日　南京市召开文化广电新闻出版工作会议，总结 2012 年全市文化建设情况，就推动 2013 年全市文化建设工作做出全面部署。

3 月 24 日　3D 打印技术创新中心项目签约仪式暨中国 3D 打印技术产业发展研讨会，在南京市栖霞区召开。

4 月

4 月 20 日　南京文化产业发展高层论坛暨文化产业专家指导委员会成立仪式在南京十朝历史文化园举行。

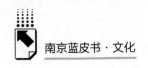

5 月

5 月 15 日　中国南京世界历史文化名城博览会组委会与联合国教育、科学及文化组织在杭州签订战略合作框架协议。

6 月

6 月 29 日　"激情亚青唱响南京"青春赛歌会在南京人民大会堂举行。

7 月

7 月 2 日　由南京市委宣传部与市文广新局联合打造的南京"520 音乐厅"在南京文化艺术中心正式启动。

8 月

8 月 29 日　南京市在全国率先制定出台《南京市文化与科技融合发展规划纲要》。

9 月

9 月 18 日　位于南京市汉府街 1 ~ 4 号的南京国博书画艺术交流中心开业暨南京文博艺术馆揭牌。

10 月

10 月 12 日至 12 月 22 日　大型创业励志节目《创赢未来》（第二季）亮相深圳卫视。

11 月

11 月 4 日 大陆首家台北书院在观朴艺术博物馆揭牌，海峡两岸"大中华杯"明式家具创新设计大赛作品展同时揭幕。

11 月 5 日 两岸企业家紫金山峰会文化创意产业论坛召开，首个海峡两岸城市文创产业协会联盟在会上成立。

12 月

12 月 19 日 南京未来网络与文化融合创新产业联盟正式成立。

12 月 26 日 南京市以排名第一成绩被科技部、中宣部和文化部授予第二批"国家级文化科技融合示范基地"称号。

B.38
后 记

　　2013 年，在南京市委、市政府的正确领导下，南京市宣传文化系统及相关部门和单位认真贯彻党的十八大精神，以科学发展观为指导，以文化体制改革为动力，文化建设工作再创佳绩：社会主义核心价值体系的宣传日益深入，公共文化服务水平不断提升，文化产业增加值持续增长，文明创建工作再掀新高潮，南京文化形象传播再上新台阶。为准确纪实并展示南京文化发展成果，认真总结和提炼南京文化建设经验，科学谋划未来发展思路，中共南京市委宣传部组织编写了《南京文化发展报告（2014）》。

　　本书由市委常委、宣传部部长徐宁主编并最终审定全书。市委宣传部副部长潘谷平、副巡视员孔利、市文化产业研究中心主任郭榛树教授对全书进行了统筹审核。市教育局、市统计局、市旅游委、市文广新局、市商务局、市体育局、市金融办、市文联、市会展办、南京广电集团、南京报业传媒集团、市出版传媒集团、市文化集团、人民银行南京分行营管部、市文化产业研究中心、各区委宣传部以及文化企业的有关领导和同志撰写相关报告并给予大力支持。

　　本书撰稿人：潘谷平、诸敏、施扬、陶甜甜、琚忠友、吴永铭、陈健、纪鹏飞、郭榛树、韩庆林、彭凌云、张金兰、程海秋、赵云开、李林、徐勇、刘峰、刘远、徐衷军、郝希良、王雪岩、樊立文、邵珊珊、夏志芳、黄姝、陈乙华、高洁、夏星草、张望、张佳年、李路娣、汤志平、张洁、谢山、徐青、陈华、罗正斌、李滨、吴仁成、王兰英、吴海东、王良柱、王春山、刘晓曦、孙宇瑾、陆德祥、李萍、罗广涛、任晓勇、张伟、王连荣、张柏生、张敏、陈春花、马亦军、徐宁、郭霖、方辉振、黄科（以文章先后为序，如一人撰写多篇文章，其姓名只出现一次）。

　　参加本书组织编写及编务工作的有：市委宣传部诸敏、邱奕明、刘妙雄、施扬、陶甜甜、吴永铭、吴聿涛、周骏马、潘海莉，市委党校郭榛树、胡宝平、胡晶晶、郭霖、项晓霞、马运军、万书玉。

本书原名为《南京文化发展蓝皮书》，自 2004 年起每年出版一册。今年，在社会科学文献出版社皮书出版分社的大力支持下，原蓝皮书更名为《南京文化发展报告》，首次被列入社会科学文献出版社的"皮书系列"，在此表示衷心的感谢！

因水平所限，时间仓促，编校中难免有疏漏之处，欢迎批评指正。对南京文化建设的思考、心得和建议，也恳请读者不吝赐教。

编　者

2014 年 10 月

"皮书"起源于十七、十八世纪的英国，主要指官方或社会组织正式发表的重要文件或报告，多以"白皮书"命名。在中国，"皮书"这一概念被社会广泛接受，并被成功运作、发展成为一种全新的出版形态，则源于中国社会科学院社会科学文献出版社。

皮书是对中国与世界发展状况和热点问题进行年度监测，以专业的角度、专家的视野和实证研究方法，针对某一领域或区域现状与发展态势展开分析和预测，具备权威性、前沿性、原创性、实证性、时效性等特点的连续性公开出版物，由一系列权威研究报告组成。皮书系列是社会科学文献出版社编辑出版的蓝皮书、绿皮书、黄皮书等的统称。

皮书系列的作者以中国社会科学院、著名高校、地方社会科学院的研究人员为主，多为国内一流研究机构的权威专家学者，他们的看法和观点代表了学界对中国与世界的现实和未来最高水平的解读与分析。

自 20 世纪 90 年代末推出以《经济蓝皮书》为开端的皮书系列以来，社会科学文献出版社至今已累计出版皮书千余部，内容涵盖经济、社会、政法、文化传媒、行业、地方发展、国际形势等领域。皮书系列已成为社会科学文献出版社的著名图书品牌和中国社会科学院的知名学术品牌。

皮书系列在数字出版和国际出版方面成就斐然。皮书数据库被评为"2008~2009 年度数字出版知名品牌"；《经济蓝皮书》《社会蓝皮书》等十几种皮书每年还由国外知名学术出版机构出版英文版、俄文版、韩文版和日文版，面向全球发行。

2011 年，皮书系列正式列入"十二五"国家重点出版规划项目；2012 年，部分重点皮书列入中国社会科学院承担的国家哲学社会科学创新工程项目；2014 年，35 种院外皮书使用"中国社会科学院创新工程学术出版项目"标识。

中国皮书网

www.pishu.cn

发布皮书研创资讯，传播皮书精彩内容
引领皮书出版潮流，打造皮书服务平台

栏目设置：

☐ 资讯：皮书动态、皮书观点、皮书数据、皮书报道、皮书新书发布会、电子期刊
☐ 标准：皮书评价、皮书研究、皮书规范、皮书专家、编撰团队
☐ 服务：最新皮书、皮书书目、重点推荐、在线购书
☐ 链接：皮书数据库、皮书博客、皮书微博、出版社首页、在线书城
☐ 搜索：资讯、图书、研究动态
☐ 互动：皮书论坛

中国皮书网依托皮书系列"权威、前沿、原创"的优质内容资源，通过文字、图片、音频、视频等多种元素，在皮书研创者、使用者之间搭建了一个成果展示、资源共享的互动平台。

自2005年12月正式上线以来，中国皮书网的IP访问量、PV浏览量与日俱增，受到海内外研究者、公务人员、商务人士以及专业读者的广泛关注。

2008年、2011年中国皮书网均在全国新闻出版业网站荣誉评选中获得"最具商业价值网站"称号。

2012年，中国皮书网在全国新闻出版业网站系列荣誉评选中获得"出版业网站百强"称号。

法 律 声 明

权威报告·热点资讯·特色资源

皮书数据库
ANNUAL REPORT(YEARBOOK)
DATABASE

当代中国与世界发展高端智库平台

S 子库介绍
ub-Database Introduction

中国经济发展数据库

涵盖宏观经济、农业经济、工业经济、产业经济、财政金融、交通旅游、商业贸易、劳动经济、企业经济、房地产经济、城市经济、区域经济领域，为用户实时了解经济运行态势、把握经济发展规律、洞察经济趋势、做出经济决策提供参考和依据。

中国社会发展数据库

全面整合国内外有关中国社会发展的统计数据、深度分析报告、专家解读和热点资讯构建而成的专业学术数据库。涉及宗教、社会、人口、政治、外交、法律、文化、教育、体育、文学艺术、医药卫生、资源环境等多个领域。

中国行业发展数据库

以中国国民经济行业分类为依据，跟踪分析国民经济各行业市场运行状况和政策导向，提供行业发展最前沿的资讯，为用户投资、从业及各种经济决策提供理论基础和实践指导。内容涵盖农业，能源与矿产业，交通运输业，制造业，金融业，房地产业，租赁和商务服务业，科学研究，环境和公共设施管理，居民服务业，教育，卫生和社会保障，文化、体育和娱乐业等 100 余个行业。

中国区域发展数据库

以特定区域内的经济、社会、文化、法治、资源环境等领域的现状与发展情况进行分析和预测。涵盖中部、西部、东北、西北等地区，长三角、珠三角、黄三角、京津冀、环渤海、合肥经济圈、长株潭城市群、关中-天水经济区、海峡经济区等区域经济体和城市圈，北京、上海、浙江、河南、陕西等 34 个省份及中国台湾地区。

中国文化传媒数据库

包括文化事业、文化产业、宗教、群众文化、图书馆事业、博物馆事业、档案事业、语言文字、文学、历史地理、新闻传播、广播电视、出版业、艺术、电影、娱乐等多个子库。

世界经济与国际政治数据库

以皮书系列中涉及世界经济与国际政治的研究成果为基础，全面整合国内外有关世界经济与国际政治的统计数据、深度分析报告、专家解读和热点资讯构建而成的专业学术数据库。包括世界经济、世界政治、世界文化、国际社会、国际关系、国际组织、区域发展、国别发展等多个子库。